조선시대정치사 Ⅰ
- 조선전기편 -

조선시대정치사 Ⅰ - 조선전기편

지은이 / 지 두 환
펴낸곳 / 도서출판 역사문화
펴낸이 / 김경현
2013년 9월 25일 초판 발행
2019년 3월 23일 개정판

등록 / 제 6-297호
등록일 / 1998. 2. 25.
서울 성북구 정릉동 716-109 101호
전화 / 02) 942-9717
팩스 / 02) 942-9716
블로그/ blog daum net/ ihc21book
이메일/ ihc21book@hanmail.net

ISBN 978-89-88096-65-9 04910
ISBN 978-89-88096-64-2 04910 (세트)

값 15,000원

조선시대정치사 Ⅰ

- 조선전기편 -

지 두 환 지음

도서출판 역사문화

일러두기

▶ 다음과 같은 부호를 사용하였다
  (   ) : 음과 뜻이 같은 한자를 묶는다
  〔 〕 : 음은 다르나 뜻이 같은 한자를 묶는다
  " " : 대화 등의 인용문을 묶는다
  ' ' : 재인용이나 강조 부분을 묶는다
  「 」 : 작품명이나 논문을 묶는다
  『 』 : 책명을 묶는다
▶ 왕자나 공주·옹주의 봉호는 선원계보를 기준으로 하였다
  예) 함양군주(咸陽郡主: 선원록), 함양옹주(咸陽翁主: 선원계보)
  부마나 국왕 인척들의 봉호는 마지막으로 봉작된 것을 기준으로 하였다
▶ 조선 국왕 연대는 왕명과 연대를 병기하는 것을 원칙으로 하였다
  예) 선조 8년(1575)
  국왕들의(중국 황제 포함) 재위년도는 즉위년부터 산정하였다

서 문

그동안 한국사를 전공하면서 60년대 70년대에는 사회경제사관에 입각하여 사회경제구조의 변화를 파악하는 데 많은 노력을 하였다. 그러나 이러한 변화를 사람의 생각이나 표현으로 그리고 정치로 파악하는 데는 미흡하였다. 그래서 이러한 변화를 생각이나 표현으로 파악하는 사상사나 문화사를 이해하고 정리하는 데 80년대 90년대를 보냈다. 이러한 고민 끝에 한국사상사를 나름대로 정리해서 한국사상사를 출간하였다. 이러면서 계속 부족하게 여겼던 것은 이러한 변화를 이끌어가는 정치사를 파악하지 않고는 안되겠다 하는 생각이었다.

그리고 옛날 선현들이 역사를 하면서 정치사를 중심으로 했던 이유를 어렴풋이 알 것 같았다. 그래서 정치사를 정리하는 데 필수적인 요소가 되는 국왕 친인척을 조사하여 태조부터 순종까지 27대 국왕 친인척 시리즈를 52권으로 출간하였다.

이를 바탕으로 조선시대 정치사를 강의하면서 일반 사람들은 정치사를 배우면서 역사에 흥미를 느끼고 역사가 중요하다고 평가를 하고 있다는 것을 알게 되었다. 그것은 당연한 결과였다. 그래서 이번에는 조선시대 정치사를 3권으로 출간하기로 하였다.

그동안 식민지사관의 당쟁론 때문에 정치사를 기피하는 바람에, 생명이 빠져 있는 역사를 하고 있었구나 하는 생각을 하게 되었다. 그러면서 식민지사관의 당쟁론의 피해가 새삼 큰 것을 다시 한번 뼈저리게 느꼈다.

그리고 그동안 성리학 부정론 때문에 성리학자인 두문동 72현이나 사육신 생육신 등을 개혁세력으로 주목하지 못하고 절의나 지킨 사람들로 다루었다. 게다가 성리학자인 신흥사대부나 사림들을 개혁세력으로 보면서도 성리학 이념은 보수적으로 보는 모순을 가져왔다. 특히 조선후기에는 성리학자는 당쟁이나 하고 실학자들이 개혁을 해보려다 실패하는 것으로 보아왔다.

그래서 이 책에서는 조선전기는 성리학 긍정론에 입각하여 신흥사대부, 두문동 72현, 사육신 생육신, 사림파로 이어지는 성리학자들을 중심으로 줄기를 잡아가며 조선전기 정치사를 재구성해 보았다. 조선후기에는 성리학자들이 세계 최초로 붕당정치를 하며 대동법 균역법을 통해 성리학적 이상사회를 이루어갔다고 조선후기 정치사를 재구성해 보았다.

그리고 조선시대는 성리학이 이끌어가는 시대라서 삼강(三綱)에 어그러지면 정계에서 밀려났구나 하는 사실을 알았다.

세조찬탈을 했던 훈척들이 사화를 일으키며 아무리 막으려 했지만, 서원이 서고 사림이 주도하는 붕당정치가 선조대에 전개되면서 훈척들은 밀려났다.

동서붕당이 전개되는 가운데 임진왜란을 틈타 광해군을 옹립하며 정권을 잡았던 북인은 삼강의 가장 중요한 덕목

인 효를 부정하는 폐모론을 추진하고 시행하다가 인조반
정으로 몰려났다.

　인조 반정 이후 서인 남인의 정책대결은 사상적으로 서
인은 일원론(一元論), 남인은 이원론(二元論)으로 개혁 보수
로 정책 대결을 하였다. 급기야 남인은 삼강에 어그러지는
장희빈을 옹립했다가 인현왕후가 복위하면서 실세하게 된
다.

　이후 서인은 군사부일체를 주장하는 노론과 이를 어기
는 소론으로 대립하게 된다. 숙종대에는 송시열을 스승으
로 받들다가 스승을 배반한 윤증을 지지하는 소론과 송시
열을 지지하는 노론으로 대립하다가, 장희빈의 아들인 경
종대에는 노론이 소론들에게 신임사화를 당하게 된다. 그
러나 영조가 즉위하면서, 결국 삼강과 군사부일체, 존주론
의 모든 원칙을 지키고, 철학적으로도 일원론을 고수하던
율곡학파 노론이 영정조대 문예부흥기를 주도하며, 우리
고유문화를 세계최고수준으로 만들며 사회를 주도한다.

　그리고 이러한 흐름을 사상사 정치사는 물론 왕위계승
이나 왕실친인척과 연결하여 설명해 보았다. 그동안 왕조
사관이라 하여 부정적으로 보아만 왔던 국왕 왕실 관계를
정치사 전반 흐름과 연결하여 설명해보려 하였다. 이렇게
해야만 최고 지배층인 국왕이나 왕실이 민중이나 사회변
화와 따로 존재하지 않고, 민중이나 사회변화에 따라 같이
변화하였다는 것이 밝혀져, 올바른 정치사가 확립되리라
보았다.

　이러한 의도로 출발을 했지만 아직은 공부가 많이 부족
하여 책으로 꾸미기에는 한없이 부끄러웠다. 그러나 성리

학을 부정적으로 보는 현 사회를 보면서 조금이라도 사실을 제대로 밝혀보려는 시도를 해보기로 하였다.

그래서 우선 부족하나마 조선전기 1권 조선후기 2권으로 조선시대 정치사를 3권으로 출간을 하기로 하였다. 강호 제현의 많은 질정과 편달이 있기를 바란다.

조선시대 정치사 원고를 정리하고 교정을 하느라 수고해 준 양웅렬 군에게 이 자리를 빌어 고마움을 표한다.

2013년 9월 북악산장에서

개정판 서문

조선시대 정치사 개설서가 필요해서 2013년 황급히 출간을 하였다. 그러나 부족한 점이 너무 많아 일찍부터 개정판을 낸다고 기획을 하였다. 중학교 때 스승이셨던 유성종 선생님께 조선시대 정치사를 드렸더니 다 읽으시고 수정 보완을 해주셨다. 그래서 더욱더 빨리 개정판을 내야겠다 하다가 2017년에야 겨우 그동안 미흡했던 것을 조금 보완하는 수준에서 개정 작업을 하였다. 그러나 출간을 미루다가 보니 어느새 2019년이 되었다.

이제는 더 미룰 수 없어 3월에 우선 개정판을 출간하기로 하였다. 개정 작업을 도와준 제자 유준상 안소연 최동진에게 이 자리를 빌려 고마움을 표하려 한다.

2019년 3월 의헌재에서

차 례

제2편 조선전기 후반

2권

제3편 조선후기 전반

3권

제4편 조선후기 후반

제1편 조선전기 전반

제1장 태조 정종대 정치사

■ 태조의 탄생과 등장

태조는 환조(桓祖) 이자춘(李子春)의 둘째 아들이며, 어머니는 정효공(靖孝公) 최한기(崔閑奇)의 따님인 영흥 최씨(崔氏)이다. 비는 한경의 따님인 신의왕후 한씨(神懿王后韓氏)이고, 계비는 강윤성의 따님인 신덕왕후 강씨(神德王后康氏)이다. 슬하에 8남 5녀를 두었다.

어려서부터 총명하고 담대하였으며, 특히 궁술(弓術)에 뛰어났다. 그의 선조 이안사(李安社: 穆祖)가 원나라의 지배 아래 여진인이 살고 있던 남경(南京: 간도지방)에 들어가 원나라의 지방관[五千戶所의 首千戶 겸 다루가치]이 된 뒤로부터 차차 그 지방에서 기반을 닦기 시작하였다. 이안사의 아들 행리(行里: 翼祖), 손자 춘(椿: 度祖)이 대대로 두만강 또는 덕원지방의 천호(千戶)로서 원나라에 벼슬하였다.

이자춘도 원나라의 총관부(摠管府)가 있던 쌍성(雙城)의 천호로 있었다. 이자춘은 공민왕 5년(1356) 고려의 쌍성총관부 공격때에 내응, 원나라의 세력을 축출하는 데 큰 공을 세우고 비로소 고려의 벼슬을 받았다. 공민왕 10년 2월 장작감판사(將作監判事)로서 삭방도만호 겸 병마사(朔方道萬戶兼兵馬使)로 임명되어 동북면 지방의 실력자가 되었다. 이성계는 이러한 가문의 배경과 타고난 군사적 재능을 바탕으로 크게 활약하여 점차 두각을 나타내기 시작하였다.

태조 이성계는 충숙왕 복위 4년(1335) 을해년 10월 11일 화녕부(和寧府: 함경도 영홍) 흑석리(黑石里) 사저(私邸)에서 태어났다.

공민왕 5년(1356) 아버지와 함께 고려에 내부(來附)한 뒤 비로소 벼슬을 받았다. 공민왕 5년 5월에 유인우(柳仁雨)가 쌍성총관부를 공격할 때 아버지와 함께 이에 내응하여 공을 세웠다. 공민왕 10년 4월에 아버지가 돌아가시자 아버지의 벼슬을 이어받아 정3품 통의대부 금오위 상장군(通議大夫金吾衛上將軍) 순군만호부의 동북면 상만호(東北面上萬戶)가 되었다.

11월에 홍건적의 침입으로 수도 개경이 함락되자, 공민왕 11년(1362) 정월에 친병 2,000명을 거느리고 수도탈환작전에 참가, 제일 먼저 입성하여 큰 전공을 세웠다. 경성을 수복한 공으로 종부시사(宗簿寺事)로 일등공신이 되었다.

공민왕 13년(1364) 1월에 원나라 연경(燕京)에 있던 최유(崔濡)가 원나라 황제에 의하여 고려 왕에 봉하여진 충숙왕의 아우 덕흥군(德興君)을 받들고, 원나라 군사 1만명을 인솔, 평안도 지방에 침입하여 공민왕을 폐하려 하자, 최영(崔瑩)과 함께 수주(隋州) 달천강(獺川江)에서 이들을 섬멸하였다.

공민왕 18년(1369) 12월 동북면원수(東北面元帥)가 되어 다음해 8월 서북면원수 지용수(池龍壽)와 함께 동녕부를 공격하여 12월에 함락시켰다.

우왕 3년(1377)에 크게 창궐하던 왜구를 서강부원수(西江副元帥)로서 경상도 일대와 지리산에서 대파하였으며, 우왕 6년 8월에 양광·전라·경상 3도의 도순찰사(都巡察使)

가 되어, 아기바투[阿其拔都]가 지휘하던 왜구를 운봉(雲峰)에서 섬멸하였다. 그 전과는 역사상 황산대첩(荒山大捷)으로 알려질 만큼 혁혁한 것이었다.

우왕 8년 임술년 7월에 여진인 호바투[胡拔都]가 동북면 일대를 노략질하여 그 피해가 극심하자, 찬성사(贊成事)로서 동북면 도지휘사가 되었고, 우왕 9년 8월 이지란과 함께 출진, 함경도에 침입한 호바투의 군대를 길주(吉州)에서 대파하였다. 이어서 안변책(安邊策)을 건의하였다.

우왕 10년 동북면도원수 문하찬성사(東北面都元帥門下贊成事)가 되었으며, 우왕 11년 9월 함경도 함주(咸州) 홍원(洪原) 등지에 쳐들어온 왜구를 대파하였다. 이에 우왕은 태조에게 백금 50냥・안장 갖춘 말[鞍馬] 등을 내리고 정원십자공신(定遠十字功臣)의 칭호를 내렸다.

우왕 14년(1388) 정월에 수문하시중(守門下侍中)이 되었으며, 최영(崔瑩, 1316~1388)과 함께 권신(權臣) 임견미(林堅味)・염흥방(廉興邦)을 주살하였다. 이해 명나라의 철령위(鐵嶺衛) 설치문제로 두 나라의 외교관계가 극도로 악화되어 4월에 요동정벌이 결정되자, 이에 "작은 나라로서 큰 나라에 거역하는 것이 한 가지 옳지 못함이요, 여름철에 군사를 동원하는 것이 두 가지 옳지 못함이요, 온 나라 군사를 동원하여 멀리 정벌하면 왜적이 그 허술한 틈을 탈 것이니 세 가지 옳지 못함이요, 지금 한창 장마철이므로 활은 아교가 풀어지고 많은 군사들은 역병을 앓을 것이니 네 가지 옳지 못함이요." 라는 사불가론(四不可論)을 내세워 반대하였으나 받아들여지지 않았다. 그는 5월에 우군도통사(右軍都統使)가 되어 좌군도통사 조민수(曹敏修)와 함께 정벌군을 거느리고 위화도(威化島)까지 나아갔으나, 끝내 회군을 단행하였다. 6월 개경에 돌아와 최영을 제거하고 6월 경술일에 우왕을 폐한 뒤, 6월 신해일에 창왕을 옹립하고, 자신은 우시중(守侍中)과 동북면 삭방 강릉도 도통사(朔方江陵道都統使)가 되고, 8월에 수시중(守侍中)으로 전국 군사를 총관하는 도총중외제군사(都摠中外諸軍事)가 되어 정치적·군사적 실권자의 자리를 굳혔다.

창왕 1년(1389) 11월 무인일 다시 창왕을 폐위하고, 11월 기묘일에 정창군을 공양왕(恭讓王)으로 옹립하였다.

공양왕 1년(1389) 11월 경신일에 수문하시중이 되고, 12월 기해일에 이색 부자를 귀양보내고, 계해일에 우왕·창왕을 죽였다. 공양왕 2년(1390) 전국의 병권을 장악하였으며, 11월 윤이·이초의 옥사로써 글을 올려 사직하여 영삼사사(領三司事)가 되었다가, 12월에 다시 문하시중 도총중외제군사가 되었다.

공양왕 3년(1391) 정월에 삼군도총제사(三軍都摠制使)가 되었으며, 3월에 다시 문하시중이 되어 5월에 조준의 건의에 따라 구신(舊臣)들의 반대를 물리치고 전제개혁(田制改革)을 단행하여 과전법을 정하였다. 그리고 6월에 이색, 이종학, 우현보 등을 귀양 보내었다가 11월에 풀어주고 12월에 벼슬에 나오게 하였다. 자신은 9월에 문하시중을 사직하고 판문하부사(判門下府事)가 되고, 12월에 안사공신(安社功臣)의 칭호를 받았다.

안사공신은 고려시대 사직을 안정시킨 신하에게 내린 공신 칭호로 기철을 주살한 유숙(柳淑)에게 이 공신호를 사여하였고, 왜구를 격파한 최영에게 하사였으며 이성계,

심덕부, 정몽주 등에게도 하사되었다.

공양왕 4년(1392) 3월 무술일에 해주에서 사냥하다가 말에서 떨어져 병이 위중하였다. 이러한 와중에 4월 초하루 정몽주가 태조의 측근세력인 조준·정도전·남은·조박 등을 귀양보내니, 2일 해주로부터 병을 무릅쓰고 가마에 몸을 실어 밤중에 자택으로 돌아와, 4일에 정몽주(鄭夢周)를 제거하였다.

■ 역성혁명과 태조의 즉위

충선왕의 만권당을 중심으로 하여 본격적으로 도입된 주자성리학은 여말에 이제현·이색·정몽주·권근으로 이어지는 신흥사대부를 길러내어 고려전기의 전시과체제를 일소하면서 개혁을 진행해간다. 그것은 필연적으로 고려왕조 질서의 붕괴를 의미하는 것이었다.

이러한 과정에서 신흥사대부를 대표하는 목은 이색과 신흥무인인 이성계가 정국을 주도해 나가게 된다. 태조 이성계는 함경도 지방의 군사 기반을 가지고 원나라를 몰아내고 홍건적, 왜구를 물리치면서 등장하는 과정에서, 개경의 무인 세력인 강씨(康氏) 신씨(辛氏)와 서울 부인인 신덕왕후 강씨를 통하여 연결하여 간다. 그리고 신의왕후 한씨의 아들인 이방원 등은 당시 주자성리학자인 권근, 이색, 민제 집안 등과 연결하여 신흥사대부의 중심세력으로 부상한다.

이렇게 형성된 정치세력을 기반으로 태조 이성계는 위화도회군을 하여 역성혁명을 주도하고 조선을 건국하였다.

태조 1년(1392) 임신년 7월 16일에 좌시중 배극렴 등이

이성계를 추대하여 송경(松京: 개성) 수창궁에서 공양왕을
원주로 내쫓고, 7월 17일 새 왕조의 태조로서 왕위에 올랐
다.

　　임금이 잠저(潛邸)에 있을 때, 꿈에 신인(神人)이 금자[金
尺]를 가지고 하늘에서 내려와 주면서 말하기를, "시중(侍
中) 경복흥(慶復興)은 청렴하기는 하나 이미 늙었으며, 도
통(都統) 최영(崔瑩)은 강직하기는 하나 조금 고지식하니,
이것을 가지고 나라를 바르게 세울 사람은 공(公)이 아니
고 누구이겠는가?" 하였다. 그 뒤에 어떤 사람이 문밖에
이르러 이상한 글을 바치면서 말하기를, "이것을 지리산
바위 속에서 얻었습니다." 하는데, 그 글에, "목자(木子: 李
字의 破字)가 돼지를 타고 내려와서 다시 삼한(三韓)의 강
토를 바로잡을 것이다." 하고, 또, "비의(非衣: 裵字의 破
字)·주초(走肖: 趙字의 破字)·삼전 삼읍(三奠三邑: 鄭자를
의미함)" 등의 말이 있었다. 사람을 시켜 맞이해 들어오게
하니 이미 가버렸으므로, 이를 찾아도 찾아내지 못하였
다. 고려의 서운관(書雲觀)에 간직한 비기(秘記)에 '건목득
자(建木得子)'의 설(說)이 있고, 또 '왕씨(王氏)가 멸망하고
이씨(李氏)가 일어난다.'는 말이 있는데, 고려의 말년에 이
르기까지 숨겨지고 발포(發布)되지 않았더니, 이때에 이르
러 세상에 나타나게 되었다. 또 조명(早明)이란 말이 있는
데 사람들이 그 뜻을 깨닫지 못했더니, 뒤에 국호(國號)를
조선이라 한 뒤에야 조명(早明)이 곧 조선(朝鮮)을 이른 것
인 줄을 알게 되었다. 의주(宜州)에 큰 나무가 있는데 말
라 썩은 지 여러 해가 되었으나, 개국하기 전 1년에 다시
가지가 나고 무성하니, 그때 사람들이 개국의 징조라고
말하였다. (『태조실록』 권1 태조 1년 7월 17일)

그리고 7월 28일 4대의 존호를 올렸으니, 고조(高祖)는 목왕(穆王)·증조(曾祖)는 익왕(翼王)·조(祖)는 도왕(度王)·부(父)는 환왕(桓王)이라 하고, 8월 7일에는 신덕왕후 강씨를 세워 현비(顯妃)로 삼고, 11월 6일 4대의 존호를 책봉해 올리고, 태종 11년(1411) 4월 22일에 제후가 4대를 추존하는 예에 따라 고조·증조·조·부를 목조(穆祖)·익조(翼祖)·도조(度祖)·환조(桓祖)로 추존하였다.

■ 세자 책봉

조선 건국 후 신의왕후 한씨 소생 태종 이방원을 둘러싼 민제, 우현보, 권근 등의 정치세력과 신덕왕후 강씨를 둘러싼 정도전, 심효생 등의 정치세력의 갈등을 겪게 된다. 이러한 갈등은 전자가 주자성리학자인 신흥사대부들 세력을 대변하고 있다면, 후자는 다분히 권문세족이었던 부원배 세력과 급진세력을 대변하고 있었다.

이러한 세력 갈등 속에서 신의왕후 한씨가 개국 전에 죽었기 때문에 개국 초에는 신덕왕후를 둘러싼 세력이 주도하였다. 그렇지만 정도전, 배극렴, 조준 등 개국공신들은 조선사회를 이끌어가는 이념으로 주자성리학을 표방하지 않을 수 없었다. 이는 대외적으로 주자성리학을 국시(國是)로 하는 명나라가 원나라를 몰아내고 중원을 차지한 것과도 관련이 있다.

그러나 역성혁명 자체가 주자성리학 이념을 정면으로 위배하는 것이기에 역성혁명을 반대하고 순절한 포은 정몽주와 두문동(杜門洞)에 들어가 절의를 지킨 목은 이색 등 소위 두문동 72현 세력과 정면으로 대립할 수밖에 없었다.

이러한 대립 속에서 태조의 첫째부인 신의왕후 한씨(韓氏) 소생의 맏아들 진안대군 방우(1354~1393) 외에 다섯 아들이 생존해 있고, 방우의 장자 봉녕군 복근(?~1421)이 생존해 있음에도 불구하고, 정도전·조준·배극렴 등은 태조 원년(1392) 8월 20일에 둘째부인 신덕왕후 강씨(康氏) 소생의 막내 의안대군 방석(1382~1398)을 왕세자로 추대하였다.

어린 서자(庶子) 이방석(李芳碩)을 세워서 왕세자로 삼았다. 처음에 공신(功臣) 배극렴(裵克廉)·조준(趙浚)·정도전(鄭道傳)이 세자를 세울 것을 청하면서, 나이와 공로로써 청하고자 하니, 임금이 강씨(康氏)를 존중하여 뜻이 이방번(李芳蕃)에 있었으나, 이방번은 광망(狂妄)하고 경솔하여 볼품이 없으므로, 공신들이 이를 어렵게 여겨, 사적으로 서로 이르기를, "만약에 반드시 강씨(康氏)가 낳은 아들을 세우려 한다면, 막내 아들이 조금 낫겠다."고 하더니, 이때에 이르러 임금이, "누가 세자가 될 만한 사람인가?" 라고 물으니, 장자(長子)로써 세워야만 되고, 공로가 있는 사람으로써 세워야만 된다고 간절히 말하는 사람이 없었다. 극렴이 말하기를, "막내 아들이 좋습니다." 하니, 임금이 드디어 뜻을 결정하여 세자로 세웠다. 『태조실록』 태조 원년 8월 20일

당시는 개국 초라서 국가기반이 약하므로 원칙에는 설사 좀 어긋나더라도 실권을 가진 장년층의 세자가 옹립되어야 함에도 불구하고, 종법제에 따른 왕위계승법은 물론 고려 때부터 실시되어 온 적장자 왕위계승이라는 원칙도

어기면서, 개국 초의 혼란을 담당할 수 없는 가장 어린 나이의 방석을 세자로 추대하고 있는 것은 정치세력간의 갈등에서 비롯된 것이라 볼 수 있다. 이러면서도 한편으로는 종법에 따라 태조 원년 10월에 적장자 진안군 방우가 4대 선조 제사를 지내고, 방우가 죽은 후에는 적장손인 복근이 이어 주관하였다. 따라서 종법의 원칙을 표방하면서 비원칙적인 왕세자 책봉에 대한 시정을 요구하는 것이 이 당시 정치상황이었다.

■ 이숭인 우홍득 이종학 등 장살

이러한 정치상황에서 우선 개국에 반대하는 세력을 철저히 숙청하는 작업이 진행되었다.

정도전은 태조 1년 8월 23일에 손흥종·황거정·김노 등을 시켜 경상도에 귀양간 이색의 아들 이종학, 최을의와 전라도에 귀양간 우현보의 아들 우홍수, 우홍명, 이숭인, 김진양과 양광도에 귀양간 이확과 강원도에 귀양간 우홍득 등 8인을 장 1백을 쳐서 죽였다.

> 손흥종(孫興宗)·황거정(黃居正)·김로(金輅) 등은 조정에 돌아왔으나, 경상도에 귀양간 이종학(李種學)·최을의(崔乙義)와 전라도에 귀양간 우홍수(禹洪壽)·이숭인(李崇仁)·김진양(金震陽)·우홍명(禹洪命)과 양광도(楊廣道)에 귀양간 이확(李擴)과 강원도에 귀양간 우홍득(禹洪得) 등 8인은 죽었다. 임금이 이 소식을 듣고 노하여 말하였다. "장(杖) 1백 이하를 맞은 사람이 모두 죽었으니 무슨 까닭인가." ....
> 숭인(崇仁)은 성주(星州) 사람으로서, ... 여름에 순천(順天)으로 폄출(貶黜)되었다. 이때에 황거정(黃居正)이 나주

(羅州)에 와서 그의 등골을 매질하여 드디어 남평(南平)에
서 죽으니, 나이 46세였다.

종학(種學)의 자는 중문(仲文)이니, 한산백(韓山伯) 이색
(李穡)의 둘째 아들이다. .... 임신년에 또 함창(咸昌)으로
폄출(貶黜)되었는데, 이때에 이르러 손흥종(孫興宗)이 계림
(鷄林)에 와서 등골에 곤장을 치려고 하니, 문생(門生) 김
여지(金汝知)가 그때 판관(判官)이 되어, 몰래 형리(刑吏)에
게 법 밖의 형벌은 시행하지 못하게 하니, 이로 인하여
겨우 살게 되어, 장사현(長沙縣)으로 옮겨 안치되었는데,
손흥종이 사람을 보내어 뒤쫓아 무촌역(茂村驛)에 이르러
밤을 이용하여 목을 졸라 죽이니, 나이 32세였다.

홍수(洪壽)는 단양백(丹陽伯) 우현보(禹玄寶)의 맏아들이
다. .... 임신년 여름에 순천으로 폄출(貶黜)되었다가, 또한
황거정이 등골에 곤장을 쳐서 죽었다. 나이 39세였다.

후에 즉위 교서(教書)를 지으면서 백성에게 편리한 사목
(事目)을 조례(條例)하고는, 계속하여 현보 등 10여 인의
죄를 논하여 극형에 처하게 하였다. 임금이 도승지 안경
공(安景恭)으로 하여금 이를 읽게 하고는 매우 놀라면서,
"이미 관대한 은혜를 베푼다고 말했는데, 어찌 감히 이와
같이 하겠는가. 마땅히 모두 논죄(論罪)하지 말라." 하였
다. 도전 등이 형벌을 감등(減等)하여 죄를 집행하기를 청
하니, 임금이, "우현보·이색·설장수(偰長壽)는 비록 감등시
키더라도 역시 옳지 못하다." 하였다.

이에 그 나머지 사람들에게 장형(杖刑)을 집행하되 차등
이 있게 하기를 청하니, 임금이 장형을 집행당한 사람은
죽음에 이르지는 않을 것이라 생각하여, 마지못하여 이를
따랐다. 도전(道傳)이 남은(南誾) 등과 몰래 황거정 등에게
이르기를, "곤장 1백 대를 맞은 사람은 마땅히 살지 못할
것이다." 하니, 황거정 등이 우홍수 형제 3인과 이숭인 등
5인을 곤장으로 때려 죽여서 모두 죽음에 이르게 하고는,

황거정 등이 돌아와서 곤장을 맞아 병들어 죽었다고 아
뢰었다. 『태조실록』태조 원년 8월 23일

■ 소위 두문동 72현

이러한 정치상황에서 우선 개국에 반대하는 세력을 철
저히 숙청하는 작업이 진행되었다. 두문동 72현을 불태워
죽였다.

두문동 72현은 고려가 멸망하고 조선이 건국되자 끝까
지 출사(出仕)하지 않고 충절을 지킨 고려의 유신 72인을
말하는데, 두문동 태학생(太學生) 72인이라고도 불렀다. 현
재 72인의 성명이 모두 전하지는 않고 임선미(林先味)·조
의생(曹義生)·성사제(成思齊)·박문수(朴門壽)·민안부(閔安
富)·김충한(金沖漢)·이의(李倚)·신규(申珪)·이경(李瓊)·
맹호성(孟好誠)·고천상(高天祥)·서중보(徐仲輔) 등의 성명
이 전한다. 두문동은 경기도 개풍군 광덕면 광덕산 서쪽
기슭의 옛 지명이다. 이들에 관해서는 여러 가지 구전(口
傳)이 있는데 그 내용을 종합하면 다음과 같다.

우선 지명은 조선이 건국되자 태학생 임선미 등 72인이
모두 이곳에 들어와서 마을의 동·서쪽에 문을 세우고는
빗장을 걸어놓고, 문밖으로 나가지 않은 것에 유래하였다
고 한다. 한편, 태조는 고려 유신들을 회유하기 위하여 경
덕궁(慶德宮)에서 친히 과장(科場)을 열었으나, 이들은 아무
도 이에 응하지 않고 경덕궁 앞의 고개를 넘어가 버려 그
고개를 부조현(不朝峴)이라 하고, 부조현 북쪽에 관을 걸어
놓고 넘어갔다 하여 이를 괘관현(掛冠峴)이라 불렀다고 한
다.

이때 조선왕조는 두문동을 포위하고 고려충신 72인을 불살라 죽였다고 전해지고 있으며, 또 일설에는 동두문동과 서두문동이 있어서 동두문동에는 고려의 무신 48인이 은거하였는데 이들도 모두 산을 불태울 때 죽었다고 한다. 다른 한 속전(俗傳)은 개성 부근 보봉산(寶鳳山) 북쪽으로 10리쯤 되는 곳에도 두문동이라는 곳이 있는데, 이곳은 조선이 건국된 후 고려 장군 48인이 들어와서 몸을 씻고서 함께 죽을 것을 맹세한 골짜기라고 한다. 이들의 성명은 전하지 않고 다만 세신정(洗身井)·회맹대(會盟臺)라는 지명이 남아 있다고 한다.

영조 16년(1740) 영조가 개성을 행행(行幸)할 때 부조현의 이러한 유래를 듣고 비석을 세워주었으며, 그뒤 임선미·조의생 자손의 가승(家乘)을 통하여 이 고사가 정조에게 알려져 정조 7년(1783) 개성의 성균관에 표절사(表節祠)를 세워 추모하였다. 두문동에 관한 기록은 순조 때 당시 72인의 한 사람인 성사제(成思齊)의 후손이 그의 조상에 관한 일을 기록한 『두문동실기杜門洞實記』가 남아서 전해지고 있다. '두문불출(杜門不出)'이라는 말이 여기서 비롯되었다고 한다. (사기(史記) 열전(列傳) 상군(商君) 열전(列傳)에 나오는 말이다.)

■ 공양왕 죽임과 왕씨 몰살

태조 3년(1394) 1월 21일 대간(臺諫)과 형조(刑曹)에서 글을 올려 왕씨(王氏)를 제거하기를 청하니, 윤허하지 아니하였다.

태조 3년 1월 25일 대간과 형조에서 글을 올려, 왕강(王

康)·왕승보(王承寶)·왕승귀(王承貴)·박위(朴葳)의 죄를 논핵(論劾)하여 서울에 살게 할 수 없다고 하였으나, 윤허하지 아니하였다.

태조 3년 1월 29일 삼성에서 왕강 등을 섬에 안치코자 하니, 윤허하지 않고 석방하여 효유하였다.

　대간과 형조에서 글을 같이 올려 아뢰었다. "원하옵건대, 왕강, 왕승보, 왕승귀, 왕격을 바닷속의 섬에 옮기소서." 임금이 행수(行首)와 장무(掌務)를 불러 다시 말하지 말게 하니, 대답하기를, "이 무리들은 전하께서 비록 대우하기를 매우 후하게 하시지마는, 반드시 은혜를 생각하지 아니하며, 더구나, 왕강은 지모(智謀)가 남보다 뛰어나고, 왕승보와 왕승귀는 용력(勇力)이 대적할 사람이 없으니, 서울에 있으면 반드시 불측(不測)의 변(變)을 선동할 것입니다. 원하옵건대, 신 등의 아뢰는 말을 윤허하시어 훗날의 근심을 방비하소서." 하였다.
　임금이 말하기를, "내가 어찌 알지 못하겠는가? 우선 가둔 것을 속히 풀어주게 하라." 하고서, 바로 왕강 등을 불러서 명령하였다. "경 등은 모두 쓸 만한 인재인 까닭으로 불러와 서울에 두고서 가까이 하고 신임하여 의심함이 없었는데, 지금 간관(諫官)이 바닷속의 섬에 옮기기를 청하지마는, 내가 이미 용서했으니 경 등은 마땅히 놀라고 두려워하지 말고 출입하기를 그전과 같이 하라."

태조 3년 2월 11일 대간과 형조에서 공양왕의 삼부자(三父子)와 왕우(王瑀)의 삼부자 및 왕강, 왕승보, 왕승귀 등을 제거하고자 하였다. 2월 21일 대간과 형조에서 왕씨 일족을 섬에 안치하여 모반을 방지코자 했으나 윤허하지 않았다.

태조 3년 3월 13일 모반 사건에 관련된 왕화·왕거·김가행 등을 참수하였다. 3월 14일 공양군 삼부자(三父子)를 삼척 (三陟)으로 옮겨 안치시키었다.

태조 3년 4월 1일 대간과 형조에서 왕씨를 제거토록 청하니, 윤허치 않았다. 4월 10일 대간과 형조에서 다시 공양군 부자(父子)와 여러 왕씨를 잡아서 모두 제거하기를 청했다. 4월 14일 대간과 형조에서 다시 공양군 부자(父子)와 여러 왕씨를 잡아서 모두 제거하기를 청하니, 중추원 부사(中樞院副使) 정남진(鄭南晉)과 형조 의랑(刑曹議郎) 함부림(咸傅霖)을 삼척(三陟)에 보내고, 형조 전서(刑曹典書) 윤방경(尹邦慶)과 대장군 오몽을(吳蒙乙)을 강화(江華)에 보내고, 형조 전서(刑曹典書) 손흥종(孫興宗)과 첨절제사 심효생(沈孝生)을 거제도에 보내어 살해하였다.

4월 15일 윤방경 등이 강화에 있던 왕씨 일족을 강화나루[江華渡]에 빠뜨려 죽였다. 4월 17일 삼척의 공양군에게 교지를 전하고, 그와 두 아들을 교살시켰다. 4월 20일 손흥종 등이 거제도에 있던 왕씨 일족을 바다에 빠뜨려 죽였다. 4월 20일 중앙과 지방에 명령하여 왕씨(王氏)의 남은 자손을 대대적으로 수색하여 이들을 모두 목베었다.

4월 26일 왕씨의 성을 쓰지 못하게 하였다. 고려 왕조에서 왕씨(王氏)로 사성(賜姓)이 된 사람에게는 모두 본성(本姓)을 따르게 하고, 무릇 왕씨의 성을 가진 사람은 비록 고려 왕조의 후손이 아니더라도 또한 어머니의 성(姓)을 따르게 하였다.

태조 3년(1394) 7월 17일 왕씨들의 복을 빌기 위해 금으

로 『법화경』을 쓰고 읽게 하였다. 태조 4년 2월 24일 고려
왕씨를 위해 관음굴 등에 수륙재를 베풀고 봄 가을로 거
행하게 하였다.

■ 새 수도 건설

태조는 즉위초에 국호를 그대로 '고려(高麗)'라 칭하고 의
장(儀章)과 법제도 모두 고려 제도를 따를 것을 선언하였
으나, 차차 새 왕조의 기틀이 잡히자 고려의 체제에서 벗
어나고자 하였다. 우선, 명나라의 양해 아래 새 왕조의 국
호를 '조선(朝鮮)'으로 확정하고, 태조 2년(1393) 2월 15일부
터 새 국호인 '조선(朝鮮)'을 사용하였다.

다음에는 새 수도 건설이 필요하였다. 그리하여 태조 1
년 8월 13일 한양으로 도읍을 옮기기로 하고, 8월 15일 삼
사 우복야 이염을 보내어 궁실을 만들게 하고 바로 옮기
려다가, 9월 3일 시중 배극렴 등이 궁실과 성곽이 완성된
뒤에 옮기자고 하여 미루었다. 이러는 가운데 태조 2년 2
월 1일 도읍 후보지로 계룡산이 거론되어 공사를 하다가,
12월 11일 경기도 도관찰사 하윤이 계룡산이 적당하지 않
다고 건의하는데 따라 도읍지를 다시 물색하게 하였다.

이에 태조 3년(1394) 2월 18일 조준·권중화 등에게 『지
리비록촬요地理秘錄撮要』를 가지고 천도할 땅을 무악(毋岳)
남쪽에서 살펴보게 하였는데 무악도 적당하지 않다 하여,
다시 다음 후보지로 선고개[선점鐥岾], 불일사 등을 선정하
였지만 또 적당하지 않다고 하였다.

이에 태조 3년 8월 12일 중추원 학사 이직(李稷)이 한양
으로 도읍을 정할 것을 주장하였다. 우여곡절 끝에 왕사

(王師) 무학(無學: 自超)의 의견에 따라 태조 3년 8월 13일 한양(漢陽)을 새 서울로 삼기로 결정하였다.

　　태조가 명을 내려 무학(無學)을 찾았다. 경기(京畿)·해서(海西)·관서(關西)의 세 방백(方伯: 관찰사)이 함께 그를 찾아 길을 같이 나섰다. 곡산(谷山)에 이르러 고달산에 초막이 있는데, 한 고승(高僧)이 혼자서 거처하고 있다는 말을 듣고, 세 방백이 따르는 추복[하인]들을 버리고 그 동구(洞口)로 들어가면서 각자 차고 있는 인(印)을 소나무 가지에 걸어두고 짚신으로 걸어서 초암(草庵)에 이르러 중을 만나 보고 묻기를, "무슨 까닭으로 이곳에 거처하시오" 하니, 중이 봉우리를 가리키며 말하기를, "저 삼인봉(三印峰) 때문이오" 하였다. "어찌 해서 삼인봉이라 하시오" 하니, "이곳에 집을 짓고 살면 반드시 세 방백(方伯)이 인(印)을 나무에 거는 일이 있을 것이니, 이것이 증험이요" 하였다. 방백들이 기뻐서 그 손을 붙잡고, "필시 이가 무학대사로다" 하고 더불어 돌아왔다. 태조가 크게 기뻐하여 불러들여 이내 도읍을 정할 땅을 물었다. 무학이 이내 한양에 이르러 말하기를, "뒤로는 인왕산(仁王山)을 진산(鎭山)으로 삼고, 백악(白岳)·남산(南山)이 좌우(左右)의 용호(龍虎)가 되어야 합니다" 하였다. 정도전이 반대하기를, "예로부터 제왕은 모두 다 남면(南面)하여 앉아 통치해온 것이며, 동향(東向)을 하였다는 말은 아직 들어보지 못했다" 하였다. 무학이 말하기를, "내 말에 따르지 아니하면, 이후 2백 년에 걸쳐 반드시 내 말을 생각하게 될 것이다. 신라 의명대사(義明大師)가 일찍이 말하기를, '한양에 도읍을 택할 적에 정씨(鄭氏) 성을 가진 사람이 시비를 건다면 곧 5세를 지나지 못해서 왕위를 찬탈당하는 화가 일어날 것이며, 2백 년만에 전국이 어지러워지는 난리가 올 것이라' 한 말이 있다" 하였다. (오산설림 五山說林) (『국역 연

려실기술』 1책 112쪽)

태조 3년(1394) 9월 9일에 종묘·사직·궁궐·시장·도로의 터를 정하고 설계하였다. 그리고 10월 25일에 우선 서울을 한양(漢陽)으로 옮기고, 옛 한양부의 객사를 이궁(離宮)으로 삼아 사용하고, 12월 4일에 왕도공사를 시작하였다. 태조 4년 6월 6일 한양부를 한성부로 고치고, 9월에 종묘를 세우고 목왕·익왕·도왕·환왕 4대 신주를 봉안하고, 10월 5일 친히 제향을 올리고, 경복궁·사정전·근정전 등 궁궐을 세웠다. 그리고 10월 7일 정도전에게 궁궐 이름과 전각에 대한 이름을 짓게 하였다.

■ 목은 이색의 죽음

태조 5년(1396) 5월 7일 정도전의 스승이자 당세 최고의 성리학자인 목은(牧隱) 이색(李穡, 1328~1396)이 여주 신륵사에서 왕명으로 보낸 술을 마시고 급서한다. 일찍이 스승의 두 아들인 이종덕(李種德)과 이종학(李種學, 1361~1392)을 귀양 보내서 죽인 전력이 있는 정도전이 스승을 시해했다는 혐의에서 벗어날 수 없었다.

임신년(1392)으로부터 을해년(1395)까지 한산(韓山)·여주(驪州)·오대산(五臺山)에 출입했는데, 태조가 옛 친구의 예로 대접하여 공이 가고 싶은 곳에 가도록 맡겨 두었다. 병자년(1396) 5월에 태조에게 청하여 여강(驪江)에 피서하러 갔다가 배에 오르자 갑자기 죽었다. 태조가 뒤에 공이 죽은 원인을 의심하여 당시의 안찰사를 죽였다. 『기재잡기(寄齋雜記)』(연려실기술 권1 태조조고사본말 고려에 절개를 지킨 여러 신하 이색조)

이성계의 근위세력인 정도전(1337~1398) 일파는 반대세력을 제거하기 위해 태조 1년 8월 23일에 목은 이색의 둘째 자제인 이종학(李種學)을 매질해 죽이고 목은은 고향으로 돌아가 살게 하는데, 태조 4년(1395) 11월 24일에는 태조가 목은을 왕궁으로 초빙하여 옛 친구의 예로 융숭하게 대접하고 헤어질 때 중문까지 나가 읍하며 배웅하였다 한다. 이런 것들을 못마땅하게 여긴 정도전 일파는 다음 해인 태조 5년(1396) 병자년 5월초에 목은이 여주 신륵사에서 피서하고 있다는 소식을 들은 태조가 술과 안주를 내려보내어 위로하라 하자 술에 독을 넣어 마시고 죽게 하니 5월 7일의 일이었다. 목은 69세 때이다. 이때 술병을 막았었던 대나무 잎이 강가로 떠밀려가서 대숲을 이루어 그 대쪽같은 절개를 상징하였다는 전설이 여주에 전해오고 있다.

왕씨가 망하매, 사람들이 포은·야은(冶隱)만 대절을 이룬 줄 알고 목은이 수절한 줄은 모르니 애석하다. 태조가 왕위에 오른 뒤에 공을 불렀더니 공이 태조를 만날 적에 길게 읍만 하고 절을 하지 아니하거늘, 태조가 자리에서 내려와 손님의 예로써 대접하였다. 조금 있다가 시강관(侍講官)이 차례로 열지어 들어오거늘, 태조가 도로 그 자리에 오르니 공이 벌떡 일어서면서 말하기를, "나는 앉을 곳이 없다" 하니 태조가 말하기를, "원컨대, 가르침을 받들겠노니 덕이 적고 우매하다고 해서 버리지 마오" 하거늘 공이, "망국의 대부(大夫)는 보존하기를 도모하지 못하오. 다만, 마땅히 나의 다 죽게 된 해골을 가져다가 고산(故山)에 묻을 뿐이요" 하고 드디어 나가 버렸다. 세

상에서 전해 오는 공의 사인(死因)이 애매하여 분명하지
아니하니 포은에 부끄럽지 않다고들 하였다. (축수편) (『
국역 연려실기술』1책 83쪽)

■ 권근 회유책

한편으로는 회유책을 써서 권근 등을 불렀다. 태조 2년
2월 태조가 계룡산에 행차하였을 때 권근을 불러 환조(桓
祖)의 비문을 쓰도록 하고, 9월에 권근을 검교 예문춘추관
태학사 겸 성균관대사성에 임명하였다.

태조 6년 12월 24일 권근을 설장수와 함께 원종공신에
추록하였다.

태조 6년에는 원종공신으로 화산군에 봉하여 권근을 회
유하였다.

태조가 개국한 뒤에 공[권근]이 오히려 굽히지 아니하
니, 태조가 달래어 데려오려고 하였으나 듣지 아니하였
다. 공의 아버지 희가 공의 아들 규(踄)를 길렀는데, 아이
가 장성하였어도 아직 혼인을 아니하였더니, 태조가 공주
[태종의 딸 경안공주]와 혼인시켰다. 어느 날 태조가 희
에게 이르기를, "권근이 나를 잊었는가. 전조(前朝)를 위하
여 수절하는 것이 아름답기는 하지만 그대의 나이가 이
미 높았는데, 근이 어찌 와서 보지 아니하는가. 어찌 충
성에만 두텁고 효도에는 부족하냐" 하니, 희가 대답하기
를, "권근이 어찌 늙은 아비를 잊어버리겠습니까. 몸에 병
이 많아 일어날 수가 없어 그러는 것입니다. 근래 그 편
지를 보니, 오래지 아니하여 신을 보러 올 것입니다." 하
니, 태조가 심히 기뻐하며, "권근이 어느날 길을 떠나고,
어느날 서울에 들어오느냐." 하였다. 희가 꾸며대서 대답

을 하고, 곧 사람을 보내어 오기를 재촉한 즉, 공이 할 수 없이 충주에서 나서매 감사는 떠났다고 장계(狀啓: 임금에게 직접 고하는 글)하니, 곳곳에 장막을 치고 음식을 차려놓고 기다렸다. 공이 차마 서울로 직접 오지는 못하고 빙빙 돌아 수원까지 왔는데, 희가 사람을 보내 재촉하여 한강에 당도하니, 희가 친히 맞이하여 종일토록 사람을 가까이 오지 못하게 하고, 비밀히 이야기를 한 뒤에야 공이 강을 건너 성안으로 들어와 대궐에 이르렀다. 태조가 손님맞는 예로 편전에서 대접하고, 팔도의 경치를 그린 병풍을 손을 들어 가리키면서, "어느 누(樓) 어느 정자에 대하여 나를 위해 기(記)를 지어, 나라의 명승지를 자랑하게 하라" 하니, 공이 물러나와 지어 올렸다. 태조가 곧 지제교(知製敎)를 임명하니, 공이 어쩔 수 없이 명을 받고 나와 충주로 돌아가는 날에 상소를 올려 전조 충신 정몽주에게 표창하고 증직(贈職)을 내리어 절의를 숭상하기를 청하였더니, 헌부(憲府)와 간원(諫院)에서 논박하여 아뢰기를, "난신(亂臣)이 어찌 충신이 될 수가 있습니까. 근의 말은 망발입니다." 하였으나, 태조가 여러 사람의 논박을 물리치고 그 말을 좇았다. (『국역 연려실기술』 1책 155쪽)

■ 표전 문제

명 태조는 일찍이 사신으로 온 목은을 만나보고 대학자로 그를 매우 존숭하고 있었다.

태조 5년(1396) 2월 9일 하례하는 표·전문에 희롱하는 문귀가 있다 하여 표 전문을 지은 사람을 보내라 하였다.

이에 2월 15일 표문(表文)은 성균 대사성(成均大司成) 정탁(鄭擢)이 수찬하고, 동궁에게 올린 전문(箋文)은 판전교시사(判典校寺事) 김약항이 수찬했으나, 정탁은 현재 풍질병으로 기동을 할 수 없어서 일으켜 보내기가 어려우므로 분부에 의해서 통사 곽해륭(郭海隆)을 보내며, 전문을 수찬한 김약항을 북경에 보낸다고 하였다.

그런데 태종 5년 6월 11일에 상보사승(尙寶司丞) 우우(牛牛) 등을 사신으로 보내, 전번에 전문을 지은 사람만 보냈다고 하면서, 표문을 지은 사람인 정도전을 잡아오라 하였다.

6월 14일에 또 표문에 실수를 할까봐 요번 성절에 올리는 표문은 못 올리겠다고 하였다.

> ... 홍무 28년의 성절(聖節)·천추절(千秋節)과 29년의 원단(元旦) 등의 표문과 전문을 전대로 지어서 진하(進賀)한 것이온데, 그 뒤에 온 자문을 받아서 삼가 성지(聖旨)를 받자오니, 그 사연에, '이번에 올린 홍무 29년 정월 원단의 표문과 전문 속에 경박하고 모멸한 자귀가 있다.' 하오니, 이것을 받자와 그윽이 자세히 생각하오니, 소방(小邦)의 사대(事大)하는 성의는 조금도 변하지 않았으나, 해외(海外)의 사람들이라 학문이 황잡하고 얕아서 중국 조정의 표문과 전문의 체제를 알지 못하여 문구가 틀리게 된 것이오니, 떨리고 황공하기 비할 데 없어 이번에 맞을 홍무 29년 9월 18일의 성절에는 감히 표문을 올리지 못합니다." 『태조실록』 태조 5년 6월 14일

태조 5년 7월 8일 참찬문하부사(參贊門下府事) 남은(南誾)이 상서(上書)하여 찬문자(撰文者)와 유구(柳珣) 등의 가속(家屬)을 보내는 것을 정지하기를 청하였다.

그래서 7월 19일 정도전은 병을 일컫고 가지 않고 대신 윤문과 교정에 참여했던 예문관춘추관학사 권근과 우승지

정탁(鄭擢, 1363~1432)이 자원해 가서 경위를 해명하고 우대를 받고 돌아온다.

■ 1차 왕자의 난

태조 5년(1396) 8월 13일 세자 방석의 생모이며 태조 계비인 신덕왕후 강씨가 승하하자 태종과 정도전의 갈등은 더욱 첨예해져 갔다.

이러한 와중에 명 태조가 정도전은 나라의 화근이 될 것이라는 내용의 글을 보내자, 정도전은 6월 14일 스스로 의흥삼군부사(義興三軍府事)가 되어 병권을 장악하고 군사훈련을 강화한다. 그리고 남은(南誾, 1354~1398), 심효생(沈孝生, 1349~1398) 등과 함께 요동정벌의 계획을 세우고 대규모 군사훈련을 감행하였다.

태조 7년(1398) 윤5월 8일에 명 태조가 승하한다. 정도전은 이 틈을 타 요동정벌에 나설 요량으로 윤5월 28일 전국에 걸쳐 대규모 군사훈련을 감행한다.

그러나 농한기를 기다리다 8월 26일 제5왕자인 정안군 이방원이 주도하는 제1차 왕자의 난을 만나 정도전, 남은, 심효생은 함께 피살되고 만다.

태조 7년(1398) 무인년 8월 태조의 와병중에 8월 26일 제1차 왕자의 난[정도전의 난]이 일어나, 태종 이방원은 세자인 방석을 보필하고 있던 정도전·남은(南誾) 등이 자신을 비롯한 신의왕후 소생의 왕자들을 제거하려 한다는 이유로, 사병을 동원 그들을 살해하였으며, 곧 이어 방석·방번(芳蕃) 마저 죽여 후환을 없앴다.

정도전과 남은(南誾)이 방석에게 붙어서 다른 왕자를 꺼리고 제거하고자 모의하여 비밀히 아뢰기를, "중국에서 모든 왕자에게 왕을 봉하는 예(例)에 의하여 모든 왕자를 각 도에 나누어 보내기를 청합니다" 하니, 태조가 대답을 하지 않고 태종에게, "외간의 의논을 너희들이 몰라서는 안 되는 것이니 마땅히 너의 형들에게 타일러서 경계하고 조심하라" 하였다.

복자(卜者)인 안식(安植)이 말하기를, "세자의 배다른 형들 가운데 왕이 될 사주를 타고난 이가 하나만이 아니다" 하니, 정도전이 말하기를, "곧 그들을 제거할 것인즉 어찌 근심하리요" 하였다. 의안군 화(義安君和)가 알고 몰래 태종에게 고하였다. 무인(戊寅) 가을에 태조가 병이 들었는데, 정도전이 태조의 요양을 위하여 다른 곳에 옮길 것을 의논하자고 핑계하여 모든 왕자를 불러서, 이 기회에 난을 일으켜서 저의 당(黨)으로 하여금 안에서 어떻게 처치하고자 하였다. 전(前) 참찬(參贊) 이무(李茂)가 또한 정도전의 당인인데, 그 모의한 것을 다 태종에게 몰래 누설하였다.

그때에 태종이 모든 형들과 더불어 항상 근정전 문밖에서 자더니, 원경왕후(元敬王后: 태종의 비)가 그 아우 민무질과 모의하여 종 김소근(金小斤)을 보내어 후(后: 원경왕후)가 갑자기 배가 아프다고 고하니, 태종이 곧 집에 돌아와서 후와 민무질과 더불어 한참 동안 가만히 이야기하는데, 후가 울면서 태종의 옷깃을 잡고 궐내에 가지 말라고 하였다. 태종이 말하기를, "어찌 죽음을 두려워하여 가지 아니하리요. 또 모든 형들이 다 궐내에 있으니, 이 일을 알리지 아니할 수 없다" 하며, 후의 손을 뿌리치고 나갔다. 후가 문밖까지 따라 나와서 말하기를, "조심하고 조심하소서" 하고, 동생 대장군 민무구와 장군 민무질과 함께 모의하여 병기와 말을 몰래 준비하여 태종을 응원

할 계책을 세워놓고 있었다.

태종이 대궐에 이르니, 한 내시가 안에서 나와 말하기를, "전하[主上]께서 병세가 중하여 다른 곳으로 피우(避寓)하고자 하오니 모든 왕자는 다 들어오시오" 하였다. 그전에는 궁문에 모두 등불이 밝혀져 있었는데, 이 밤은 등불이 없으니 사람들이 더욱 의심하였다. 태종이 거짓으로 뒷간에 가서 생각하고 있을 때, 익안군 방의(芳毅)와 회안군 방간(芳幹)과 상당군 이백경(李伯卿: 李㙉)이 뒤따라 가서 불러 말하기를, "정안군 정안군, 장차 어이할꼬." 하였다. 태종이 말하기를, "왜 소리를 높이는가." 하고, 또 손으로 소매를 치면서, "계책이 없다." 하고는 방의·방간·백경과 함께 영추문으로 나와서는, 태종이 말하기를, "우리 형제는 말을 광화문 밖에 세워 놓고 천명을 기다리는 것이 가하다." 하고 사람을 보내서 정승 조준(趙浚)과 김사형(金士衡) 등을 부르니, 준(浚)은 방금 복자(卜者)에게 길흉을 점치고 있었던 참에 계속 재촉하므로 일어나서 오는데, 갑옷을 입은 사람들이 많이 따랐다. 태종이 사람을 시켜서 예빈시(禮賓寺) 앞 돌다리에서 가로막고 다만 두어 사람만 데리고 오게 하였다. 태종이 준(浚)을 보고 말하기를, "공들은 이씨의 사직을 근심하지 않느냐." 하였다. 조금 있다가 조신들이 많이 모여들었다. 조준과 김사형 등이 정청에 들어가 앉으려고 하는데 태종은, "만약에 궁중에서 출병을 하여, 우리 군사들이 조금 물러간다면, 조준과 김사형은 궁중에서 나온 군사들 가운데로 들어갈 것이다." 하고, 그들에게 "우리 형제는 노상에 말을 세우고 있는데, 정승이 정부에 들어가 앉는 것은 마땅하지 않다." 하면서 운종가(雲從街)에 앉게 하고는, 백관을 불러모았다.

찬성 유만수(柳曼殊)가 그 아들을 데리고 오매, 태종이 그에게 갑옷을 주며 자기 뒤에 세우니, 이무(李茂)가 말하

기를, "만수는 방석의 당입니다." 한즉 만수가 말에서 내
려 태종의 말 고삐를 잡고 말하기를, "내가 마땅히 여쭙
겠습니다" 하였는데, 김소근(金小斤)이 칼을 가지고 그 부
자를 찔러 죽였다.

태종이 무사를 거느리고 정도전을 정탐하니, 그때 이직
(李稷)과 함께 남은(南誾)의 첩의 집에 모여서 등불을 밝히
고 즐겁게 웃고 반종(伴從)들은 다 졸고 있었다. 이숙번으
로 하여금 일부러 활을 쏘아 기왓장 위에 떨어지게 하고
는 불을 놓아 집을 태우니, 정도전이 그 이웃집 판봉상
(判奉常) 민부(閔富)의 집에 숨었다. 민부가 소리질러 말하
기를, "배가 불룩하게 나온 사람이 우리 집에 들어왔다."
하였다. 군사가 들어가 찾으니, 정도전이 칼을 짚고 기어
서 나오는 것을 잡아 태종 앞으로 끌고 오니 정도전이
우러러보고 말하기를, "만약에 나를 살려 주시면 힘을 다
하여 보좌하겠습니다." 하였다. 태종이 말하기를, "네가
이미 왕씨를 저버리고 또 이씨를 저버리고자 하느냐." 하
며, 즉시로 목을 베어 죽였다. 그 아들 유(游)와 영(泳)도
또한 피살되었다.

남은(南誾)은 남몰래 미륵원(彌勒院) 포막(圃幕)에 숨었는
데, 뒤쫓는 병사들에 의해 죽었고, 이직(李稷)은 거짓으로
하인이 되어 집에 올라가서 불끄는 시늉을 하여 죽음을
면하였다.

궁중에서는 불 일어나는 것을 바라보고 크게 소동을 내
고 포(砲)를 쏘니, 방석(芳碩)의 당이 출군(出軍)하고자 하
여, 군사들로 하여금 세자[방석]를 받들고 성에 올라가서
정찰하니, 광화문으로부터 남산에 이르기까지 철기(鐵騎)
가 가득히 뻗쳤으므로 두려워서 감히 출동하지 못하였다.
사람들은, "신이 도운 것이다." 하였다. 태종이 궁중에 입
직(入直)한 여러 군사에게 말을 전하여 나오라고 하니, 서
로 거느리고 담을 넘어 나와서, 근정전 이남은 텅 비었

다. 새벽에 태조가 처소를 청량전(淸凉殿)에 옮기니 조준
들이 백관을 거느리고 정도전과 남은을 죄주기를 청하고,
또 세자를 폐하고 새로 책봉하고자 청하니, 태조가 방석
에게 이르기를, "너한테는 편하게 되었구나." 하였다. 방
석이 절하고 나갈 때 현빈(賢嬪: 방석의 부인)이 옷을 붙
들고 우는데, 방석이 옷을 뿌리치고 나갔다. 또 방번을
쫓아 내보낼 것을 청하니 태조가 이르기를, "세자는 아주
그만이거니와 너는 나간들 어떻겠느냐." 하였다. 홍안군
이제(李濟)가 곁에 있다가 오히려 칼을 빼어 두리번거렸
다. 공주가 이제에게 말하기를, "우리 부부가 만약에 정안
군 집에 돌아간다면, 살 것이다." 하였다. 방번이 서쪽 문
으로 나가니, 태종이 손을 잡고 말하기를, "네가 내말을
듣지 아니하여, 이런 지경에 이르렀다. 잘 가거라 잘 가
거라." 하더니 도당(都堂)에서 뒤쫓아 중도에서 죽였다.
(동각잡기) (『국역 연려실기술』 1책 119쪽)

　새 세자는 8월 26일 방원의 요청에 의하여 둘째 아들
방과(芳果)로 결정하고, 8월 27일에 종묘에 고했다. 9월 5
일 태조는 곧 왕위를 방과(芳果: 定宗)에게 물려주고 상왕
(上王)이 되었다.
　정종 1년(1399) 3월 16일에 상왕인 태조는 방석·방번
형제가 무참히 죽은 데 대해서 백운사(白雲社)의 늙은 중
신강(信剛)을 만나 한탄하였다.

　결국 종법제의 원칙이 표방되는 가운데 태조 7년(1398)
제 1차 왕자의 난으로 방석이 쫓겨나고 정안군 방원(태종,
1367～1422)이 정권을 잡으면서, 적장자 승습의 원칙을 표
방하여 영안군 방과(정종)가 세자로 책봉되고 태조의 내선

을 받아 즉위하였다. 결국 태조는 아들에게 쫓겨나는 비애를 맛보게 된 것이다. 그렇지만 실권을 가진 방원이 원칙에 맞지 않게 직접 왕위를 계승하지 않고, 정종의 적장자로서 왕세자가 된 것은 종법정신을 아주 외면한 것은 아니었다.

이렇게 태조대에 정도전을 중심으로 한 개국공신 세력과 권근 하륜을 중심으로 한 태종 이방원의 세력이 갈등을 일으키는 가운데 그동안 미흡했던 개혁은 진행되어 갔다. 법전을 편찬한다든지, 전제개혁을 한다든지, 전국에 양전을 실시한다든지, 대마도를 정벌한다든지 하여 개혁의 기틀을 다져나갔다.

■ 정종 즉위

정종 즉위년(1398) 9월 5일에 태조의 양위를 받아 왕위에 올랐다. 그리고 방원(태종)이 의흥삼군부 우군절제사와 판상서사사(判尙瑞司事)를 겸하였다.

10월 1일 정사공신(定社功臣)을 책정하는데 방원(태종)은 1등에 봉해졌다.

■ 제2차 왕자의 난

왕위를 계승하여 2년이 지나도록 적처인 정안왕후(定安王后) 경주 김씨(慶州金氏, 1355~1412)에게 아들이 없어 세자를 책봉하지 못하고 있었는데, 정종 2년(1400) 1월 제2차 왕자의 난[방간의 난]이 일어났다.

태조 4남 이방간은 1차 왕자의 난에 동생 이방원을 도와 정도전 일파를 제거한 공으로 정사공신 1등으로 책록되었고, 그 뒤 개국공신 1등에 추록되었다. 그러나 정종 2년 지중추부사 박포의 이간에 충동되어 제2차 왕자의 난을 일으켰으나 실패하면서 토산(兎山)으로 유배되었다.

정종 2년(1400) 1월 28일에 방간이 제2차 왕자의 난[박포의 난]을 일으키니 이를 토벌하였다.

> 무인 정사(戊寅定社: 정도전의 난)한 뒤에 지중추원사(知中樞院事) 박포(朴苞)가 공이 많은데, 도리어 지위가 여러 공신들 아래 있다 하여, 몹시 불평을 하고 사람들에게 말하기를, "이무(李茂)가 비록 정사의 열에 참여하였으나, 공(功)이 여러 사람들의 마음에 만족하지 못하고 또 변덕이 많아 측량하기 어렵다." 하였다. 태종이 이말을 듣고 임금

에게 아뢰어 박포를 죽주(竹州)에 귀양보냈다가 얼마 안
되어 소환하였다.

포는 이에 원한을 품고 난을 일으킬 것을 모의하였다.
회안군 방간의 집에 가서 장기를 두었는데, 이날 마침 우
박이 오매, 포가 말하기를, "옛사람이 이르되, '겨울 비가
길을 파손하면 병사가 시가에서 교전한다' 하니, 마땅히
조심할 것이다" 하고, 또 그때 붉은 빛의 나쁜 기운이 하
늘에 나타났는데, 그가 방간에게 가서 고하기를, "하늘에
요사한 기운이 있으니, 마땅히 조심하여 처신해야 할 것
입니다" 하였는데, 방간이 말하기를, "어떻게 처신할꼬"
하니, 포가 말하기를, "군사를 맡지 말고 드나들기를 삼가
며 의관을 정돈하고 행동을 신중히 하여, 마치 고려조 자
손인 여러 왕씨의 예와 같이 하는 것이 상책입니다." 하
였더니 방간이, "그것은 못하겠고, 다시 그 다음 방책을
말하라" 하니, 포가 말하기를, "형만(荊蠻) 지대에 도망하
던 태백과 중옹과 같이 하는 것이 그 다음의 방책입니
다." 하니, 또 이르기를, "그 다음을 말하라" 한즉, 포가
말하기를, "정안군은 군사가 강하며, 많은 무리가 붙어 있
고 공의 군사는 약하며 위태함이 마치 아침이슬과 같으
니, 먼저 선수를 써서 쳐부수는 것이 낫다." 하니, 방간이
이 말을 좇아서 태종을 자기집에 오라고 청하여 난을 일
으키려 하였다.

태종이 장차 그 집에 가려고 할 때 갑자기 병이 났다.
판교서감사(判校書監事) 이래(李來)가 그 모의를 듣고 놀라
서 방간에게 말하기를, "공이 소인의 간악한 말을 듣고
골육을 해치려고 하니, 안 될 일입니다. 하물며 정안군은
큰 공훈이 있습니다. 개국 정사(開國定社)가 누구의 힘입
니까." 하니, 방간이 분연히 성을 내며 기뻐하지 아니하였
다. 환자(宦者) 강인부(姜仁富)가 꿇어앉아 손을 비비면서
말하기를, "원컨대, 공은 이런 일을 하지 마소서." 하였다.

이에 하윤 등의 요구에 따라 '적장자 무후(無後)이면 중자(衆子), 중자(衆子) 무후(無後)이면 첩자 승중(妾子承重)'이라는 원칙을 내세워, 정종 2년 2월에 중자인 정안공 방원(芳遠: 太宗)을 세자로 책봉하고, 정종 2년 11월에 태종이 정종의 양자가 되어 왕위를 계승한다. 정종의 뒤를 잇는 태종도 왕세제(王世弟)로 왕위를 계승하지 않고 왕세자(王世子)로 왕위를 계승하여 종법정신을 표방한다. 이는 정종의 조카들 중에서 양자를 세워 왕위를 물려주어야 하는 종법의 원칙에 어긋나고 양자를 같은 항렬에서 할 수 없는 양자제도에도 어긋나는 것이지만, 당시에는 양자를 같은 항렬에서도 또는 다른 성에서도 하고 있었고 왕위계승에서는 동생이 이어받는 경우도 있었으므로, 실권을 가진 태종이 왕위에 오르면서 표방하는 왕위계승의 원칙으로는 이러한 방법밖에 없었다.

이 난을 계기로 하륜이 정안군을 세자로 세우기를 청하고, 정종 역시 적처인 정안왕후 김씨에게서 아들이 없고, 또 나라를 세우고 사직을 안정시킨 것이 정안군 이방원의 공적이라고 하여, 정안군을 세자로 책립하여 군국의 중한 일을 맡게 하였다. 이에 정종 2년 4월 6일 사병을 혁파하고 병권을 의흥삼군부로 집중시키고, 도평의사사를 의정부로, 중추원을 삼군부로 고쳤다.

■ 불노 사건

정종은 적처인 정안왕후 김씨에게는 아들이 없고, 후궁이라 칭해지는[잠저 시절의 둘째 부인인듯] 유씨(柳氏)에게는 아들 불노(佛奴)가 있었는데, 진짜 아들이 아니라는 이유를 들어, 태종을 아들로 입후하여 왕위를 물려주었다.

물론 정치세력에 좌우되어 만들어진 원칙의 표방이었다. 따라서 후에 정종의 아들로 나타난 불노는 공주(公州)에 유배가고, 불노를 정종에게 데려왔던 조박(趙璞)은 공신녹권을 추탈당하고 자손은 금고 당한다.

불노(佛奴)의 어머니는 가의궁주(嘉懿宮主) 유씨이다. 유씨는 유분(柳芬)의 셋째 딸로 고려 우왕의 의자(義子)가 되어 왕복해(王福海)라고 불리웠던 권신 임견미(林堅味)의 사위 반복해(潘福海)에게 시집갔다가, 우왕 14년(1388) 정월에 반복해가 임견미와 함께 주형을 당하자, 당시 실권자로 부상하고 있는 태조 이성계의 둘째 아들이었던 정종에게 시집왔던 것 같다. 그리고 죽주(竹州)에 향처로 있었던 듯하다. 이에는 유씨가, 민제의 사위로 태종의 동서가 되는 조박(趙璞)의 족매(族妹)였던 것이 크게 작용하였던 것 같다. 정종이 즉위하자 정종 즉위년 11월 7일 태종의 동서인 대사헌 조박이 그의 족매로 정종이 잠저에 있을 때 첩이었던[실제는 향처이었던 듯하다] 유씨와 그 아들 불노를 궁으로 데려오니, 정종이 유씨를 가의옹주(嘉懿翁主)로 삼고, 그 아들 불노를 일컬어 원자(元子)라 하였다.

유씨(柳氏)를 후궁(後宮)에 맞아들이었다. 유씨는 임금의 잠저(潛邸) 때의 첩으로 대사헌 조박(趙璞)의 족매(族妹)이다. 일찍이 다른 사람에게 시집가서 이름이 불노(佛奴)라는 아들이 있으며, 죽주(竹州)에 살고 있었는데, 이때에 와서 조박이 임금에게 아뢰니, 임금이 유씨와 그 아들을 맞이하여 그 집에 두었다가 장비를 갖추어 궐내에 들어오

게 하고서, 그를 책봉하여 가의옹주(嘉懿翁主)로 삼고, 그
아들을 일컬어 원자(元子)라 하였다.

이숙번(李叔蕃)이 정안공(靖安公)의 사저(私邸)에 나아가
니, 정안공이 그를 침실 안으로 불러 들였다. 이에 숙번
이 말하였다. "사직(社稷)을 안정한 지가 지금 몇 달이 되
지 않았는데, 조박이 공(公)의 가까운 인척임에도 그 마음
이 조금 변했으니, 그 나머지 사람의 마음도 또한 알 수
가 없습니다. 다만 공께서는 스스로 편안하게 할 계책을
깊이 생각하시고, 병비(兵備)도 또한 해이(解弛)하게 할 수
가 없습니다." 정안공이 노하여 말하였다. "그대들이 부귀
가 부족해서 이런 말을 하는가?" 숙번이 대답하였다. "부
귀가 부족한 것은 아닙니다. 우리들 1, 2명의 시복(廝僕)이
목숨을 돌아보지 않고서 사직(社稷)을 창졸(倉卒)한 시기에
안정시킨 것은 공(公)을 추대하여 임금으로 삼고자 한 때
문인데, 지금 원자(元子)라 일컫는 사람이 궁중에 들어와
있으니 우리들의 감히 알 바는 아닙니다. 공(公)께서 만약
내 말을 듣지 않으신다면 반드시 후회가 있을 것입니다.
나는 진실로 필부(匹夫)이니 머리를 깎고 도망할 수도 있
지마는, 공은 매우 귀중한 몸으로서 장차 어떻게 처리하
겠습니까?" 정안공이 대답하지 아니하였다.

그러나 왕위계승에 문제가 있어 불노가 정종의 아들이
아니라 하여 외방에 내쫓고, 태종 9년 10월 27일에는 불노
가 상왕[정종]의 아들을 자칭하고 다닌다고 하여 공주(公
州)로 유배 보낸다.

명하여 불노(佛奴)를 공주(公州)에 안치(安置)하게 하였
다. 인덕전(仁德殿)의 궁인(宮人) 가의궁주(嘉懿宮主) 유씨
(柳氏)가 일찍이 다른 사람에게 시집가서 자식이 있었는

데, 이름이 불노(佛奴)였다. 불노가 스스로 말하기를, '상
왕(上王)의 아들이라.' 하니, 상왕은 결코 자기 아들이 아
니라고 하였다. 참찬의정부사(參贊議政府事) 이지(李至)를
명하여 위관(委官)을 삼고, 대간(臺諫)·형조(刑曹)와 함께 순
금사(巡禁司)에 앉아 잡치(雜治)하게 하니, 대간이 교장(交
章)하여 상언(上言)하기를, "대저 부자(父子) 사이는 이름
[名]이 바른 연후에야 말[言]이 순(順)한 것이니, 이름이 바
르지 않으면 말이 순해지지 않는 법입니다. 지금 유씨(柳
氏)의 아들 불노란 자를, 상왕께서 '내 자식이 아니라.' 하
여 외방(外方)에 내쫓아, 그 외할미[外姑]를 따라 죽주(竹
州)에 있은 지가 이미 몇 해가 되었는데, 근자에 망녕되게
'상왕의 아들이라.' 일컫고 서울 안에 몰래 들어와서 가만
히 그 어미를 만나보아 시청(視聽)을 어지럽히니, 그 마음
이 헤아리기 어렵습니다. 심문(審問)할 때를 당하여 그 외
할미는 말하기를, '세째딸이 반복해(潘福海)에게 시집갔다
가 지나간 무진년 정월에 복해(福海)가 주형(誅刑)을 당하
였는데, 그해 8월에 불노가 태어났으니, 상왕의 아들이 아
닌 것이 분명하다.' 하고, 유씨(柳氏)의 아우의 남편 박종
주(朴從周)는 말하기를, '신년(申年)에 낳았다.'고 하였으니,
두 말이 같지 않으니 진실로 분변하지 않을 수 없습니다.
자고로 왕자(王子)·왕손(王孫)이라 거짓 일컬어 천하 국가
(天下國家)를 변란(變亂)시킨 자가 많습니다. 속담에 이르
기를, '자식을 아는 것은 어미같은 이가 없다.'고 하였으
니, 신 등은 원컨대, 유씨(柳氏)에게 물어 그 사실을 변명
하고 그 이름을 바루며, 또 박종주에게 불노를 데리고 서
울에 온 뜻을 물어서, 각각 그 죄를 바루어 밝게 후래(後
來)에 보이시면 심히 다행하겠습니다." 하였다. 소(疏)를
덮어두고 내리지 않고 불노를 공주(公州)에 두었으니, 그
편의를 따른 것이었다. 임금이 말하기를, "불노가 왜 도망
하여 숨어서 화(禍)를 피하지 못하는가? 만일 도망하면 내

가 마땅히 버려두고 묻지 않겠다." 하였다.

그리고 조박은 태종의 동서이고, 태종 형인 회안공 방간의 사위 조신언의 아비이고, 이무의 인척이며, 태종 8년 12월 6일에 죽었는데도, 태종 9년 12월 19일에는 이전에 불노를 상왕[정종]의 아들로 데려와 불궤를 꾀했다 하여 죄를 주어, 조박의 자식들을 금고시킨다.

태종 10년 1월 22일 의정부와 공신들이 다시 불노가 상왕의 아들을 사칭하였다고 죄를 청하였다. 이러한 논의에서 보면 오히려 불노가 상왕의 진짜 아들이고 유씨는 첩이 아니라 정식으로 맞이한 부인이었던 것 같다.

태종 16년 7월 8일 기록에 불노는 중이 되었다가 죽은 것으로 되어 있다.

> ... 상왕이 아들이 없는데 불로(佛老)를 상왕이 아들이라고 하지도 않고, 아들이 아니라고 하지도 않으니, 조박이 상왕의 신하가 되어서 어찌 아들이 아니라고 말할 수 있겠는가? 다만 그 어미가 조박의 일가인 것 뿐이다. 상왕이 나를 봉하여 세자를 삼은 뒤에 불로가 중[僧]이 되어, 이미 천년(天年)을 마치었으니, 조박의 자손을 금고하는 것이 옳은가 옳지 않은가 각각 뜻을 말하라" 하니, 이원·황희 등이 대답하기를, "조박이 천명(天命)이 돌아가는 것을 알지 못하고 상왕이 아들이라고 하지 않는데 조박이 먼저 아들이라고 하였으니, 그릅니다" 하였다. 임금이, "조박이 먼저 아들이라고 한 것이 아니라, 아들이 아니라고 고하지 않은 것이 잘못이다. 이와 같은 일은 내가 음덕(陰德)을 베풀겠다."

■ 상왕복위 운동

태종이 즉위한 이후 조사의 난이 일어나고 태종 8년 태조가 승하하기 전까지는 태종을 반대하는 세력은 태조와 더불어 태종을 쫓아내고 정종을 다시 복위시키려는 음모를 행하게 되고 이에 정종은 상왕복위 문제에 연루되어 전전긍긍하였던 것 같다. 그리고 태종과의 사이도 본의 아니게 불편했던 것 같다.

그러나 태조가 태종 8년에 승하하고 태종의 왕권이 확고해지면서 이러한 불편한 관계는 해소되었던 것 같다.

이를 상징하는 사건이 조박을 처벌하고 그 자손을 금고시키는 것으로, 이로써 상왕복위 문제는 일단락되고, 이후에 나타나는 기록처럼 태종이 10년 위인 상왕 정종을 형님으로 부모처럼 받드는 관계가 지속되었다.

태조 능인 건원릉 전경(경기도 구리시 동구릉내)

제2장 태종대 정치사

■ 태종 즉위

태종(1367~1422)은 어려서 길재, 원천석 등에게 사사하였다. 여말에 태조 이성계(1335~1408)가 신흥세력으로 부상하자, 주자성리학자의 핵심세력인 민제(閔霽, 1339~1408)의 사위가 된다. 이후로 약관의 나이로 과거 급제를 하고 우현보((禹玄寶, 1333~1400)의 문인이 되면서 조선건국을 주도하는 핵심세력이 되었다.

우왕 14년(1388) 이성계가 위화도 회군을 통해 최영을 제거하고 창왕을 옹립하고는 정치적·군사적 실권을 잡았다. 그러나 공양왕 4년(1392)에 이성계가 해주에서 사냥하다가 말에서 떨어져 중상을 입자 정몽주가 공양왕에게 상소하여 이성계를 제거하려 하자 조영규 등으로 하여금 정몽주를 격살하게 함으로써 대세를 만회하였다.

같은 해 정도전 등과 공작하여 도평의사사로 하여금 이성계 추대를 결의하게 하고, 왕대비(王大妃: 공민왕비 안씨)를 강압하여 공양왕을 폐위하고 국새를 거둬들여 대비전에 두었다가 이성계에게 전해주는 절차를 거치고 배극렴 등이 추대하여 아버지 이성계가 송경 수창궁에서 조선 제1대 왕으로 즉위하였다.

조선이 개국되자, 이방원은 정안군으로 책봉되었을 뿐, 강비(康妃, 신덕왕후), 정도전(鄭道傳, 1342~1398) 등의 배

척으로 군권과 개국공신 책록에서 제외되고 세자책봉에서
도 신덕왕후 강씨의 소생인 방석을 세자로서 결정하였다.

태조 5년 신덕왕후 강씨가 죽자 태종과 정도전의 갈등
이 심화된다. 정도전은 병권을 장악하고 군사훈련을 강화
하고 남은, 심효생 등과 함께 요동정벌의 계획을 세우고
대규모 군사훈련을 감행하였다.

이에 태종은 제1차 왕자의 난을 일으켜 정도전과 세자
방석을 위시하여 신덕왕후 강씨 세력을 제거하였다. 그리
고 주자성리학 이념에 따라 적장자 상속을 표방하여 정종
으로 왕위를 계승하게 하였다.

이에 반발하는 세력이 제2차 왕자의 난을 일으키는 박
포와 방간 세력이고 이를 진압하면서 왕세자가 되어 정계
를 주도하여 간다.

그리고 곧 정종의 양위를 받아 태종 즉위년 11월 13일
조선 제3대 왕으로 즉위하였다.

■ 정몽주 추숭

태종대에 이르면, 민제의 사위인 태종 자신이 표면적으
로는 주자성리학도로서, 그리고 권근·하윤 등의 주자성리
학자의 지지를 받으면서, 그 이념으로 건국기반을 다지려
했던 까닭에 태조·정종대와는 달리 주자성리학에 입각한
제도정비를 서두르게 되었다. 태종은 권근·하윤을 등용하
여 개국공신세력과 대립하면서 정몽주를 충신으로 추숭하
고 두문동 72현 세력을 정계에 등장시키면서 주자성리학
에 입각한 개혁을 주도하여 간다. 이를 위해서는 외척과
공신세력을 억눌러야 했으며 불교세력을 억눌러야 했다.

태종 1년(1401) 1월 14일 참찬문하부사(參贊門下府事) 권근(權近)이 나라를 다스리는 도 6조목을 상서하면서 정몽주를 절의로 추숭할 것을 건의하였다.

그리하여 11월 7일 고려 문하 시중 정몽주(鄭夢周)에게 영의정부사(領議政府事)를, 광산군(光山君) 김약항(金若恒)에게 의정부 찬성사(議政府贊成事)를 증직(贈職)하였다.

포은 정몽주 묘소(경기도 용인시)

■ 조사의의 난과 함흥차사

태종 2년(1402) 11월 신덕왕후 강씨의 족속인 안변부사 조사의가 신덕왕후와 왕세자 방석의 원수를 갚고, 태조에게 충성을 바친다는 구실로 태조가 함흥으로 선조 묘소 참배를 오는 것을 이용하여 반란을 일으키니 이를 진압하며 조사의를 죽이고 개국공신들을 제거하였다. 이러한 과정에서 태조는 함흥으로 낙향해서 지내니 함흥차사의 고사가 유래하는 것도 이러한 갈등에서 비롯된 것이다.

조사의 난의 경과는 이러했다. 태종 2년 11월 1일 태상왕이 동북면(東北面)으로 향했다. 11월 3일 환관 김완(金完)을 태상왕의 행재소(行在所)에 보내 문안했다. 11월 4일 태상왕의 행차가 금화현(金化縣)에 머물렀다. 11월 5일 환관 김완이 태상왕의 행재소에서 돌아왔다.

같은 날인 11월 5일 신덕왕후 강씨의 족속인 안변부사 조사의(趙思義)가 신덕왕후와 왕세자 방석의 원수를 갚고, 태조에게 충성을 바친다는 구실로 태조가 선조 묘소 참배를 위해 함흥으로 오는 것을 이용하여 반란을 일으켰다.

11월 8일 상호군(上護軍) 박순(朴淳, ?~1402)이 함주(咸州)에 이르러 도순문사(都巡問使) 박만(朴蔓)과 주군(州郡) 수령에게 '사의(思義)를 따르지 말라'고 교유(敎諭)하다가, 마침내 저쪽 군중(軍中)에게 피살되었다.

11월 9일 태상왕이 역마를 타고 함주로 향하자 태종이 왕사(王師) 무학(無學)을 태상왕의 행재소에 보내었으니, 무학은 태상왕께서 공경하고 믿는 자이기 때문에, 주상의 뜻을 상달하여 속히 환가(還駕)하기를 청하도록 함이었다.

11월 15일 영의정으로 치사하여 홍주 송강리 고향으로 내려와 있는 태조의 총신인 안평부원군(安平府院君) 이서 (李舒, 1332~1410)를 불러 흥천사 주지 설오 등과 함께 함흥 행재소로 가 태상왕을 모셔오게 하였다.

태종 2년 11월 17일 민무질(閔無疾)·신극례(辛克禮)가 군사를 거느리고 동북면으로 향했다.

다음날 18일 태종이 병조에 나가 앉고, 각사(各司)에서 모두 두 사람씩 머무르게 했다. 장인인 여흥부원군 민제 (閔霽)로 수성도통사(守城都統使)를 삼고, 권화(權和)로 도진무(都鎭撫)를 삼았다. 이날 태상왕의 거가(車駕)가 서북면의 옛 맹주(孟州)로 향했다.

11월 19일 이천우(李天祐)가 유기(游騎) 백여 인을 옛 맹주로 보냈으나, 조사의의 군사에게 잡혔다. 11월 20일 이천우가 조사의의 군사와 더불어 옛 맹주의 애전(艾田)에서 싸워 패해, 이천우가 포위를 당했으나 아들 이밀(李密) 등 10여 기(騎)와 함께 역전(力戰)해 포위를 뚫고 나왔다.

11월 21일 태종이 경성(京城)을 출발해 금교역(金郊驛) 북교(北郊)에 머물렀는데, 민제(閔霽)·성석린(成石璘)·우인렬 (禹仁烈)·최유경(崔有慶) 등에게 명해 경성에 남아 지키게 했다. 조영무(趙英茂)·김영렬(金英烈)·신극례(辛克禮) 등이 철령으로 향했다. 11월 22일 태종의 거가(車駕)가 원중포 (元中浦)에 머물렀다. 11월 24일 상호군 김계지(金繼志)를 서북면 병마사로 삼았다. 서북면 도순문사(都巡問使)가 "조사의의 군사는 덕주(德州)에, 이천우의 군사는 자성(慈城)에, 이빈(李彬)의 군사는 강동(江東)에 있습니다."고 보고했다. 11월 24일 태상왕의 행재소에 가던 이서(李舒)와 설오

(雪悟)가 철령(鐵嶺)에 이르렀다가, 길이 막혀서 돌아왔다.

11월 25일 지은주사(知殷州事) 송전(宋典)이 도망해 와, "이천우가 싸움에 패해 신은 저쪽 군사에게 잡혔는데, 그 도진무(都鎭撫) 임순례(任純禮)가 신을 시켜 군량을 나눠주게 하며 말하기를, '군사의 수가 6, 7천 명이 되는데, 올량합(兀良哈)이 오면 족히 만 명은 될 것이다.' 라고 했습니다. 신이 몰래 도망해 오다가 길에서 보니, 그 군사가 혹은 40명, 혹은 30명, 혹은 20명씩 떼를 지어 도망하는 자가 많았습니다." 라고 아뢰었다.

11월 25일 이거이로 좌도 도통사(左道都統使)를, 이숙번으로 도진무(都鎭撫)를, 민무질로 도병마사(都兵馬使)를, 이지(李至)·곽충보(郭忠輔)·이행(李行)·한규(韓珪)로 조전절제사(助戰節制使)를 삼고, 김우(金宇)·심귀령(沈貴齡)·이순(李淳)·최사위(崔士威)는 김계지(金繼志)와 더불어 군사를 거느리고 발행(發行)하게 했다. 11월 26일 거가(車駕)가 원중포(元中浦)에서 돌아왔다. 11월 27일 조사의의 군사가 안주(安州)에 이르렀는데, 밤에 궤멸(潰滅)되었다.

태종 2년 12월 8일 태종이 금교역(金郊驛)에 나가서 태상왕을 맞이하여 장전(帳殿)으로 들어가서 헌수(獻壽)를 하고, 서울로 모시고 돌아왔다.

조사의 강현 등 수뇌부는 태종 2년 12월 18일 모두 복주되었다.

> 조사의(趙思義)·강현(康顯) 등이 복주(伏誅)되고, 조홍(趙洪)·홍순(洪洵)·김자량(金子良)·박양(朴陽)·이자분(李自芬)·김승(金昇)·임서균(林西筠)·문중첨(文仲僉)·한정(韓定) 등도 또한 모두 복주되었다. 『태종실록』권4. 2년 12월 18일

이 반란의 결과로 태종을 반대하는 세력이 노출 제거됨으로써 오히려 태종의 입장은 유리하게 되었는데 명나라 성조(成祖)의 신속한 책봉은 더욱 태종의 입지를 굳건하게 해 주었다.

또한 태종은 아직도 마음을 풀지 않고 있는 태조를 설득하고 태조도 대세를 되돌릴 수 없다고 생각해 태종의 승습을 인정하고 한양 환도를 권하는 왕지를 전하자 태종은 기다렸다는 듯 신도이궁조성도감을 설치하고 향교동에 이궁을 짓기 시작한다.

■ 이거이 모반 사건

태종 4년(1404) 태조와 사돈이며 태종과도 사돈이면서 태종의 1등공신인 이거이가 태종 원년에 태종과 그의 왕자들을 제거하고 상왕(정종)을 다시 세우려는 모역을 했다는 사실을 들춰내어, 이거이와 조영무를 대질시켜 사실이 인정되자 이거이와 아들 이저를 진주로 귀양보냈다.

【이거이를 중심으로】

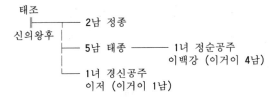

이거이는 정종 2년(1400) 정안공[태종]이 왕세자로 책립되어 군국의 일을 맡아 사병을 혁파하자 이를 원망하다가

유배갔다 다시 판문하부사로 복귀하였다. 그러나 태종 1년에 조영무에게 태종과 왕자들을 제거하고 상왕(정종)을 섬겨야 한다고 하였다. 그 당시는 이 일은 비밀로 하고 있다가 이때 이르러 반역죄로 유배가게 된 것이다.

이러한 갈등은 태조가 살아있는 상황에서 태종을 반대하는 세력은 상왕복위를 명분으로 태조의 지지를 받아가며 태종을 몰아낼 수 있었기 때문에 일어나는 사건들이었다. 그러나 태종 8년 태조가 승하하니 이러한 세력은 세력기반을 잃게 된다.

■ 억불정책

그리고 태종 5년 9월 무학대사 자초가 죽자 사사(寺社) 노비와 사원전을 제한하고 출가 방지를 위해 도첩제를 실시하는 등 불교에 대한 탄압을 가한다.

우선 사사를 혁파하여 5만~6만결을 새로이 확보하고 선교(禪敎) 각종의 총 232사만 남기고 나머지는 모두 폐사하라는 교서를 내렸다.

이런 폐불정책을 눈치챈 명나라 환관들은 독실한 불교신자였던 명 성조를 부추겨 제주도 법화사의 동조아미타 삼존상을 비롯하여, 태상왕과 태종이 소장하고 있던 사리와 전국 각사에 소장돼 있던 사리를 모아 총 800과의 사리를 명나라로 가져간다.

■ 민무구 옥

태종은 상왕인 정종과의 불편한 관계를 해소하고 정종을 아버지처럼 극진히 받들면서 개혁을 위한 과감한 정책을 펴나가게 되었다. 이러한 정책중에 하나가 외척과 공신세력의 발호를 제거해가는 정책으로 나타났다.

태종 7년(1407) 6월 13일에 대간이 종친간에 이간을 꾀했다는 혐의로 민무구(閔無咎)·민무질(閔無疾) 등을 탄핵하니, 태종 7년 11월 21일 민무구는 여흥에, 민무질은 대구에 유배보낸다. 그리고 태종 8년 9월 15일에 장인인 민제가 죽자, 태종 8년 10월 16일 처남인 민무구를 풍해도 옹진진으로, 민무질을 강원도 삼척진으로 유배를 옮긴다.

태종 9년 10월 2일에는 태종의 즉위를 도왔던 공으로 공신이 된 윤목(尹穆, ?~1410)·이빈(李彬, ?~1410)·강사덕(姜思德, ?~1410)·조희민(趙希閔, ?~1410)·유기(柳沂, ?~1410)·이무(李茂, ? ~1409) 등을 민무질과 내통하여 역모를 꾀했다 하여 유배보냈다가 10년 2월 처형하고, 태종 10년 3월 17일에는 민무구·민무질을 자진(自盡)하게 하였다.

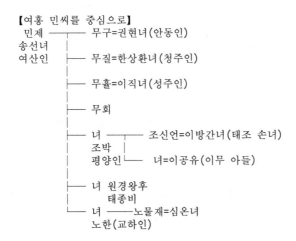

【여흥 민씨를 중심으로】

얼마 뒤 민무휼(閔無恤, ?~1416)·민무회(閔無悔, ?~1416)가 누이인 원경왕후(1365~1420)가 병환으로 눕게 되자 문

안차 입궐하였다가 세자인 양녕대군(1394~1462)에게 두 형
의 죽음에 대한 억울함을 호소한 것이 정가에 전파되어
국문을 받은 뒤 먼 지방으로 부처되었다. 그 뒤 태종 16년
(1416) 정부의 강력한 주청으로 민무휼·민무회 형제도 사
사(賜死)되고 처자들은 먼 지방에 안치되었다.

　이렇게 민무구 옥사를 통해 제거된 세력은 이무를 중심
으로 한 정도전 세력 뿐만 아니라 한편으로는 개국을 반
대했다가 당시 정계에 등장한 하륜 세력이었다.

■ 조대림 사건

　조대림(趙大臨)은　문하시중　조인규(趙仁規)의　현손이다.
아버지는 영의정부사 평양부원군 조준(趙浚)이다.

【평양 조씨 조대림을 중심으로】

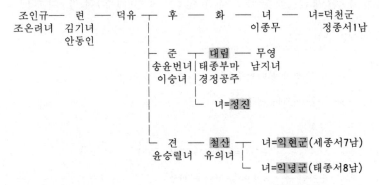

　태종 8년(1408) 12월 5일 밤에 호군 목인해가 평양군 조
대림이 모반한다고 무함하여 순금사(巡禁司)에 가두었는데
그 전말이 『태종실록』권16. 태종 8년 12월 5일 기사에 나
온다.

목인해(睦仁海)는 김해(金海) 관노(官奴)인데, 애꾸눈이고 활을 잘 쏘았다. 처음에 이제(李濟)의 가신(家臣)이었었는데, 제(濟)가 죽으매 주상을 잠저(潛邸)에서 섬겨 항상 곁을 떠나지 않았으므로, 이로 말미암아 호군(護軍)에 제수되었다. 그 아내는 곧 조대림의 집 종[婢]이었으므로, 이것을 인연하여 조대림의 집에 드나드니, 대림이 또한 후하게 대접하였다.

목인해가 조대림에게 흥안군 이제의 예를 들어 변란에 대비해 군사 일을 익히라고 하였다.

목인해가 제가 한 말이 누설될까 두려워하여 이숙번에게 조대림이 군사를 일으킨다고 일렀다. 이숙번이 아뢰니 태종이 목인해를 불러 확인했다.

목인해가 조대림에게 경복궁 북쪽에 군사 수십이 난을 일으키려 하니 먼저 군사를 일으키라고 말했다. 목인해가 전 호군 진원귀를 끌고 조대림 집으로 갔다. 조대림이 조용을 침실로 맞아들여 상황을 논의했다. 조용이 틈을 엿보아 탈출하여 곧 대궐로 달려가서 그 상황을 아뢰었다. 임금이 말하기를, "내가 이미 알았다." 하였다.

조대림이 임금에게 도적을 잡기 위해 군사를 내어 달라고 청했다. 조대림이 군사를 끌고 문을 나서는데 궁궐에서 각을 불자 궐문으로 갔다. 조대림과 조용을 붙잡아 순금사로 보내 국문했다.

목인해를 심문하여 사실을 자복받았다. 12월 8일 목인해의 사형을 늦추자고 청한 대사헌 맹사성 등을 순금사에 가두었다. 다음날 12월 9일 목인해를 시가에서 환열하고 자식들을 아울러 교살(絞殺)하였다.

그리고 조대림을 죽여서 번병(藩屛)을 제거하여 왕실을 약하게 하려했다는 죄목으로 맹사성 등을 심문했다.

12월 10일 와병 중인 길창군 권근이 대간들을 용서하기를 청하는 상서문을 올렸다. 또한 12월 11일 맹사성 및 대간들을 극형에 처하라고 판부하니, 대신들이 반대하는 청을 올렸다. 우정승 이무(李茂)만은 맹귀미(孟歸美: 맹사성 아들)의 장인(丈人)이기 때문에 정부(政府)의 청(請)에 참여하지 못하였다.

12월 12일 대사헌 맹사성과 우정언 박안신은 귀양보내고 나머지 대간은 석방하였다. 또한 형조에 명하여 조대림에게 지나치게 형벌한 이직(李稷)·윤저(尹柢)·이응(李膺) 등을 핵문(劾問)하게 하였다.

12월 25일 사헌 집의 탁신(卓愼) 등이 조대림의 죄를 청하는 상소문을 올리자 순금사에 가두고 허조 또한 옥에 가두고 신문하였다.

태종 9년(1409) 4월 2일 조대림의 병권을 회수하자고 상소한 집의 유사눌(柳思訥), 장령 김사문(金思文), 지평 조서로(趙瑞老) 등 대간들을 국문하여 유배보냈다.

■ 하륜 이숙번 사건

민무휼 옥사가 처리되자 태종은 하륜과 이숙번으로 대표되는 공신들을 제거하기에 나선다.

하륜, 권근, 유기(柳沂) 등은 1차 왕자의 난으로 정도전 세력을 제거하며 태종대를 주도하여, 민무구 옥사가 발발할 무렵은 하륜이 좌정승이 되어 모든 일을 혼자서 결정하고 있었다.

태종 7년(1407) 7월 29일 하륜과 친한 김첨(金瞻, 1354~1418)과 유기·박은 등이 민무구 형제에게 당부하였다고 탄핵을 받았다. 태종 8년 9월 25일 하륜의 문객 이은(李殷)은 민무구 형제에게 붕비(朋比)하였다고 탄핵받았다. 또한 하륜의 처질 이지성은 세자에게 민무구 등이 죄가 없다고 말하였다고 하여 태종 9년 6월 1일 유배갔다가 태종 16년 1월 13일에 처형된다.

태종 10년 7월 12일 태조가 승하하여 배향공신을 정하는데 하윤이 조박을 추천하였다가 태종의 비판을 받았다.

또한 태종 15년 7월 12일 민무구 옥사로 형벌을 받았던 김첨을 추천하여 태종의 비판을 받았다. 태종 16년 6월 22일 심온·황희를 간사한 소인이라고 폄하한 글을 하륜이 올리니 태종이 실망하는 뜻을 두었다.

태종 16년(1416) 1월 4일 충청도 순성(蓴城) 즉 태안을 공식 사냥 행사 장소로 정하고 겸해서 순제 건설 현장을 직접 가보기로 결정하고 2월 4일 충녕대군[세종]이 함께 호종해서 서울을 떠났다. 2월 11일에 어가는 순성에 이르렀고 12일에는 내관 황도(黃稻)와 사재감 정(司宰監正) 조서로(趙瑞老) 등을 보내 순제 운하 파는 것의 편리 여부를 살펴보게 한다. 물론 태종 부자도 현장을 둘러보았을 것이다. 2월 13일에 다시 눈과 비가 내렸는데 순제진(蓴堤鎭) 병마사 김중균(金仲鈞)에게 어가를 따르도록 한다. 운하 파는 일을 상세히 묻기 위해서였을 듯하다. 이후 순제 운하에 관한 언급이 없는 것으로 보면, 하윤이 추진하던 순제운하가 그 실효성이 없는 것으로 판단해 중지를 명했던 듯하다.

이에 태종 옹립의 공이 지대하여 대권을 장악하고 모든 정사에 자신의 뜻을 관철하던 좌정승 하륜이 태종 16년 5월 25일에 70세로 치사(致仕)할 때가 되었다며 자리에서 물러난다. 70세 치사법은 그 자신이 세워놓은 법이었다.

자신의 운하 건설 주장이 관철되지 않는 것을 보고 물러날 때임을 자각했을 것이다. 진산부원군에 진봉된 하륜은 이해 가을 선대 능침을 순심하러 함경도로 갔다가 태종 16년 11월 6일 정평(定平)에서 객사한다.

태종 옹립에서 하륜과 쌍벽을 이루는 공신으로 안성부원군 이숙번(李叔蕃, 1373~1440)도 하륜이 치사하고 물러난 뒤인 태종 16년 6월 4일에 서울을 떠나 농장으로 내려가 살게 하였다.

이숙번은 개국이후 처음으로 실시한 과거에 합격하고 1차 왕자의 난 이래 태종의 측근이 되었다. 민무구 형제들이 하륜 세력과 연결되어 득세하자 민무구옥을 기점으로 해서 이숙번도 왕실과 인척관계를 맺으며 이에 맞서 세력을 결집하게 된다.

하륜(河崙)이 나의 외조부(外祖父: 민제)와 교분이 매우
깊었으므로 매양 민씨(閔氏)를 옆에서 도와주었는데, 여러
외숙들이 광패하고 건방지어 무도하므로 이숙번이 힘써
민씨를 배척하였다. 이리하여 하륜과 숙번이 붕당(朋黨)을
나누어 맞섰던 것인데, …『세종실록』권83. 20년 12월 7
일

민무구옥이 마무리된 후 태종 11년 11월 20일 태종 후궁
에 김구덕(金九德)의 딸 명빈 김씨(明嬪金氏)가 책봉되는데
이숙번의 처제가 김구덕의 아들 김오문과 혼인했다. 김오
문의 아들 김중엄(金仲淹)은 개국공신 조준의 손녀사위이
자 태종 부마 조대림의 사위이다.

또한 이숙번의 딸은 강회백의 아들 강순덕(姜順德)에게
시집가고 강순덕의 동생 강석덕(姜碩德)은 충녕대군(세종)
의 장인인 심온(沈溫)의 딸을 며느리로 맞는다. 이렇듯 이
숙번은 왕실과 인척관계를 맺으며 총애를 받고 있었다.

【이숙번과 심온의 혼인관계】

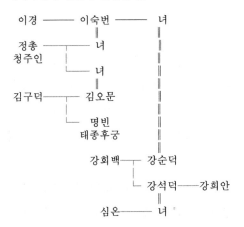

이숙번은 자신의 공과 태종의 총애를 믿고 거만방자하여 국왕에게 불충하고 동료들에게 무례하였기 때문에 여러 차례 대간의 탄핵을 받게 되고, 태종 16년 6월 4일 태종은 이숙번에게 농장에 거주하게 하였다.

태종 16년(1416) 6월 21일 이숙번의 공신녹권과 직첩을 거두었다. 태종 17년 2월 24일 구종수(具宗秀) 등이 이숙번을 안치한 곳에서 사통(私通)했는데, 세자가 이 일을 아뢴 까닭에 의금부 부진무(副鎭撫) 박안의(朴安義)를 연안부(延安府)에 보내어 이숙번을 잡아오게 하여, 2월 27일 이들의 죄를 국문하였다. 3월 3일 이숙번을 외방으로 자원에 따라 안치하라고 명하였다가 3월 4일 경상도 함양으로 멀리 쫓아버린다.

세종 20년(1438) 12월 12일 함양 배소에서 서울로 불러 올려 세종 21년 1월 13일에 외방에서 편리한 대로 살도록 명하니 경성(京城) 밖에 와서 살다가 세종 22년 3월 15일 죽었다.

■ 폐세자

태종의 개혁은 명나라 제도를 피상적으로 모방한 것이기 때문에 사회에 뿌리를 내려 정착하지 못하였다. 이를 반영하듯 종법에 따라 적장자인 양녕대군이 왕세자로 왕위를 계승하지 못하고, 종법에 어긋나게 세째 아들인 충녕대군이 왕위를 계승하였다.

태종 4년 8월 첫째 아들인 양녕대군을 세자로 책봉하였다. 태종 16년 9월 24일 구종수가 세자(양녕대군)에게 환심을 사고자 주색으로 향응한 사실이 탄로나 25일 경성(鏡

城)으로 유배되었다.

태종 17년(1417) 2월 15일 세자가 곽선의 첩 어리(於里)를 간통하고 궁중에 들여와, 전 판관(判官) 이승(李昇)·전 소윤(小尹) 권보(權堡)·악공(樂工) 이법화(李法華)·환자(宦者) 김기(金奇) 등을 의금부에 가두었다.

2월 17일 세자를 장인인 찬성 김한로의 집에 두게 하고 공상(供上)을 정지하라 명하고, 변계량에게 밀교하여 세자로 하여금 종묘에서 맹세하여 고하여 자신의 잘못을 뉘우치게 하였다. 그리고 2월 22일에 세자가 개과천선할 것을 종묘에 고하는 서문(誓文)과 태종에게 맹세하는 글을 올렸다. 이에 태종은 세자가 허물을 뉘우친다 하여 그날로 대궐로 돌아올 것을 명하였다.

태종 17년 2월 24일 구종지(具宗之)·구종유(具宗猷) 등을 의금부에 하옥(下獄)하고 구종수 등과 사통(私通)한 이숙번을 잡아오게 하였다. 2월 27일 구종수·구종지·이숙번 등이 사통한 죄를 국문하여, 3월 3일 이숙번은 외방에 안치하고, 3월 5일 구종수 형제와 이오방 등은 참수하고 가산마저 적몰하였다.

태종 18년 2월 13일 막내 왕자인 성녕대군 이종(李種, 1405~1418)이 12세로 돌아가자 태종은 세자만 한양에 남겨둔 채 개성으로 옮겨 간다. 그러나 5월 10일 세자가 어리(於里)를 도로 받아들이고 또 아이를 가지게 하였다는 소식에 노하여, 세자로 하여금 구전(舊殿)에 나가 거처하게 하고, 알현하지 못하도록 하였다.

5월 11일 세자 장인 김한로를 의금부에 가두고 5월 13일 직첩(職牒)을 거두고 죽산에 부처하였고 아들 김경재도 또

한 직첩을 거두고 과천 조모(祖母)의 집에 안치하여 다른
데 가지 못하게 하였다.

5월 15일 세자가 유후사에서 한경(漢京)으로 돌아갈 적에
조모(趙慕)와 조극관(趙克寬)이 따라갔는데, 세자가 빠르게
말을 달려서 한경에 이르러 연화동(蓮花洞) 김한로의 집에
들어가서 숙빈(淑嬪)과 어리(於里)를 만나니, 종자(從者)인
호군 정중수(鄭中守)가 이를 만류하였으나 듣지 않자 정중
수가 달려와서 고하니, 임금이 노하여 즉시 이효인을 보내
고, 또 병조 정랑 서성(徐省)을 경도(京都: 서울)에 보내어
세자를 힐책하였다. 5월 28일 세자 이사(世子貳師) 유창(劉
敞) 등이 세자가 장인 김한로와 절연할 것을 아뢰었다.

그러나 5월 30일 세자가 도리어 원망하고 분개하는 마음
을 품고 태종의 자신에 대한 처사가 부당하다는 글을 직
접 지어 바쳤다. 임금이 박지생에게 명하여 세자에게 절연
할 것을 유시(諭示)하였다. 결국 이것이 직접적 발단이 되
어 6월 2일 의정부·삼공신·육조 대간 등의 신료들이 세
자를 폐하도록 상소하였다.

6월 3일 드디어 개성에서 세자 양녕대군 이제를 폐위하
고 양녕대군의 아들로 세자를 삼겠다고 전교하였다. 그러
나 유정현 등이 어진 이를 골라 세우기를 아뢰었다.

결국 제3왕자 충녕대군 이도(李祹)를 세자로 삼았다.

태종 18년(1418) 6월 3일 개성에서 양녕대군을 폐위하고
충녕대군으로 왕세자를 삼은 후 7월 29일 왕실 일가가 모
두 한양으로 돌아온다. 그리고는 8월 8일 세자(世子: 世宗)
에게 국보를 내려주었다.

태종이 종법에 따라 양녕대군의 두 아들 중 하나를 왕

세손으로 정하려 하였다. 그러나 대신들이 세자를 현인(賢人)으로 세우는 것은 고금(古今)의 큰 원칙이고, 죄가 있으면 마땅히 폐하는 것은 오직 국가의 항규(恒規)이므로, 똑같이 다룰 수 없는 일이니, 이치에 맞도록 해야 한다고 반대하니, 현인을 택하기로 하고 셋째아들인 충녕대군을 세자로 정하였다. 그리고 양녕대군을 폐하는 것을 끝까지 반대하는 황희를 유배보내고 셋째아들인 세종을 세자로 책봉하여 왕위를 물려준다.

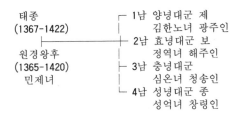

```
태종                 ┌ 1남 양녕대군 제
(1367-1422)          │    김한노녀 광주인
  ├                  ├ 2남 효녕대군 보
원경왕후             │    정역녀 해주인
(1365-1420)          ├ 3남 충녕대군
  민제녀             │    심온녀 청송인
                     └ 4남 성녕대군 종
                          성억녀 창령인
```

양녕대군 사당 지덕사 전경(서울 동작구 사당동)

제3장 세종대 정치사

■ 세종 즉위

양녕대군의 잇따른 비행과 곽선의 첩 어리를 간통하는 사건이 일어났다. 게다가 양녕대군은 태종의 처사에 도리어 원망하고 분개하는 마음을 품고 태종의 자신에 대한 처사가 부당하다는 글을 직접 지어 바쳤다. 이러한 것이 발단이 되어 결국 양녕대군은 폐위되고 어진 이를 세자로 세워야 한다는 유정현 등의 의견을 들어 충녕대군이 왕세자로 책봉된다. 이어 태종은 충녕대군에게 왕위를 물려주고 상왕으로 물러난다.

■ 심온의 옥사

세종이 즉위하면서 태종은 상왕으로 군권을 쥐고 공신을 제거하거나 척신을 제거하는 등으로 세종을 뒤에서 후원하였다.

태종은 세종 원년(1419)에 강상인 옥을 일으켜, 병조판서 박습, 태종의 가신이었던 병조참판 강상인, 이관, 세종의 장인인 심온과 그의 동생 심정을 처형한다.

이 사건은 심온이 세종 즉위년에 사은사로서 명나라에 가게 되었는데, 이때에 그의 동생 심정이 병조판서 박습과 같이 상왕인 태종의 병권 장악을 비난한 것이 화근이 되어, 이듬해 귀국 도중에 의주에서 체포되어 수원으로 압

송, 사사되었던 사건이다.

태종 18년(1418) 7월 8일 심온이 의정부 참찬에 임명될 때 병조참판에 임명된 강상인(姜尙仁, ?~1418)은 생원이 된 때로부터 태종의 서제(書題, 서리書吏)가 되어 태종과는 친밀하였으나, 세종 즉위년(1418) 8월 25일 "군국(軍國)에 관한 중대한 일은 내가 친히 청단(聽斷)하겠노라." 라는 상왕(上王)의 교서를 어기고, 군사에 관한 일을 상왕[태종]에게 아뢰지 아니하고 먼저 임금[세종]에게 아뢴 죄목으로 의금부에 갇히었다. 그래서 8월 27일 박습(朴習, ?~1418)과 함께 고문을 당하였다. 그러나 8월 29일 원종공신이라 하여 면죄되고 고향으로 내쳐졌다. 이후 사헌부 등에서 연일 강상인을 탄핵하자 허락하지 않다가, 9월 9일 강상인이 박습과 함께 공신녹권(功臣錄券) 및 직첩(職牒)이 거두어지고, 9월 12일 옹진진군(甕津鎭軍)에 부처되었다가 9월 14일 함경남도 단천(端川)의 관노(官奴)에 부처되었고, 박습은 경상남도 사천(泗川)에 귀양보내졌다.

11월 3일 의금부 진무(鎭撫) 안희덕(安希德)은 단천(端川)으로 가서 강상인을 호송하고, 도사(都事) 노진(盧珍)을 사천(泗川)으로 보내 박습을 호송하여 왔다. 11월 20일 의금부에서 강상인을 신문(訊問)하니 복죄(服罪)하지 않으므로, 볼기를 쳤으나 또한 복죄하지 않고, 다만 말하기를, "내가 30년 동안이나 원종공신이 되었으니, 어찌 다른 마음이 있으랴. 다만 일을 잘 알지 못한 것뿐이다."고 하였다. 이명덕 등이 상세히 아뢰니, 임금이 명(命)을 전하되, "상인이 볼기 맞는 것을 피하려고 하여 이러한 기망(欺罔)의 말을 꺼내니, 간사하고 교활함이 이보다 심함이 없다. 마땅히 다시 끝까지 신문하고, 또 그 당여(黨與)도 신문해야 될 것이다. 우리 부자(父子) 사이에 이와 같은 간사한 사람이 있으니, 제거하지 않을 수 없다."고 하였다.

세종 즉위년(1418) 11월 22일 강상인을 신문하니 심정(沈泟, ?~1418), 이관(李灌, ?~1418), 조흡(曹洽), 심온(沈溫), 이종무(李從茂), 이원(李原) 등에게 말이 미치게 되었다. 심정은 심온의 동생이다.

11월 23일 강상인·이관·심정을 신문하자 주모자로 심온이 거론되었다. 11월 24일 심온은 박습·심정·강상인·이관 등과 함께 가산(家産)이 봉(封)하여지고, 11월 25일 판전의감사 이욱으로 의금부 진무를 삼아 의주에 가서 심온이 돌아오기를 기다려 잡아오라고 하고, 인하여 명령하기를, "심온이 만약 사신과 같이 오거든 심온에게 병을 핑계하고 짐짓 머물게 하여 비밀히 잡아오되, 사신으로 하여금 알게 하지는 말 것이니, 중국 조정에서 우리 부자 사이에 변고가 있는가 잘못 알까 염려된다."고 하였다.

11월 26일 백관(百官)을 모아 강상인을 거열(車裂)하고, 박습과 이관 및 심정을 서교(西郊)에서 목베었다.

【함양 박씨 박습을 중심으로】

박인계 ── 원렴 ── 덕상 ── 습 ┬─ 의손 ── 신동 ── 중검
병부상서   호부상서   부사   문병판 │ 권제녀   유방경녀   이관식녀
                    전오륜녀│
                    무술피주│
                    戊戌被誅└─ 녀
          권근 ── 권규 ── 권담 전취
                    안동인

박습(朴習)은 부사(府使) 박덕상(朴德祥)의 아들이며, 두문동 72현 중의 한명인 전오륜(全五倫)의 사위이다. 전오륜은

자신의 외손녀가 태종 1남 양녕대군과 혼인하여 장차 중전의 외조부가 될 수도 있었다. 1남 박의손(朴義孫)은 양촌 권근의 아들인 권제(權踶)의 사위가 되었으나 강상인의 옥으로 관노(官奴)가 되어 세종 4년에 참형을 당하였다. 1녀는 권규의 아들 권담(權聃)과 혼인하여 권근의 집안과 겹사돈을 맺었다. 박습은 태종과 함께 우왕 9년(1383) 4월에 동방급제한 인물이다.

세종 즉위년(1418) 11월 26일 국모 집안이 천인(賤人)에 속할 수 없다 하여, 심온의 맏형인 심인봉(沈仁鳳)이 천인을 면하게 되었다. 아울러 심온의 아내와 어린 딸을 천인에 속하게 할 때는 임금의 윤허를 얻어서 시행하라고 하였다. 11월 29일 심온의 도주를 염려하여 평안도 관찰사에게 체포할 대비를 하게 하였고, 12월 4일 의금부에서 심온의 아내와 딸들을 천인으로 삼고 가산 적몰을 청하였다.

12월 5일 심온의 처남이 되는 판통례문사(判通禮門事) 안수산(安壽山)이 종을 보내어, 심온을 길에서 맞이한 이유로써 의금부에 가두었더니, 의금부에서 계하기를, "종을 보낸 사람은 곧 심온의 아내이고 수산은 아니오니, 이를 신문(訊問)하기를 청합니다." 하니, 상왕이 명하여 모두 다 석방하게 하였고, 같은 날 역관(譯官) 전의(全義)로 하여금 군사 10명을 거느리고 연산참(連山站)으로 가서 심온을 기다려 칼을 씌우고 수갑을 채워 잡아오되, 연산참을 지나가지 말고, 심온이 만약 사신과 함께 오거든 어머니의 병을 핑계하고 불러내어서 잡아오게 하라고 하였다.

세종 즉위년(1418) 12월 6일 심온과 친밀했던 임군례(任君禮)·김을현(金乙賢)·신이(辛頤)·장합(張合) 등의 직이 파면되었고, 또 신이의 아우 형조좌랑 신회(辛回)와 사복직장(司僕直長) 신헌(辛憲)도 파면되었다. 12월 7일 심온·이관·박습·강상인의 척속(戚屬)과 심온이 전일에 천거한 사람을 모두 파면하였다.

12월 15일 처음에 임귀년(任龜年)이 의주목사가 되어 사은사를 영접하는 군정(軍丁)을 점검하면서 심온의 반인 고수생(高水生) 등 3인을 자기 마음대로 보냈는데, 이때에 일이 발각되어, 선지(宣旨)로 임귀년을 의금부에 가두었다.

12월 22일 잡혀오니 매로 치고 압슬형을 당하여 자복하였고, 그 말이 처남인 안수산에게까지 미치었다. 12월 23일 처남인 안수산은 예천(醴泉)에 정배되고 심온에게는 사약이 내려졌다. 세종 즉위년(1418) 12월 25일 심온이 자결하였다고 한다. 향년 44세이었다.

심온 묘 (경기도 수원시 팔달구)

■ 임군례의 옥

이처럼 공신이나 척신이 제거되는 사건은 계속되었다. 세종 3년 개국공신 역관 임언충의 아들 임군례가 상왕을 비방하다가 처형당하고, 그 아들 임맹손도 집의 심도원에 의해 논란이 되는 사건이 일어난다. 임맹손은 효성으로 아버지를 말렸으니 용서해야 한다는 세종의 결단으로 살아났다.

■ 대마도 정벌

세종시대를 열어가면서 절대 왕권을 과시하려는 태종의 야욕은 왕의 처가인 청송 심씨 일문을 처단함으로써, 대내적 목적을 달성하는 듯했지만, 대외적 과시 없이는 백성들의 진정한 호응을 얻기는 어려웠다.

이런 상황에서 왜구가 충청도로 쳐들어오는 사건이 발생하자 태종과 세종은 군신과 함께 대마도 정벌을 결정하고 이종무를 삼군도체찰사로 삼아 정벌군을 총지휘하여 대마도를 정벌한다. 이에 대마도는 조선에 항복하였다.

그리고 대마도를 경상도에 예속하고 보고할 일 등이 있으면 해당 관찰사를 통하여 보고하도록 하고, 대마도주가 직접 서명한 문서를 받아가지고 와야만 접견하는 것을 허락한다고 하였다. 아울러 그 인장의 글자는 "종씨 도도웅와(宗氏都都熊瓦)"라 하였다. 즉 대마도를 경상도에 편입시켜 버린 것이었다.

도도웅와(1385~1453)는 대마도주 종정무의 아들로 일본명은 소 사다모리, 한문으론 종정성(宗貞盛)이다. 쓰시마 정벌 이후 자기 세력의 유지를 위해 조선과 일본의 중개

역할을 주도했으며, 1426년 삼포개항을 간청해 1443년 계해조약을 통신사 변효문(卞孝文)과 체결하여 조선과의 교린정책을 수행하였다.

세종 1년(1419)의 대마도 정벌은 5월 5일 왜선 50여 척이 명나라에 가던 도중 비인현(庇仁縣) 도두음곶(都豆音串: 충청남도 서천군 동면 도둔리)을 침탈한 것 때문에 시작되었다.

세종 1년(1419) 5월 4일 충청도 결성(結城) 지역에 왜선(倭船)이 나타났다고 충청도 도절제사가 보고 하였다. 5월 5일 전라도 도절제사가 왜선 39척이 명나라에서 도적질을 하고 오는 길에 인근 섬에 머무른다고 보고하여 영광(靈光) 지역에 둔병(屯兵)하게 하였다.

5월 7일 충청관찰사 정진(鄭津)이 이달 초5일 새벽에 왜선 50여 척이 갑자기 비인현(庇仁縣) 도두음곶(都豆音串)에 이르러, 우리 병선을 불사른다고 보고하였다. 이에 상왕(上王, 태종)께서 도(道) 시위 별패(侍衛別牌)와 하번 갑사(下番甲士)와 수호군(守護軍)을 징집하여, 당하영선군(當下領船軍)과 같이 엄하게 방비하도록 하고, 일본에서 귀화한 상호군 평도전(平道全)을 충청도 조전 병마사(助戰兵馬使)로 삼아 싸움을 돕게 하였다.

5월 7일 충청도 관찰사 정진이 접전 상황을 보고하였다. 왜구가 우리 병선 7척을 불사르고 만호(萬戶) 김성길(金成吉)은 당시 술에 취하여 제대로 방비를 못했으며, 비인현감 송호생(宋虎生)은 군사가 적어 현(縣)의 성(城)을 지키는 중, 왜적은 성을 두어 겹이나 에워싸고 아침 진시(辰時)로부터 낮 오시(午時)까지 싸웠더니, 성은 거의 함락하게 되

었고, 적은 성 밖에 있는 민가의 닭과 개를 노략하여 거의
다 없어지게 되었다고 하였다. 이에 양상(兩上: 태종·세
종)이 크게 놀라 첨총제(僉摠制) 이중지(李中至)로 충청도
조전 병마 도절제사로 삼고, 상호군 조치(趙菑)를 충청도
체복사(體覆使)로 삼았다. 5월 10일 충청좌도 도만호(都萬
戶) 김성길(金成吉)을 참(斬)하였다. 처음에 전라도 관찰사
가 왜선이 경내를 지나간다고 빨리 알렸으나 방비하지 않
았기 때문이었다. 후에 해주 목사 박영(朴齡)이 왜인(倭人)
한 명을 사로잡아와 병조에서 침입한 이유를 물으니, 대마
도 사람들이 다 굶게 되어 우선 중국의 절강 등지를 노략
하려 하였으나 양식이 떨어져 비인현을 침입한 것이라 하
였다.

　5월 12일 권만(權蔓)을 경상도 도체찰사, 박초(朴礎)를 전
라도 도체찰사, 이지실(李之實)을 충청도 도체찰사로 삼았
다. 같은 날 황해도 감사 권담(權湛)이 왜선 7척이 해주에
서 도적질한다고 급히 보고하였다. 5월 13일 황해도 감사
가 왜선과의 대치 상황을 보고하니, 대호군(大護軍) 김효성
(金孝誠)은 경기·황해도 조전 병마사에, 전 예빈 소윤(禮
賓少尹) 장우량(張友良)을 황해도 경차관(敬差官)으로 각각
명하고, 인하여 김효성은 별군 약장(別軍藥匠) 20인과 장우
량은 30인을 거느리고 즉일로 가게 하였다. 또 임금께서
박은(朴訔)·이원(李原) 및 조말생(趙末生)·이명덕(李明德)을
대궐로 불러, 허술한 틈을 타서 대마도를 섬멸한 뒤에 물
러서서 적의 반격을 맞을 계책을 밀의하고, 밤늦게야 파하
였다. 5월 14일 상왕과 임금이 대신들을 불러 대마도를 정
벌하는 것을 의논하여 이종무(李從茂, 1360~1425)를 삼군

도체찰사(三軍都體察使)로 임명하여 중군을 거느리게 하였다. 상왕의 명에 의하여 대마도를 정벌하기로 결정하였다.

5월 15일 각 관에서 안치한 왜인이 마음대로 출입하는 자는 가두어서 이를 위에 알리게 하고, 만일 수령을 능욕하거나 횡패(橫悖)하는 자가 있거든, 곧 크게 징계하도록 하고 귀화한 왜인들을 병선에 분배하고 세금을 면제해 주며 공이 있는 자는 상을 줄 것을 선지하였다. 5월 16일 박초(朴礎)와 우박(禹博)에게 충청·전라도의 병선과 군졸 및 기계를 정제(整齊)하고 점검한 뒤에 정벌하도록 하였다.

5월 18일 이종무에게 숭록대부(崇祿大夫) 장천군을 더하고, 송거신(宋居信)은 자헌대부(資憲大夫) 여산군(礪山君), 유습은 중군 도총제(中軍都摠制), 우박은 우군 총제(右軍摠制), 김을화는 우군 동지총제(右軍同知摠制), 이춘생은 좌군 동지총제로 삼았다. 같은 날 세종이 상왕과 함께 두모포(豆毛浦)에 거둥하여 이종무 등 여덟 장수를 전송하였다.

5월 20일 유정현(柳廷顯)을 삼도도통사(三道都統使), 최윤덕(崔潤德)을 삼군도절제사(三軍都節制使)로 삼았다. 이 날 대마도 종준(宗峻)이 보낸 사신이 돌아가려 하니 왜구의 침입에 대하여 책망하면서, 침입의 꾀를 낸 자를 찾아 법으로 다스릴 것이며 그 처자를 보내고 포로로 잡힌 우리나라 사람들을 돌려보내도록 책망하였다. 5월 23일 윤득홍(尹得洪)과 평도전이 백령도(白翎島)에서 왜구를 협공하여 왜인 26명을 사로잡고 20여명 가까이 베었다. 5월 25일 삼도도통사 유정현이 떠나게 되어 상왕께서 친히 선지와 부월(鈇鉞)을 주어 보냈다.

5월 26일 왜적의 칩입에 대비하여 봉화(烽火)를 올리는 방법에 대하여 병조에서 아뢰었다. 무사하면 1번, 왜적이 바다에 있으면 두 번, 근경에 오면 3번, 접전하면 4번, 육지에 내리면 5번 들게 하였다. 5월 29일 임금께서 도체찰사에게 명하여 대마도 수호(守護)에게 화친하는 글을 보내었다. 도적으로 가담한 자의 처자식과 적당(賊黨)으로서 섬에 있는 자들은 모조리 잡아 보내도록 하였다. 그렇지 않으면 후일에 뉘우쳐도 미치지 못할 것이라 하였다. 6월 1일 도절제사 최윤덕이 내이포(乃而浦)에 이르러 군사를 정비하고 왜인중에 완악하고 흉한 자들 21인을 목베니 왜인들이 감히 동하지 못하였다. 6월 4일 삼도도통사 유정현이 경상도에 머물러 있던 왜인과 장사하는 왜인 등을 충청도와 강원도에 분산 안치하였는데, 그 수가 경상도에 3백 55명, 충청도에 2백 3명, 강원도에 33명으로 총 591명이고, 이외 이들을 잡을 때 자살한 자가 1백 36명이나 되었다 한다. 이와 같이 정벌에 앞서 나라 안에 있는 왜인들에 대한 조처를 취하여 왜인의 동함을 사전에 막았다. 6월 6일 임금께서 삼도도통사에게 교지를 내려 구주절도사(九州節度使)가 대마도 정벌에 의혹하지 않도록 우리 병선이 떠난 뒤에 구주 사신의 배를 돌려보내도록 하였다.

6월 17일 삼군 도체찰사 이종무가 아홉 절제사를 거느리고 대마도를 향해 출발하였다. 그러나 바람이 심하여 다시 거제도로 돌아왔다. 병선이 총 2백 27척, 출정나간 장수 이하 관군 등 총 1만 7천 2백 85명이었으며 65일분의 군량을 준비하였다.

6월 19일 사시(巳時)에 이종무가 거제도 남쪽에 있는 주원방포(周原防浦)에서 다시 대마도를 향해 출발하였다. 6월

20일 오시(午時)에 먼저 병선 10척이 먼저 도착하고 뒤이어 대군이 대마도의 두지포(豆知浦)에 도착하여 적선 129척을 빼앗고, 가옥 1천 9백여호를 불살랐으며, 머리를 벤것이 1백 14인 등이었다.

6월 25일 본도로 돌아가는 대마도의 왜적을 방비하기 위해 권만(權蔓)과 동지총제 이천(李蕆)을 모두 경상 해도 조전 절제사로 삼고, 동지총제 박초(朴礎)를 전라 해도 조전 절제사로 삼고, 공조판서 이지실(李之實)을 충청 해도 조전 절제사로 삼았다. 6월 29일 유정현의 종사관 조의구(趙義昫)가 대마도에서 돌아와 승전을 고하였다.

같은 날인 6월 29일 이종무가 배를 대마도의 두지포(豆知浦)에 정박하고 날마다 편장(褊將)을 보내 섬을 수색하고 가옥을 불살랐으며 도적을 베었다. 이보다 앞서 6월 26일에 이로군(尼老郡)에 이르러 좌군 절제사 박실(朴實)이 복병하고 있던 적을 만나 많은 군사를 잃었으나 절제사 이순몽(李順蒙)과 병마사 김효성(金孝誠) 등이 힘껏 싸워 막았다. 이에 도도웅와가 우리 군사가 오래 머무를 것을 염려하고 드디어 군사를 물려 수호(修好)하기를 청하였다.

7월 3일 이종무가 수군(水軍)을 이끌고 돌아와 거제도에 머물렀다. 7월 4일 왜구가 황해도에서 충청도까지 이르러 적의 배 2척이 안흥량(安興梁)에 들어와 전라도의 공선(貢船) 9척을 노략하고 대마도(對馬島)로 향하여 갔으나, 수군 도만호 이매(李枚)는 구원하지 못하였다. 전날인 3일에 왜선 수십척이 소청도(小靑島) 해양(海洋)에 출몰하였다고 황해 감사가 급보하니, 유정현에게 명하여 연해 요로에 병선 20척을 예비하여 방비하게 하였다. 7월 6일 왜구에게 포로가 되었던 중국인 진영(秦瑛) 등을 요동으로 보내주었고, 이종무가 보낸 진무(鎭撫) 송유인(宋宥仁)이 밤에 와서 "군사가 거제로 돌아왔는데, 전함(戰艦)이 복몰한 것은 없습니다." 라고 아뢰니 상왕께서 친히 불러 그 상황을 물으시었고, 상왕은 말 한필을, 임금께서는 옷을 내려 주었다. 그러나 이날 좌의정 박은(朴訔)은 왜적이 지금 중국에서 노략질하고서 본도로 돌아가는 때이므로 다시 이종무로 하여금 대마도를 쳐서 적을 섬멸할 것을 청하였다. 7월 7일 이종무를 의정부 찬성사로 승진시키고 다시 병선을 거느려 대마도 왜적을 치게 하였다. 당시 중국을 노략질하고 돌아가는 왜선들이 황해도와 충청도에 출몰하여 노략질하였기 때문이었다.

7월 9일 다시 대마도를 정벌하러 갔던 수군이 돌아와 해안에 머물러 있었다.

9월 20일 대마도 수호 종도도웅와(宗都都熊瓦)가 도이단도로(都伊端都老)를 보내어 예조판서에게 신서(信書)를 내어 항복하기를 빌었고, 인신(印信) 내리기를 청원했으며, 토물(土物)을 헌납하였다. 9월 21일 대마도의 항복을 받는 문제와 왜관을 짓는 것에 대하여 의논하였다.

11월 20일 일본국 왕사(日本國王使) 중 화자(和子)·양예(亮倪) 등이 도두음관(都豆音串)에서 사로잡혔던 전 사정(司正) 강인발(姜仁發)과 대마도 정벌 때 사로잡혔던 갑사 김정명(金定命) 등 4인을 거느리고 부산포에 도착하였다.

세종 2년(1420) 1월 6일 일본국 사신 양예(亮倪)를 맞이하여 『대장경』 1부를 주고 화친을 다졌다. 아울러 지난 해에 대마도를 정벌하였던 연유를 말하였다. 1월 25일 대마도

도주 종준(宗俊)이 사람을 보내어 토산물을 바쳤고, 윤1월 10일 대마도의 도도웅와가 귀속을 청하였다.

윤1월 23일 예조판서 허조에게 명하여 도도웅와의 서신에 답하게 하였다. 대마도는 경상도에 매여있으니 보고할 일 등이 있으면 해당 관찰사를 통하여 보고하도록 하고, 대마도주가 직접 서명한 문서를 받아가지고 와야만 접견하는 것을 허락한다고 하였다. 아울러 그 인장의 글자는 "종씨 도도웅와(宗氏都都熊瓦)"라 하였다. 즉 대마도를 경상도에 편입시켜 버린 것이었다.

■ 권근 문묘종사 논의와 정몽주 충신론

권근(權近, 1352~1409)은 태조 2년(1393)에 출사하여 태조 6년 자청하여 원종공신(原從功臣)이 되었다. 태종 원년에는 좌명공신(佐命功臣)이 되어 정몽주와 달리 절의를 지키지 않았을 뿐만 아니라 변절을 함으로써 주자성리학의 기본 이념인 대의명분론에 근본적으로 위배되었다. 이러한 권근의 문묘 종사 논의는, 권근이 의리 명분에 어긋나는 행동을 하였어도 학문 전수의 공적을 중요시하여 도통(道統)을 확립하려는 공적론(功績論)에 입각한 도통론(道統論)이었다.

한편 이와 함께 정몽주(鄭夢周, 1337~1392) 충신론도 대두되었다. 이는 학문 전수의 공적도 중요하지만 근본적으로는 의리 명분에 따른 실천을 중요시하여 도통(道統)을 확립하려는 절의론(節義論)에 입각한 도통론이었다. 이는 당시 주자성리학 이념의 본질적인 이해가 진행되면서 의리명분에 입각한 정통론이 세워지는 것이었다. 그래서 정

몽주는 태종 1년에 영의정부사로 추증되고, 세종대 『삼강
행실도』의 충신으로 실리게 되고, 결국 중종 12년(1517) 9
월에 문묘 종사되었다.

세종 1년(1419) 8월 6일 좌사간대부 정수홍(鄭守弘)이 권
근이 『입학도설入學圖說』과 『예기천견록禮記淺見錄』을 지
어 성리학을 조선에 정착시키는 데 공헌하였다 하여 문묘
종사를 청하였다.

세종 1년 9월 21일 원숙(元肅)이 권근의 문묘종사 문제를
문신들에게 의논시킬 것을 청하였다. 그래서 10월 24일 권
근의 문묘종사를 논할 때 최충(崔冲, 984~1068), 하윤(河崙,
1347~1416) 등 같은 명신도 함께 의논해서 알리라 하였다.
그러나 시행되지 못하였다. 당시는 오히려 이런 논의 보다
는 문물제도 정비를 통한 주자성리학 이해에 관심을 기울
이고 있었던 것이다.

세종 5년(1423) 12월 29일 주자의 강목법(綱目法)에 따라
『고려사高麗史』를 개수(改修)하도록 하였고, 세종 10년 4월
29일 기자묘비(箕子廟碑)를 건립하였으며, 세종 11년(1429)
5월 24일 「문묘작헌의文廟酌獻議」, 세종 12년 9월 16일 석
전제도(釋奠制度)를 개정하는 등 문묘제도 및 이와 관련된
문물 정비를 서두르고 있었다.

이렇게 문묘제도가 어느 정도 갖추어지자 세종 12년 11
월 23일 고려 충신을 택정하였다. 야은(冶隱) 길재(吉再)에
대해서는 절의지사(節義之士)로 인정하였고, 포은(圃隱) 정
몽주(鄭夢周)에 대해서는 그의 충절(忠節)에 이의없이 충신
으로 인정하였다. 목은(牧隱) 이색(李穡)에 대해서는 신우
(辛禑)를 섬겼다 하여 절의를 지키지 않은 것으로 보았다.

　세종 12년 12월 18일 정몽주가 고려의 동성혼(同姓婚)을 비난하였다 하여 유교 부흥의 공헌도 평가되기 시작하였다. 세종 13년 3월 8일 임금께서 권근과 정몽주 등의 문(文)과 이재(吏才)를 말하면서, 정몽주와 길재는 옛 임금을 위하여 절개를 굳게 지키고 고치지 않았기 때문에 뒤에 벼슬을 추증하였다고 말씀하시고, 권근에 대해서는 덕이 있고 천연스러운 사람이라 알고 있으나, 이사(吏事: 행정)에 있어서는 부족하였고, 모든 공사에 남의 지도에 따라서 하였다 하여 덕인(德人)일 뿐 의리인(義理人)으로 인정을 받지 못하였다. 반면에 11월 11일 임금께서 정몽주와 길재는 절개를 지켜 마음을 변하지 않았으니 『삼강행실도三綱行實圖』의 충신도(忠臣圖) 안에 얼굴을 그리고 찬(讚)을 짓게 하였다.

『삼강행실도』「몽주운명夢周隕命」(국립중앙도서관)

세종 15년(1433) 2월 9일 권근의 제자 성균 사예(成均司藝) 김반(金泮)이 권근이 『입학도설入學圖說』, 『오경천견록五經淺見錄』 등을 저술한 업적을 칭송하면서 이제현, 이색, 권근의 문묘배향을 청하였다. 그러나 이 당시는 주자성리학 이념의 본질적인 이해가 진행되어 이미 의리명분론에 입각한 정통론이 대두하고 있었기 때문에 이론(異論)이 제기되어 시행되지 않은 듯하였다.

세종 17년 6월 8일 『통감훈의通鑑訓義』가 찬집되어 연회가 열리는데, 이 자리에서 이색과 정몽주가 경학에 있어서도 대등하게 평가되어 정몽주의 존숭이 점차 높아지고 있었다.

세종 18년 5월 12일 성균 생원 김일자(金日孜)가 권근, 이제현, 이색의 문묘 종사를 청하지만 임금께서 허락하지 않았다. 이후는 더 이상 논의되지 않는 것으로 보아 성리학의 이해가 점차 심화되어가는 것을 알 수 있다.

중종 12년 9월 17일 정몽주가 최치원 다음 자리에 종사되었다.

포은 정몽주 영정(보물 제1110호, 임고서원)

■ 집현전과 경연

집현전(集賢殿)은 조선 초기 학문 연구를 위해 궁중에 설치된 학술기관이다. 정종 때에 설치되었지만 곧 보문각(寶文閣)으로 개칭하였고 이는 장서(藏書) 기관일 뿐이었다.

그러나 공신이나 척신의 제거가 어느 정도 마무리되어 가자, 세종 2년(1420) 3월 집현전을 설치하고 사가독서(賜暇讀書)제를 시행해 가며 왕도정치를 행할 인재를 양성하여갔는데, 이는 이러한 인재를 바탕으로 세종 10년부터 성리학 이념에 입각한 모든 문물제도를 정리하기 위함이었다.

성리학에 입각한 개혁은 당연히 왕도정치를 추구하는 양상으로 나타났다. 따라서 정치제도에서는 왕도정치를 실현하기 위하여 왕을 성인으로 만들어가는 정치제도가 발달하게 되는데, 이는 왕에게 성인공부를 시키어 왕도정치를 하게하는 경연(經筵)의 발달로 나타났다. 그리고 왕의 경연과 왕세자의 서연(書筵)을 전담하는 집현전의 설치와 집현전 관원의 언관화(言官化)로 나타났다. 그리고 세조가 집현전을 혁파하자, 성종이 집현전 대신 홍문관으로 다시 설치하여 대간과 함께 삼사(三司)체제를 확립하였다.

태종 10년(1410) 11월 21일 사헌부에서 집현전(集賢殿)을 개설하고 유사(儒士)를 뽑아 그 액수를 보충하여 경사(經史)를 강론할 것 등을 상소하였고, 태종 17년(1417) 1월 19일 사간원에서 인재(人材)는 국가의 기용(器用)이므로 미리 양성해야 하니 수문전(修文殿)·집현전(集賢殿)·보문각(寶文閣) 등은 그 이름만 있을 뿐 실상이 없으니, 집현전을

창립하여 문신(文臣)들 중 유능한 자를 뽑아 경사(經史)를
강독하게 하고 글제를 명하여 제술(製述)하게 함으로써 문
풍(文風)을 진작할 것을 청하였다. 그러나 집현전의 설치는
세종 2년(1420)에 가서야 본격적으로 관제를 정비하여 설
치되었다.

경복궁 수정전, 옛 집현전 자리

세종 1년(1419) 2월 16일 좌의정 박은(朴訔)의 청으로 문신(文臣)을 선발하여 집현전에 모아 문풍(文風)을 진작시키고 무과도 사서(四書)를 통달한 뒤에 응시할 수 있게 되었다. 12월 12일 임금께서 집현전을 설치를 위해 신하들에게 의논하여 아뢰도록 명하였다.

세종 2년(1420) 3월 16일 드디어 집현전의 인원수를 정하고 그 관원을 임명하여 실질적인 집현전이 설치되었다. 우선 11개 품직의 녹관(祿官)을 두고 10명의 녹관을 임명하였다. 즉 직제학에 임명된 신장(申檣)과 김자(金赭)부터 박사(博士)에 임명된 김돈(金墩)·최만리(崔萬理)까지 10명이 전임학사였다. 이외 영전사(領殿事)는 2인으로 정1품을 임명하고, 대제학(大提學)은 2인으로 정2품, 제학(提學)은 2인으로 종2품으로 두되 이상은 겸직하게 하였다. 아울러 이름뿐이었던 수문전(修文殿), 보문각(寶文閣)은 모두 폐지하였으며 집현전 관원은 젊고 재주와 행실이 있는 사람으로 선발하여 오로지 경전과 역사의 강론을 일삼고 임금의 자문에 대비하게 하였다. 경연을 전담하는 기구가 생겨 실질적인 경연정치가 열리게 된 것이다.

부제학 이하가 전임관, 즉 전임학사(專任學士)였다. 따라서, 집현전의 실무 책임자는 부제학으로서 '행수(行首)' 라고도 하였다. 4월 12일 집현전에 서리(書吏) 10명을 두되 실직과 예비역을 각각 5명으로 하였다. 이후 세종 10년까지는 경연관(經筵官), 서연관(書筵官), 종학교관(宗學敎官), 강서원관(講書院官)으로 시강과 왕실 교육 담당, 사대문서의 작성, 가성균관직(假成均館職: 성균관의 임시 관직)으로서 명나라 사신의 접대, 사관(史官)으로서 사필(史筆: 역사를 기록) 담당, 시관(試官)으로서 예조와 더불어 과거 주관, 지제교(知製敎)로서 사명(辭命, 敎命: 왕이 내린 명령)의 제찬(制撰), 국왕의 사자(使者)로서 치제(致祭: 제례를 행함)·사장 환급(辭狀還給: 각종 공문의 전달과 접수)·사신 문안(使臣問安)·반교(頒敎: 왕의 교시의 반포), 풍수학관(風水學官)으로서 풍수학 연구 등의 직무를 담당하였다.

세종 4년(1422) 10월 28일 집현전에 관원 5명을 더 두었다. 세종 5년 6월 24일 임금께서 『강목 綱目』의 자세함을 말씀하시면서 사관(史官) 한 사람으로는 국가의 일을 다 기록할 수 없다 하시고, 집현전 관원은 항상 궐내에 있으니 신장(申檣), 김상직(金尚直), 어변갑(魚變甲), 정인지(鄭麟趾), 유상지(兪尚智)에게 춘추(春秋)를 겸직시키게 하였다.

세종 8년(1426) 10월 26일 임금께서 집현전 수찬 김빈(金鑌)에게 명하여 경복궁 각 문과 다리의 이름을 정하게 하였다. 근정전 앞 제2문을 홍례문(弘禮門)[1], 제3문 광화문(光化門), 근정전 동쪽 회랑 작은 문을 일화문(日華門), 서쪽을 월화문(月華門), 궁성 동쪽을 건춘문(建春門), 서쪽을 영추문(迎秋門), 근정문 앞 돌다리를 영제교(永濟橋)라 했다. 이해에 더 증원하여 관원수가 16인이 되었다.

이후 세종 10년(1428)부터는 주자성리학에 입각한 의례·제도·문화의 정리 사업이라 할 수 있는 고제 연구(古制研究)와 편찬 사업을 시작하여 갔다. 그래서 『치평요람治平要覽』·『자치통감훈의資治通鑑訓義』·『역대병요歷代兵要

---

1) 고종 4년(1867) 흥선대원군(興宣大院君)이 중건하면서 청(淸) 건륭제(乾隆帝)의 이름인 홍력(弘歷)에서 홍(弘)자를 피하기 위해 홍례문(興禮門)으로 고쳤다고 한다.

』·『고려사高麗史』·『고려사절요高麗史節要』 등이 편찬되었고, 훈민정음 창제를 위한『운회언역韻會諺譯』·『용비어천가주해龍飛御天歌註解』·『훈민정음해례訓民正音解例』·『동국정운東國正韻』이 편찬되었고, 주자성리학에 입각한 윤리서라고 할 수 있는 『효행록孝行錄』·『삼강행실三綱行實』 등을 편찬했고, 국가의 유교적 의례 제도의 정리 사업인 『오례의주상정五禮儀注詳定』·『세종조상정의주찬록世宗朝詳定儀注撰錄』 등도 편찬되었다.

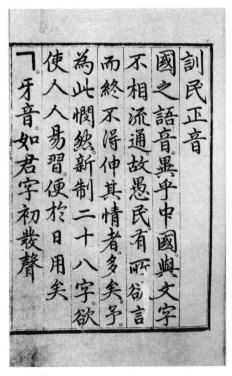

훈민정음(국보 제70호, 간송미술관 소장)

세종 16년(1434) 3월 20일 임금께서 경연에 나아가 집현전 관원들이 학문에 전념할 것을 당부하였다.

세종 17년 7월 11일 서연관의 녹관(祿官)을 혁파하여 집현전에 합치게 하고 직제학(直提學) 이하의 품관(品官)마다 각기 1명씩 더 설치하여 합계 32명으로 하여, 그 중의 22명은 경연관을 겸무하도록 하고, 10명은 서연관을 겸무하도록 하였다. 그리하여 집현전 관원은 총32명이 되었다. 즉 10명이 늘어난 것이다.

세종 18년 6월 2일 집현전의 관원수를 줄일 것을 청하여 윤6월 11일 집현전의 관원을 20명으로 줄이었다.

세종 20년(1438) 11월 7일 오로지 집현전의 관원만으로 경연과 서연을 담당하게 하고 다른 관원으로서 겸임한 자는 모두 해제하였다.

세종 24년(1442)부터는 임금의 병환으로 인해 세자의 정무 처결 기관인 첨사원(詹事院)이 설치되면서 집현전 학사들은 종래 맡아왔던 서연직(書筵職)과 함께 첨사원직까지도 거의 전담하게 되어 정치적 영향력이 커지게되었다. 이와 함께 언론활동이 활발해져서 강력한 언론기관의 성격을 띠어 언관화(言官化)되었고, 국가시책의 논의에 참여하는 등 정치활동도 활발해져서 정치기관화되었다.

세종 24년 9월 18일 첨사원의 관원을 임명하면서 집현전 관직과 겸임하게 하였다.

문종 즉위후 집현전 학사들의 대간 출입이 잦아져서 집현전은 대간 차출의 근거가 되어 집현전의 성격이 변하였다.

문종 즉위년(1450) 9월 13일 대간들의 관직 제수가 있었

는데, 당시 집현전의 성격을 실록 기사는 이렇게 기록하고
있다.

　최항(崔恒)을 사간원 우사간대부(司諫院右司諫大夫)로, 홍
원용(洪元用)을 지사간원사(知司諫院事)로, 김진(金震)을 지
좌헌납(知左獻納)으로, 권효량(權孝良)을 우헌납(右獻納)으
로, 구인문(具人文)을 좌정언(左正言)으로, 김효급(金孝給)을
우정언(右正言)으로 삼았다. 이보다 먼저 사간(司諫) 이보
정(李補丁)과 김구(金鉤) 등이 당성군(唐城君) 홍해(洪海)의
아들의 고신(告身)에 서명(署名)하지 않으니, 홍해가 임금
에게 아뢰어 마침내 다 좌천(左遷)시키고 최항(崔恒) 등으
로 이를 대체(代遞)시켰는데, 구인문이 얼마 안 있다가 어
버이가 늙은 이유로써 사직(辭職)하고 돌아가니 그때의 평
판이 이를 칭찬하였다.
　임금이 즉위하여서 집현전의 유사(儒士)들을 많이 임용
하여 관계(官階)를 승진시켜 대간에 포열(布列)시키니 조정
과 민간에서는 장차 희망이 있으리라고 하였다. 그러나
진술한 것이 모두 세쇄(細瑣)하고 진술할 만한 것은 말하
지 않으니 사림(士林)들은 실망하지 않는 이가 없었다. 이
날에 장령(掌令)과 지평(持平)을 겸무시킨 것을 그만두게
하고 본직(本職)으로 돌아가게 하였다. 『문종실록』 문종
즉위년 9월 13일

　문종 1년(1451) 11월 29일 집현전에서 경연관을 겸직하
는 자와 사헌부·사간원 등은 그동안 윤대(輪對)에 참여하
지 않았으나 이제부터는 참여하여 항식(恒式)으로 삼으라
고 전교하였다.
　이러한 집현전의 언관화의 성격변화는 당연히 세조 찬
탈세력과의 갈등을 피할 수 없었다. 따라서 세조 2년(1456)

6월에 집현전 학사 출신들인 성삼문(成三問)·박팽년(朴彭年) 등 사육신(死六臣) 등이 중심이 되어 단종 복위를 꾀하다가 참화를 입는 이른바 사육신 사건이 일어나게 되었다. 이 사건이 일어난지 바로 4일 만인 세조 2년(1460) 6월 6일에 집현전은 혁파되었고 경연은 정지되었으며 소장하였던 장서(藏書)는 모두 예문관(藝文館)에서 관장하게 되었다. 세조 6년에는 집현전의 관사(官舍)까지 혁파되었다. 그러나 성종 9년(1478)에 집현전의 후신으로 홍문관(弘文館)이 설치되어 다시 경연과 학술연구의 중심이 되었다.

■ 공법 정전제의 시행

경제제도에서의 왕도정치는 두가지 양상으로 나타난다. 하나는 10분의 1의 세금을 균등히 거두는 원리인 맹자 정전론의 시행이었다. 정전론(井田論)을 시행하는 방법에는 공법(貢法)·철법(徹法)·조법(助法)이 있는데 이전에 시행한 답험손실법(踏驗損失法)은 소출양의 10분의 1을 거두는 철법의 이상을 실현하려는 것이었다. 그렇지만 이는 답험을 하는 관리의 농간이 심해 폐단을 일으키고 있었다. 따라서 이를 방지하기 위해서는 일정한 세금을 내는 공법을 시행하여야 하는데, 이는 농민들이 흉년에는 과도한 세금을 내게 하고 풍년에는 낭비를 하게 하는 폐단이 있었다. 따라서 세종은 이 조법과 공법의 장점만을 택하여 보완한 전분 6등·연분 9등으로 나누어 세금을 거두는 공법을 수만 사람의 의견을 청취하여 만들었다. 또 하나의 양상은 구휼정책으로 나타났다. 이는 의창(義倉)의 설치라든지 사창(社倉)의 시행 등으로 나타났다.

세종 9년(1427)에 공법(貢法)을 시행하였을 때 나타나는 문제점에 대한 해결방안을 주제로 과거 시험에 친히 책문(策文)의 문제를 내었다. 세종 10년 1월 16일 추수기에 풍흉(豊凶)을 3등으로 나누어 세를 징수하는 것에 대하여 의논하였다. 임금께서 "만약 공법(貢法)을 한 번 시행하게 되면 풍년에는 많이 취하는 걱정은 비록 면할 수 있겠지만, 흉년에는 반드시 근심과 원망을 면할 수 없을 것이니 어찌하면 옳겠는가." 라고 물으시니, 좌의정 황희는 "공법을 본떠서 많고 적은 중간을 비교하여, 전지(田地) 몇 부(負)에 쌀 몇 말[斗]의 수량을 미리 정하여, 추수기(秋收期)마다 각 도의 각 고을로 하여금 농사의 풍흉을 살펴서 3등(等)으로 나누어 아뢰게 하고, 이에 따라 세(稅)를 징수하는 것이 옳을 것입니다." 라고 대답하였다.

세종 11년 11월 16일 임금께서 지금 답험(踏驗)할 때 그 폐단이 심하니 만약 공법을 시행하면 반드시 백성들에게는 후(厚)하게 되고, 나라에는 일이 간략하게 될 것이라 하여 우선 이 법을 시험해 보도록 하고 아울러 신민들에게 그 가부를 논의해 올리도록 명하였다.

세종 12년 3월 5일 호조에서 매양 벼농사를 답험할 때면 조관(朝官)을 보내거나 감사(監司)에게 위임하거나 혹은 품관(品官)을 위관(委官)으로 삼는 등 일이 번거롭고 아전들의 농간이 심하여 이제부터는 공법에 의거하여 전답(田畓) 1결마다 조(租) 10말[斗]을 거둘 것을 건의하였다. 이에 임금께서 정부·육조와, 각 관사와 서울 안의 전함(前銜) 각 품관과, 각도의 감사·수령 및 품관으로부터 여염(閭閻)의

세민(細民)에 이르기까지 모두 가부(可否)를 물어서 아뢰게
하도록 하였다.

이것은 이른바 우리나라 여론조사의 시초라 할 수 있다.
계속 공법의 시행 여부를 의논하였는데, 7월 5일 임금께서
각도(各道)의 공법 시행에 대한 보고가 도착하면 공법의
편의 여부를 백관들이 숙의(熟議)하도록 명하였다. 드디어
8월 10일 호조에서 이전에 명한 공법의 시행 즉 1결당 10
두를 거둔다는 가부를 문무백관에서부터 각도의 수령 및
촌민에 이르기까지 약 17만 여명의 의견을 수합하여 임금
께 올리었다. 가(可)하다는 자는 9만 8천 6백 57인, 불가하
다는 자는 7만 4천 1백 49명이었다. 그러나 아직 의견이
분분하여 결론을 내지 못하고 시행되지 못하였다.

세종 18년(1436) 5월 21일 영의정 황희(黃喜)·찬성 안순
(安純)·참찬 신개(申槪) 등과 의논하였는데, 황희 등이 도
행장(導行帳: 지금의 토지 대장)을 상고해서 지난해의 손실
(損實)에 따라 어느 고을은 상등(上等)으로 하고, 어느 고을
은 중·하등(中下等)으로 하여 조세 받는 수를 작정하게
하기를 청하여 5월 22일 「공법절목 貢法節目」을 마련하게
하였다. 「공법절목」이란 장차 정액 세법인 공법을 수립함
에 있어서 그 최초의 기준을 마련한 것이었다.

그리하여 세종 18년 윤6월 15일 「공법절목」을 기준으로
구체적인 공법의 내용을 논의하기 위하여 공법상정소(貢法
詳定所)를 설치하였다. 10월 5일 호조에서 토지의 등급을
나누어 수세(收稅)할 것을 청하였는데, 경상·전라·충청의
3도를 상등으로 삼고, 경기·강원·황해의 3도를 중등으로
삼고, 함길·평안의 2도를 하등으로 삼았다. 또 토지도 3

등급으로 품등을 나누어 상등도의 상등전은 매 1결에 18
두로, 중등전은 매 1결에 15두로, 하등전은 매 1결에 13두
로 정하는 것 등이었다. 이것을 항식으로 삼아 1년이나 2
년간 시험해 보기를 청하였다.

세종 19년(1437) 7월 9일, 8월 27일, 세종 20년 7월 10일,
10월 12일 등 공법의 시행 여부에 대하여 의논이 계속되
었다.

세종 22년 2월 8일 공법을 시행한지 2년 정도 되어 별다
른 폐단이 없으니 우선 경상도와 전라도에 공법을 시행하
게 하였다. 6월 4일 좌승지 성염조(成念祖)의 천거에 의하
여 의정부 사인 이인손(李仁孫)과 동부지돈녕부사(同副知敦
寧府事) 이보정(李補丁)에게 공법의 일을 맡게 하고 아울러
여러 도로 하여금 그 지품(地品)의 높고 낮은 것을 상고하
여 나누어 3등을 만들어서 아뢰도록 하였다. 그리하여 6월
13일 의정부에서 각도의 공법을 상정(詳定)하여 올렸다. 이
보다 앞서 각도의 토지 등급을 3등으로 나누었는데, 이제
경상도와 전라도에 시험해보니 한 도 안에도 그 지품이
같지 않을 뿐아니라 고을마다 현격한 차이가 나게 되었다.
그래서 각품 관원이 공법을 행하려면 다시 양전(量田)하여
토지를 9등급으로 나누어야 한다고 진언(陳言)하였다. 그리
하여 다시 세(稅)를 거두는 수량을 정하도록 청하였다.

세종 25년(1443) 7월 11일 하삼도(下三道)인 충청·경상
·전라도에 공법을 시행하여 그 편부(便否)를 시험하는데,
우선 금년에 3도(道)의 하전(下田)은 매 1결에 각기 2두를
감하여, 백성의 바라는 데에 따르게 해주었다. 7월 19일
하삼도의 관찰사에게 공법의 실행에 대하여 그 자신과 고

을 수령 및 백성들의 의견을 수렴하여 밀봉해서 알리도록
하였다. 10월 27일에는 황희, 신개 등을 불러 전지(田地)의
품등을 나누는 지역과 양전(量田)의 실시 여부 등을 의논
하였다. 그리하여 11월 13일 이 일을 담당할 전제상정소
(田制詳定所)를 설치하고 진양대군(晉陽大君: 후일 수양대군
즉 세조)으로 도제조를 삼고, 의정부 좌찬성 하연(河演)·
호조판서 박종우(朴從愚)·지중추원사 정인지(鄭麟趾)를 제
조로 삼았다.

  세종 26년(1444) 1월 10일 충청·전라·경상도 도순찰사
(都巡察使) 정인지에게 유시하여 전품(田品) 5등 구분의 의
의를 설명하고 아울러 백성들의 불만을 없애줄 것을 유시
하였다.

  드디어 세종 26년 11월 13일 전제상정소에서 전분 6등,
연분 9등의 공법제도를 정하였다. 그리고 57무에서 20분의
1세인 20두를 내는 땅을 기준으로 하여, 6등전은 152무, 5
등전은 95무, 1등전은 38무로, 6등급의 땅의 면적을 소출
에 따라 1결을 정하는 결부법을 사용하였다. 그리고 측량
을 쉽게 하기 위하여 1등·2등·3등·4등·5등·6등 전척
으로 자를 나누고 가로 100척, 세로 100척으로 만척을 1결
로 하였다.

  이 공법의 내용은 주대(周代) 정전제(井田制)의 이상을 조
선전기 시대에 맞게 시행한 것으로 전분육등법(田分六等法)
·연분구등법(年分九等法)·결부법(結負法)의 종합에 의한
것이며 조선시대 세법의 기본이 되었으며, 우리나라 최초
로 정액 세법의 골격을 갖추게 되었다는 데 그 의의가 있
다고 할 수 있겠다.

■ 여진 정벌

조선 초기의 대(對)여진 정책은 회유와 무력을 병용하였다. 회유정책으로 귀순을 장려하고 관직·토지·주택을 주어 귀순자를 우대하였다. 그리고 여진의 한 부족인 오도리(吾都里)가 자주 침범하자, 무력정책으로 국경지방에 진보(鎭堡)를 설치해 전략촌으로 바꾸어 방비를 강화하고, 복속하지 않는 여진의 본거지를 토벌하기도 하였다.

세종 14년(1432)에 파저강(婆渚江) 이만주(李滿住) 등 야인이 압록강을 넘어 변경을 침략하고 백성을 잡아가는 등 행패가 계속되자 세종 15년 평안도 도절제사 최윤덕을 도원수로 하여 이순몽 등 아홉 절제사를 거느리고 파저강 야인을 토벌하였다. 이는 태종 이래 북진정책의 일환으로 추진하였던 압록강 유역을 개척한 것으로 후일 4군(郡)을 설치하기에 이르렀다.

세종 14년(1432) 10월 9일 함길도 감사가, 수빈강(愁濱江)의 야인들이 장차 장동아(張童兒)의 군마와 알타리(斡朵里)·올량합(兀良哈) 등을 모조리 죽이려고 하므로, 군사를 정비하여 변란에 대비하고 있다고 치보하였다. 12월 9일 야인(野人) 4백여 기(騎)가 여연(閭延)의 경내에 쳐들어와서 사람과 물건을 노략해 가니, 강계 절제사 박초(朴礎)가 군사를 거느리고 그들을 추격하여, 붙들려 가던 사람 26명과 말 30필, 소 50마리를 도로 빼앗아 왔으나, 우리나라 사람으로 전사자(戰死者)는 13명이고, 적의 화살에 맞아 부상한 자가 25명이나 되었다고 함길도 감사가 치보하였다.

이에 임금께서 매우 노하여 황희(黃喜)·맹사성(孟思誠)·
권진(權軫) 등과 의논하였는데, 임금께서 "야인이 침략한
것은 그들이 표략하여간 인민들이 우리나라로 도망쳐 왔
을 때 본국과 관계된 자이면 이내 본고장으로 돌려보내고,
중국에 관계된 자이면 즉시 중국으로 돌려보냈던 까닭으
로 원한을 품어 지금 변란을 일으킨 것이다." 라고 말씀하
시고 이러한 뜻을 황제께 주문(奏聞)할 것을 의논하였다.

12월 13일 최윤덕이 여연 등지의 주민들이 매양 야인들
의 침략에 포로가 된다고 하여 여연(閭延)의 좋은 땅을 골
라 성을 쌓고 방비할 것을 청하였다. 12월 21일 평안도도
절제사가 "홀라온 올적합(忽剌溫兀狄哈)이 군사 1백여 명을
거느리고 여연(閭延)·강계(江界) 지방에 들어와서 난을 일
으켜 남녀 64명을 사로잡아 돌아가는 것을, 이만주가 6백
여 명의 군사를 거느리고 산골짜기의 요로(要路)를 잘라막
아 모두 빼앗아 보호하고 있다." 라고 보고하니, 이만주가
한 말의 신빙성을 의논하였다. 12월 22일 이만주(李滿住)가
있는 곳에 사람을 보내 힐문(詰問)하는 것과, 힐문한 결과
홀라온(忽剌溫)의 짓이거나 혹 이만주의 짓이라면 어찌할
것인지 의논하게 하였다.

세종 15년(1433) 1월 8일 평안도도절제사가 치보하여 이
만주가 홀라온 야인에게 포로로 잡혔던 64명을 본처(本處)
로 돌려보냈다고 치보하였다. 1월 9일 평안도 감사가 여연
(閭延)·강계에서의 싸움에서 전사자와 포로된 사람이 75
명인데, 전사한 사람이 48명이라고 보고하였다. 임금께서
감사가 보낸 문안을 보시고 이는 이만주의 짓이라고 하여
지금 즉시 사람을 보내 문책할 것을 의논하였다. 1월 11일

야인의 상황을 살피러 갔던 상호군 홍사석이 치계하였다. 여연 절제사 김경(金敬)과 강계 절제사 박초(朴礎) 등은 적을 방어하지 못한데다가 파절 목책(把截木柵)을 무너지게 하여 화를 이르게 하였고, 도절제사 문귀(文貴)도 순행 규찰(巡行糾察)하지 않았기에 이들을 죄줄 것을 아뢴 것이다. 그리고 임금께서 황희 등과 의논하여 파저강 야인들이 이유없이 자주 변경을 침략하여 우리 백성을 죽이는 등 행패가 심하니 군대를 훈련하여 무위(武威)를 보이는 것에 대하여 의논하였다. 그리고 최윤덕을 문귀 대신에 도절제사로 삼고 호조참의 김효성(金孝誠)을 도진무(都鎭撫)로 삼았다.

2월 10일 전 소윤(少尹) 박호문(朴好問)과 호군(護軍) 박원무(朴原茂)를 이만주·심타납노(沈吒納奴) 등의 곳에 보내어, 야인들이 도둑질한 진위(眞僞)와 종류(種類)의 다소와 산천의 험조(險阻)와 도로의 멀고 가까운 것들을 자세히 살피게 하였다. 2월 15일 임금께서 장차 파저강 야인을 토벌하려고 하여 의정부와 육조 및 삼군 도진무 등에게 야인을 접대할 방식과 토벌할 계책을 진술하게 하였다.

2월 21일 임금께서 영의정 황희, 우의정 권진, 도진무 하경복·이순몽(李順蒙) 등을 불러 평안도에 쓸 갑옷과 투구 등 병장 잡물(兵仗雜物)의 수량과 마병(馬兵)과 보병(步兵)의 수를 의논하였다. 아울러 군사의 수는 주장(主將)의 재량에 맡기고 대신 군졸은 모두 평안도에서 뽑아 쓰게 하였다. 또 중군(中軍)과 좌·우군(左右軍)의 주장으로 삼을 만한 사람을 의논하게 하였는데, 모두가 최윤덕을 중군으로 삼고, 이순몽을 좌군, 최해산(崔海山)을 우군으로 삼는 것이 마땅하다고 하였다. 그런데 이순몽이 안숭선에게 말하여 최윤덕을 중군의 상장(上將), 자신을 중군 부장(副將), 최해산을 좌군, 이각을 우군으로 삼도록 청하여 이루어졌다. 그리고 임금께서 최해산에게 명하여 먼저 평안도에 가서 압록강에 부교(浮橋)를 만들게 하고, 안숭선으로 사목(事目)을 닦아서 최해산으로 하여금 최윤덕에게 말을 전하도록 하였다. 2월 26일 임금께서 의정부, 육조 등을 불러 파저강으로 토벌할 계책을 의논하였다. 출정한 원수를 정하였는데, 최해산, 이순몽, 이징석이었다. 2월 28일 임금께서 박호문(朴好問)이 파저강에서 돌아와 아뢴 것을 들으시고 의정부와 육조 등을 불러 파저강 야인들을 안심시킨 후 쳐들어가는 것에 대하여 의논하였다.

3월 14일 평안도에 마병과 보병 합하여 1만 명, 황해도에 마병 5천 명으로 정하여, 그 방면을 맡은 자로 하여금 발병(發兵)하여 보내게 하고, 장수를 더 정하는 데에는 이징석(李澄石)을 추가하였다. 아울러 토벌할 시기는 4월 보름에 미치게 하였다. 3월 21일 전 소윤 박호문(朴好問)이 파저강 이만주의 집에 갔다가 돌아와 임금을 인견하고 아울러 그쪽 사정을 보고하니 임금께서 토벌하기를 결심하였다.

이날 임금께서 북정(北征)한 장졸(將卒) 들에게 교서를 내려 독려하고, 공을 이룬 자는 상을 주고 명령에 불복한 자는 벌을 줄 것이라 하였다. 아울러 사목(事目)을 붙이었는데, 다음과 같다.

1. 군사가 파저강에 이르러 만약 능히 사람을 잡았으면,

그 중에 늙은이·어린이는 굶주리고 피곤하게 하지 말고, 부녀는 군인으로 하여금 혼잡하지 말게 하며, 거느리고 올 때에는 다만 부녀자들로 하여금 한 곳에서 잠자도록 하라.

　1. 대소(大小) 군사와 장수들이 술을 마시되, 취하는 데 이르지 않게 하고, 적당하게 술기운이 나도록 할 따름이며, 술을 마시고 기운을 쾌하게 한다는 말이 없도록 하라.『세종실록』권59. 15년 3월 22일

　3월 25일 임금께서 최윤덕에게 동맹가첩목아(童猛哥帖木兒)가 명나라에서 돌아오는 시기가 반드시 파저강을 칠 때일 것이니, 그가 적을 돕거든 모른체하여 그를 죽일 것이며 만약 귀순하거든 죽이지 말도록 비밀히 전교하였다.

　세종 15년 4월 2일 상호군 김을현(金乙玄)을 북경에 보내어 주본(奏本)을 올리게 하였다. 그 주본에 "파저강의 야인들이 양목답올과 결당(結黨)하여, 용동·개원(開元) 등지의 군인과 민간 부녀 및 본국의 변경 백성들을 노략질하여 종으로 삼아 부렸는데, 먼저 사로잡힌 사람들이 고생을 이기지 못하여 영락(永樂) 2년(태종4, 1414) 이후 연이어 본국으로 도망해 온 사람이 남녀 총계 5백 80명이었습니다. 근본을 물어 보고 중국 군민(軍民)과 관계가 있는 자는 속속 관리를 보내어 남녀 5백 66명을 해송했고, 그 중의 본국 사람은 각자 직업에 따라 편히 살게 하였는데, 이것 때문에 야인들이 여러 해를 두고 분을 품고 본국의 변경을 침략하여 피해가 적지 않다."고 하였다. 즉 파저강 야인들이 우리나라로 도망쳐온 포로를 우리가 해당 본국에 보낸 것에 대하여 분을 품었기 때문에 자주 침략한 것이었다. 아

울러 그 증거를 일일이 열거하여 주본에 기록하였다.

4월 10일 평안도 도절제사 최윤덕과 중군 절제사 이순몽 등이 평안도의 마병·보병의 정군(正軍) 1만을 발하고, 겸하여 황해도 군마(軍馬) 5천을 거느리고 강계부(江界府)에 모여서 군사를 나누었는데, 중군 절제사 이순몽은 군사 2천 5백 15명을 거느리고 적괴(賊魁) 이만주의 채리(寨里)[2]로 향하고, 좌군 절제사 최해산은 2천 70명을 거느리고 거여(車餘) 등지로 향하고, 우군 절제사 이각(李恪)은 1천 7백 70명을 거느리고 마천(馬遷) 등지로 향하고, 조전(助戰) 절제사 이징석은 군사 3천 10명을 거느리고 올라(兀剌) 등지로 향하고, 김효성은 군사 1천 8백 88명을 거느리고 임합라(林哈剌) 부모의 채리(寨里)로 향하고, 홍사석은 군사 1천 1백 10명을 거느리고 팔리수(八里水) 등지로 향하고, 도절제사 최윤덕은 군사 2천 5백 99명을 거느리고 정적(正賊) 임합라의 채리로 향하였다. 4월 19일 여러 장수들이 몰래 군사를 거느리고 가서 토벌을 마치었다.

4월 25일 평안도 감사 이숙치(李叔畤)가 중군 절제사 이순몽이 승전한 것을 보고하였는데, 사로잡은 사람이 56명이었다. 임금께서 포로 56명 중 명나라 사람과 우리나라 사람은 근처 고을에 살게 하여 식량을 주게 하고, 나머지 야인들은 결박하여 굳게 가두어 두도록 하였다. 4월 26일 평안도 감사 이숙치가 도절제사 최윤덕과 상호군 홍사석 등이 적을 생포하고 사살한 수를 치보하였다. 5월 3일 평안도 감사가 사람을 보내 우군절제사 이각(李恪)의 승전을 보고하였다.

---

2) 채리(寨里): 목책으로 방위시설을 갖춘 지역

5월 7일 이날 평안도도절제사 최윤덕이 파저강의 토벌에 관하여 치계하여 전과(戰果) 등을 아뢰었다. 생포한 자가 200여명, 사살된 자가 170여명 등이었다.

5월 8일 임금께서 도절제사 최윤덕에게 전지하여 생포한 사람 가운데, 노인과 아이를 제외하고 장정들은 모두 참(斬)하라고 하였다.

세종 15년 5월 16일 최윤덕이 의정부 우의정이 되었고, 이순몽은 판중추원사, 이각(李恪)과 이징석(李澄石)을 중추원사로 삼고, 이숙치를 공조 좌참판으로 평안도 도관찰사(都觀察使)를 겸하게 해 주었고, 이날 최윤덕에게 노비 10구(口), 이순몽은 8구, 이각과 이징석에게 6구, 홍사석에게 5구, 김효성에게 4구씩을 각각 전공(戰功)으로 하사했다. 5월 17일 파저강의 야인 정벌때 전사한 사졸들에게 초혼제(招魂祭)를 지내게 해주고, 복호(復戶)를 해주었다.

5월 20일 이순몽을 불러 전공을 물으셨다. 이순몽이 참수하고 사살한 자가 72명, 할이(割耳)한 자가 2명인데, 처음 도절제사가 참수를 못하게 했기 때문에 모두 버리고 생포한 56명만 데리고 왔다고 아뢰었다. 6월 29일 임금께서 파저강 정벌 문제를 말씀하시면서 강계에 머물러둔 야인에게 성심으로 와서 투항하면 포로를 모두 돌려보낼 것이라 효유하도록 하였다.

이렇게 정벌한 이후에는 투항하면 포로로 잡힌 처자의 의복과 음식을 잘 갖추어서 돌려보낼 것이라고 회유하고 있었다.

■ 사군 육진 개척

사군(四郡) 중 하나인 여연군을 태종 16년에 갑산 관하의 일부를 분리해 현 중강진 부근에 설치하였다. 이듬해에 이를 함길도로부터 평안도에 이관(移管)하는 동시에 거리가 가까운 강계도호부에 소속시켰는데, 이로써 갑산 서쪽의 압록강 남안(南岸)이 모두 조선의 영역으로 되었다.

세종 15년에 파저강 이만주 등을 토벌하고서 여연과 강계사이의 자작리(慈作里)를 따로 군읍을 두어 이름을 자성(慈城)이라 하였고, 세종 22년에 여연군 동쪽 압록강 남안에 무창현(茂昌縣)을 설치하였다가 세종 24년에 군(郡)으로 승격시켰다. 세종 25년에 여연·자성의 중간지점인 우예보(虞芮堡)에 우예군(虞芮郡)을 설치해 강계부에 소속시켜 사군(四郡) 설치가 이루어졌다. 즉 서북방면의 여진족을 막기 위해 압록강 상류에 설치한 국방상의 요충인 여연(閭延)·자성(慈城)·무창(茂昌)·우예(虞芮)의 네 군을 설치한 것이다.

6진은 세종때 동북방면의 여진족에 대비해 두만강 하류 남안에 설치한 국방상의 요충지로, 종성(鐘城)·온성(穩城)·회령(會寧)·경원(慶源)·경흥(慶興)·부령(富寧)의 여섯 진을 말한다.

세종 15년 올적합이 알타리족을 습격하여 동맹가첩목하 부자를 죽이고 달아나 여진족의 내분이 일어나니 세종이 영토를 확장하여 두만강 이남을 우리 영토로 하고 여진의 침략을 막으려 하였다. 그래서 김종서를 함경도 관찰사로 임명하여 6진을 개척하게 한다. 세종 16년 1월 경원과 영

북진에 백성을 이주시키고 2월 25일 영북진을 옮기고 알
목하에 회령진을 두고 회령도호부로 경원을 경원도호부로
호칭하고 판관을 두었다.

세종 17년 7월 종성군을 설치하고, 세종 19년에 경흥군
을 설치하였가 25년 경흥도호부로 승격시켰다. 세종 22년
11월 온성군을 설치하였고, 23년 5월 온성도호부로 승격시
켰다. 세종 31년 5진을 후원하는 부령도호부를 두어 6진을
완성하였다.

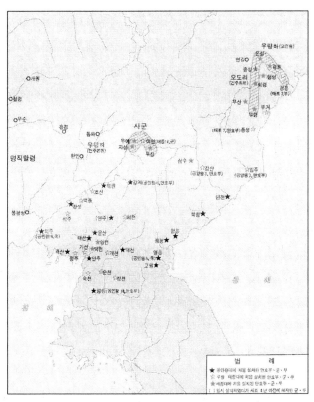

4군 6진 위치도 (출전 : 『민족문화대백과사전』)

■ 의정부 서사제

세종 18년(1436)에 6조의 판서가 국사(國事)를 임금에게 직접 보고하는 제도인 육조 직계제(六曹直啓制)에서 의정부 서사제(議政府署事制)로 정치체제를 바꾸었다.

조선 건국부터 정종 2년(1400) 초반까지는 여말(麗末)의 도평의사사(都評議使司)가 육조를 지휘하면서 국정 전반을 통할하는 체제를 취하고 있었다. 그러다가 정종 2년 4월 6일 도평의사사를 의정부로 개편하여 의정부가 국정을 이끄는 체제 즉 의정부 서사제가 태종 14년(1414) 초반까지 계속되었다. 그러다가 동년(同年) 4월 17일 하륜(河崙)의 청으로 육조 직계제가 시행되어 육조의 장관이 직접 임금께 국사를 아뢰어 처리하게 되었다. 이 제도는 세종 18년 초반까지 계속되다가 동년 4월에 의정부와 육조의 관제를 정비하면서 다시 육조에서 맡은 직무를 의정부에 품의하여 그 가부(可否)를 의논하여 임금께 아뢰는 의정부 서사제로 바뀌게 되었다.

이는 세종의 건강악화도 그 원인을 들 수도 있겠지만 황희와 같은 현인재상이 있어서 당우(唐虞) 시대의 백규(百揆)3)가 구관과 십이목을 통리(統理)한 것과 주(周)나라 때 총재(冢宰)가 육경(六卿)과 육십속(六十屬)을 통리한 왕도정치 구현을 그 목적으로 들었다. 아울러 차후 첨사원(詹事院)을 설치하여 세자가 대리청정하게 하는 것도 그 이유가 될 수 있을 듯하다.

세종 18년(1436) 4월 12일 의정부와 육조의 관제를 정비

---

3) 백규(百揆): 백관(百官)의 장(長)

하여 의정부 서사제로 바꾸었다. 그리하여 이제 육조의 직무는 의정부에 아뢰어 그 가부를 의논한 뒤에 임금께 아뢰도록 하였고, 오직 이조와 병조의 관리 제수나 형조의 사형수 이외의 형결은 직접 아뢰도록 하였다.

4월 13일 의정부의 전리(典吏)와 조례(皂隷)의 인원을 늘리었다. 태종 14년에 육조직계제로 개편하면서 36명이던 전리와 160명이던 조례를 줄이었었다.

4월 25일 상시(常時)로 행하는 일은 그전대로 육조에서 행하게 하고, 경외(京外)에서 품(稟)한 공사(公事)는 해조(該曹)에서 의논하여 본부(本府)로 보고하게 하는 등 육조의 업무를 정비하였다.

이러한 개혁적인 정치체제인 의정부 서사제는 그 이듬해 세종이 세자로 하여금 서무(庶務)를 재결(裁決)하게 하고 그 중심 기관인 첨사원(詹事院)을 설치하는 기반이 되었다. 의정부 서사제는 단종까지 계속되다가 세조가 명분 없는 찬탈을 한 후 세조 1년(1455) 8월 1일 다시 육조직계제로 바꾸어 패도정치(覇道政治)를 하게 되었다.

■ 첨사원과 대리청정

세종은 건강이 점차 악하하자 이조·병조의 제수와 군국의 중대한 일은 직접 처결하고, 작은 일들은 세자에게 처결하게 하였다. 그리고 세종은 세자인 문종에게 실권을 물려주고 자신의 연구에 몰두하게 된다.

이와 같은 주자성리학의 이해를 반영하듯 왕위계승도 종법에 따라 적장자 적장손으로 이어졌다.

문종은 세종 19년 세자로서 세사(細事)를 처리하기 시작하여, 세종 24년에는 동궁에 첨사원을 설치하고 세종 27년부터 5년간 대리청정을 하다가, 세종이 승하하자 왕위에 오르고, 아버지인 세종의 죽음을 너무 슬퍼하다가 병을 얻어 재위 2년만에 승하한다. 문종이 승하하자 종법에 따라 적장자인 단종이 어린나이임에도 불구하고 왕위를 계승하게 된다. 또 이를 보좌하는 신하도 세종이 집현전에서 기른 주자성리학자인 김종서 등을 비롯한 사육신·생육신 계열이었다.

　세종 19년(1437) 1월 3일 임금께서 금년들어 기체(氣體)가 불편하니 이조·병조의 제수와 군국(軍國)의 중대한 일은 직접 처결하고, 작은 일들은 세자에게 처결하는 것이 어떠한지 승정원에 의논하게 하였다. 1월 9일 임금께서 왕세자가 서무를 처결할 때의 관제(官制)와 칭호에 내한 고사를 집현전으로 하여금 상고하여 아뢰라고 하였다. 그리하여 4월 1일 세자로 하여금 섭정하게 한다고 말씀하였다. 그리고 세종 21년(1439) 6월 21일 임금께서 병환으로 기체가 불편하니 세자에게 강무(講武)를 위임하겠다고 말씀하시고 그 사목(事目)을 올리도록 하였다. 그러나 승정원과 영의정 황희(黃喜) 등의 반대로 시행되지 못하였다.
　그후 3년만인 세종 24년에 세자의 대리청정을 위하여 첨사원(詹事院)을 설치하게 되었다.
　세종 24년(1442) 5월 3일 임금께서 안질(眼疾)이 심하여 세자로 하여금 서무(庶務)를 처결하고자 하여 영의정 황희·우의정 신개·좌찬성 하연·좌참찬 황보인·예조판서 김종서·도승지 조서강 등을 불러 의논하고, 종묘의 제사와 무예를 연습하며 사대부를 접견하여 정치의 방법을 습득하게 하려 한다고 말씀하였다. 7월 28일 임금께서 동궁에 첨사원을 설치하여 세자로 하여금 서무를 처리하게 하였다. 이는 중국 황태자의 첨사부(詹事府)를 그 예로 들어 그 명분을 내세웠다.

8월 2일 사헌부 집의 이사철(李思哲)이 첨사원 설치를 반대하였다. 이미 서연관 10명이 있고, 동궁의 거동에는 중호(中護)에서 맡아서 하니 그 밖에 해야 할 일이 없으며, 우리나라는 국토가 작아 녹봉이 적으니 관직을 더 설치하면 안 된다는 것이었다. 그러나 임금께서 한가한 관원에게 겸직시킬 것이며, 서연관은 진강(進講)만 담당하므로 사무를 처리할 관원을 두는 것이라고 하였다. 이 당시 임금께서 병환이 있었는데, 하루 이틀에 낫기를 기대할 수 없어서 서정(庶政)의 온갖 기무(機務)에 결함이 있을 것을 염려한 것이었다. 그래서 세자로 하여금 일을 처리하게 하도록 첨사원을 설치한 것이었다.

8월 3일, 8월 4일 대사헌 정갑손(鄭甲孫), 집의 이사철, 지평 허사문(許斯文)·백효삼(白效參) 등이 합사하여 첨사원 설치 반대를 하였고, 8월 5일에는 의정부에서, 8월 6일에는 좌헌납(左獻納) 유지(庾智)가 반대하는 의견을 올렸고, 8월 20일에는 사간원에서 상소를 올려 반대하였다. 8월 23일 의정부 좌참찬 황보인(皇甫仁)이 반대 의견을 올렸는데, 임금께서는 "안질(眼疾)이 있기에 세자에게 일을 나누어 하려는 것뿐이다." 라고 하였다.

세종 24년(1442) 8월 24일 좌찬성 하연과 좌참찬 황보인, 호조판서 남지와 예조판서 허후, 8월 25일 사간원과 사헌부가 연명 상소(連名上疏), 8월 26일 집현전 부제학 최만리 등이 첨사원 설치의 반대 상소를 올리었다. 그러나 9월 3일 의정부에서 첨사원의 제도를 개정하여 올리었다. 첨사(詹事) 1인은 종3품, 동첨사(同詹事) 2인은 정4품 등이며 서연관(書筵官)의 관원 중에서 겸임하도록 하였다.

9월 6일 동궁(東宮)이 추계의 강무를 대행하려 하는데, 사헌부에서 상소하여 반대하였고, 9월 8일 사헌부의 관원 전원(全員)이 반대하였다. 그러나 9월 12일 병조에서 세자가 강무를 대행하는 사목을 올리니 임금께서 그대로 따랐다. 9월 13일 첨사원에 서리(書吏) 10인을 두었고, 9월 18일 첨사원의 관직을 제수하였다. 11월 24일 예조에서 종묘의 사시제(四時祭)와 납향(臘享)에 왕세자가 대행하는 의주(儀注)를 아뢰었다.

세종 25년(1443) 4월 19일 집현전 부제학 최만리 등이 세자가 정사를 섭행하도록 한 것과 남면하여 조회를 받는 것에 대한 부당함을 상소하였다. 정권(政權)은 둘로 나눌 수 없고, 첨사원을 두면 호령이 두 곳에서 나오며, 지존(至尊)인 임금이 계신데 감히 남면(南面)하여 조회를 받는 것은 불가하다는 것이었다.

5월 17일 임금께서 전지하여 할 수 없이 세자 앞에서 공사(公事)를 직접 보고할 일이 있으면, 첨사원(詹事院)에서 승정원과 함께 논의한 다음에 진달(陳達)하여 결재를 받도록 하라고 하였다. 그리하여 일반 정무는 이제 첨사원에서 취지(取旨)한 다음 세자가 결재하게 되었다. 6월 3일 예조에서 세자가 조참(朝參)을 받는 의주(儀註)를 지어 올리었고, 8월 13일 예조에서 세자가 문소전의 추석제를 대행하는 의주를 올리는 등 왕세자가 섭행(攝行)하는 모든 의식 절차를 갖추어 나갔다.

세종 27년(1445) 1월 2일 임금께서 연희궁(衍禧宮)으로 이어하시고, 1월 18일 세자에게 양위할 뜻을 밝히었다. 그러나 신개(申槪), 하연(河演), 김종서(金宗瑞) 등이 극구 만류하여 우선 시행하지 못하였다. 5월 5일 첨사원에서 세자에게 아뢰던 공사(公事)를 의정부와 육조에서 그 폐단을 아뢰니, 승정원으로 하여금 세자에게 일을 아뢰도록 하였고, 5월 7일에는 의정부에 하교(下敎)하여 중대사 이외에 모든 서무를 세자가 결재하도록 하였다.

그리하여 5월 17일 세자가 처음으로 서무를 재결하기 시작하였다. 이는 첨사원이 설치된 지 3년 만에 이루어진 것이었다. 세종 30년(1448) 9월 8일 관직을 제수하였는데, 여섯 승지로 하여금 모두 첨사원 첨사(詹事院詹事)를 겸하게 하였다.

■ 업적

왕도정치의 이념을 종합한 지침서로『대학연의大學衍義』가 공부되었다. 이를 위해『사서四書』『삼경三經』의 경서 연구가 활발해져『성리대전性理大全』이 수입 간행되고 연구되었다. 그리고 정통론에 입각한 역사서 연구가 활발히 진행되었다. 이는『자치통감훈의資治通鑑訓義』·『자치통감강목훈의資治通鑑綱目訓義』의 저술로 나타났다.

이외에도『세종실록오례의』같은 사회제도 확립의 지침서가,『세종실록지리지』같은 균형적인 국토 개발과 조세 수취의 지침이 되는 인문지리서가 만들어졌다. 그리고 일

반 백성을 요순사회 백성 즉 문화국민으로 만들기 위해 한글도 창제되었다.

법제적 측면에서도 세종대는 유교적 민본주의와 법치주의가 강화, 정비된 시기였다. 세종은 즉위 초부터 법전의 정비에 힘을 기울였다. 세종 4년에는 완벽한 『속육전續六典』의 편찬을 목적으로 육전수찬색(六典修撰色)을 설치하고 법전의 수찬에 직접 참여하기도 하였다.

수찬색은 세종 8년 12월에 완성된 『속육전』 6책과 『등록謄錄』 1책을 세종에게 바쳤고, 세종 15년에는 『신찬경제속육전新撰經濟續六典』 6권과 『등록』 6권을 완성하였다. 그러나 그뒤에도 개수를 계속하여 세종 17년에 이르러 일단 『속육전』 편찬사업이 완결되었다.

한편으로는 형벌제도를 정비하고 흠휼정책(欽恤政策)도 시행하였다. 세종 21년에는 양옥(凉獄), 온옥(溫獄), 남옥(男獄), 여옥(女獄)에 관한 구체적인 조옥도(造獄圖)를 각 도에 반포하였다. 세종 30년에는 옥수(獄囚)들의 더위와 추위를 막아주고 위생을 유지하기 위한 법을 유시(諭示)하기도 하였다. 세종은 형정에 신형(愼刑)·흠휼정책을 썼으나 절도범에 대하여는 자자(刺字)·단근형(斷筋刑)을 정하였고, 절도 3범은 교형(絞刑)에 처하는 등 사회기강을 확립하기 위한 형벌을 강화하기도 하였다.

세종대에는 강남농법을 바탕으로 한 농사법의 개량을 위해서도 많은 노력을 기울였다. 중국의 농서인 『농상집요農桑輯要』·『사시찬요四時纂要』 등과 우리나라 농서인 『본국경험방本國經驗方』 등의 농업서적을 통하여 농업기술의 계몽과 권장에 힘썼다. 이러한 농법을 종합하여 정초(鄭招,

?~1434)가 지은 『농사직설農事直說』을 편찬, 반포하였다. 이 책의 반포는 조선시대 농업과 농업기술사에 중요한 의의를 가진다.

의약 발명에도 세종대는 특기할 만한 시대로서 『향약채집월령鄕藥採集月令』·『향약집성방鄕藥集成方』·『의방유취醫方類聚』 등의 서적이 편찬되었다. 『향약집성방』과 『의방유취』의 편찬은 15세기까지의 우리나라와 중국의 의약학의 발전을 결산한 것으로 조선과학사에 있어서 빛나는 업적의 하나이다.

그리고 예술에서는 무릉도원의 이상사회를 표현하는 안견(安堅)의 몽유도원도가 남북송의 원체화풍을 섭렵하면서 이루어졌다.

세종의 음악적 업적은 크게 아악(雅樂)의 부흥, 악기(樂器)의 제작, 향악(鄕樂)의 창작, 정간보(井間譜)의 창안 등으로 나누어 볼 수 있다.

세종은 종래 미비하고 불완전한 아악을 바로잡기 위하여 박연(朴堧, 1378~1458) 등을 시켜 중국의 각종 고전을 참고하여 아악기를 만들게 하였다. 그리고 아악보도 조회아악(朝會雅樂), 회례아악(會禮雅樂), 제례아악(祭禮雅樂) 등을 제정하였다. 그리하여 아악은 국가·궁중의례에 연주되었고, 중국보다도 완벽한 상태로 부흥시킬 수 있었다.

또한 박연에게 율관(律管)을 제정토록 하여 모든 악기의 음(音)을 조율(調律)하게 하였다. 뿐만 아니라 「정대업定大業」·「보태평保太平」·「발상發祥」·「봉래의鳳來儀」 등 대곡(大曲)을 작곡하였다. 오늘날 연주되는 「여민락與民樂」도 「봉래의」 일곱 곡 중의 하나이다.

 또한 기보법(記譜法)을 창안하였으니, 곧 정간보(井間譜)
가 그것이다. 정간보에 음의 시가(時價)와 박자를 표시할
수 있게 된 것이다.

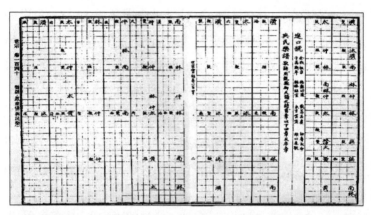

정간보(井間譜)

안견 몽유도원도(일본 천리대)

　과학기술에 있어서도 세종 16년에는 장영실 등으로 하여금 물시계인 자격루(自擊漏)를 만들게 하였고, 이순지(李純之, ?~1465)로 하여금 『칠정산내외편七政算內外篇』을 편찬하게 하였다. 세종 23년 8월에는 측우기를 발명하고 24년 5월에 개량 완성하였다.

　인쇄술에 있어서도 세종대는 특기할 만한 발전을 이루었다. 태종 3년(1403)에 주조된 청동활자인 계미자(癸未字)와 인쇄기의 결점을 보완하기 위하여, 세종 2년(1420)에 새로운 청동활자인 경자자(庚子字)와 인쇄기를 만들어 활자의 주조와 인쇄기술상의 큰 발전을 가져왔다. 세종 16년(1434)에는 더욱 아름답고 정교한 자체인 갑인자(甲寅字)를 주조하였다. 갑인자 주조사업은 이천(李蕆, 1376~1451)의 감독하에 이루어져 20여만 자의 크고 작은 활자가 주조되었다. 그뒤 세종 18년(1436)에는 납활자인 병진자(丙辰字)가 주조됨에 따라 조선시대의 금속활자와 인쇄술은 일단 완성을 보게 되었다.

　화약과 화기(火器)의 제조 기술도 크게 발전하였다. 세종대에는 종래 중국기술의 모방에서 탈피하려는 독자적 경향이 나타나서 화포(火砲)의 개량과 발명이 계속되었다. 완구(碗口)가 개량되고, 소화포(小火砲)·철제탄환·화포전(火砲箭)·화초 등이 발명되었다. 이러한 발명을 위하여 세종 26년(1444)에 화포주조소(火砲鑄造所)를 설치하여 뛰어난 성능을 가진 새로운 규격의 화포를 만들어냈고, 이에 따라 세종 27년(1445)에는 화포의 전면 개주(改鑄)에 착수하였다. 세종 30년(1448)에 편찬, 간행된 『총통등록銃筒謄錄』은 그 화포들의 주조법과 화약사용법 그리고 규격을 그림으로

표시한 책이었다. 이 책의 간행은 조선시대의 화포제조에
새로운 전기를 마련한 주목할 만한 업적으로 평가된다.

보루각 자격루(서울 덕수궁)

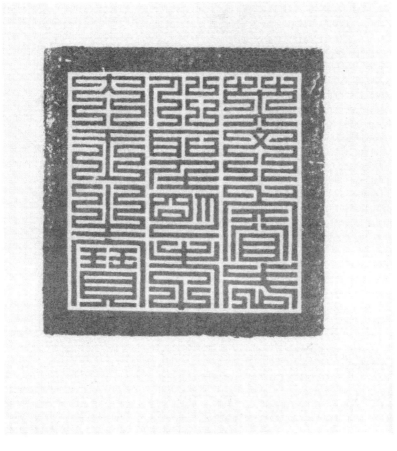

제4장 문종·단종대 정치사

문종은 조선의 제5대왕으로 세종의 첫째아들이다. 성품이 어질고 학문을 좋아하였으며 일찍부터 왕세자로서의 교육을 받았다. 그리고 세종 27년부터는 세종을 대신해서 국사를 맡아 다루었다. 왕비 현덕왕후는 단종의 탄생 직후에 죽었는데, 어린 단종이 보위를 이었다가 세조가 계유정난을 일으켜 왕위에 즉위하자 왕비의 능 소릉은 많은 시련을 겪는다. 단종의 주위에서 단종의 복위를 꾀하다가 발각되자 단종은 노산군으로 강봉되고 소릉은 서인(庶人)의 예로 다시 장사지내지는 참상이 있었다.

■ 문종 즉위

세종 32년 아버지 세종대왕께서 영응대군의 집 동별궁에서 춘추 54세로 승하하시자 빈전 문밖 장막전 안에서 즉위하였고 왕세손 홍위를 왕세자로 책봉하였다.

우선 부왕의 명복을 빌기 위해 대자암 중수와, 국방의 안정을 위해 동국병감의 찬술과 오위를 설치하고 친히 진법을 만드는 등 군정을 더욱 정비한다.

그리고 언로를 넓히기 위해 조신 6품 이상에게 모두 윤대할 것을 허락하고 형조에 옥사를 체옥하는 일이 없도록 하였다.

군대의 정원이 날로 줄어드는 이유로써 교서를 내려 도

승(度僧)의 금령을 거듭 엄중히 하였다.

■ 고려사 · 고려사절요 편찬

정도전 등의 『고려국사』 이래 여러 차례 개수(改修)·교정이 있었으나, 만족할 만한 것이 못되어 세종 31년(1449) 김종서·정인지 등에게 개찬을 명하여 문종 1년 새로 편찬한 기전체의 『고려사』가 완성된다. 그리고 다시 김종서의 청으로 편년체로 된 책을 편찬하게 되어 『고려사절요』를 완성한다.

『고려사』와 『고려사절요』의 편찬은 전 왕조의 역사의 정리뿐만 아니라, 조선왕조의 정치·제도·문화의 정리를 위하여도 의의를 가진 사업이었다.

■ 고려 왕손의 예우

문종은 세종 26년부터 시작되는 광평, 평원 양 대군의 요절과 소헌왕후, 세종대왕의 연거푼 상사가 모두 인과응보에 의한 업보라고 생각한다. 이는 세종 말년 복불정책의 강화에도 불구하고 왕실의 불행이 계속되어 세종이 돌아가고 문종의 고질병이 계속 도지니 문종은 그 원인이 고려 왕씨 후손들을 전멸한 과보라고 생각한다.

그래서 왕씨의 후예를 예우하라 명하고 고려 현종의 후예인 왕우지를 찾아내어 의관과 안장 갖춘 말 및 쌀과 콩을 지급하도록 하였다. 그리고 경기도 마전의 앙암사에 봉안했던 고려 역대 왕의 위패를 숭의전을 지어 옮기게 하고 왕우지로 하여금 근방에 살며 자손대대로 그 제사를 받들게 했다.

숭의전(崇義殿) 국가사적 제223호
경기도 연천군 미산면 아미리 산10 소재
조선 문종대 건립되었으나 1950년 6.25 전쟁으로 인해 전소되어 1972년부터 1973년 까지 현재
의 규모로 복원 건립되었으며, 1971년 12월 28일 국가사적으로 지정되었다.

■ 단종 즉위와 정국 갈등

문종 2년(1452) 5월 14일 아버지 문종이 재위 2년 만에 승하하니, 5월 18일 단종이 12세로 즉위하였다.

그러나 세종이 승하하고 문종이 병약하여 단명하고 그 다음 열두 살의 어린 나이로 단종이 즉위하면서 정정(政情)은 다시금 불안하였다. 어린 임금이 즉위하게 되면 궁중에서는 가장 서열이 높은 후비(后妃)가 수렴청정(垂簾廳政)을 하는 것이 일반적인 예로 되어 있었다. 그러나 당시의 궁중 사정이 그렇지 못하여 대왕대비도 없었고 단종의 모후 권씨는 세자빈으로 있을 때 단종을 낳은 뒤 산욕열로 죽었다. 세종의 후궁인 혜빈 양씨(惠嬪楊氏)가 있기는 하였으나 정치적 발언권이 없었다.

따라서 모든 정치적 권력은 문종의 유명을 받은 고명대신(顧命大臣)인 황보인, 김종서, 남지, 정분, 허후 등 의정부 대신들과 정인지, 신숙주, 성삼문 등 집현전 학사들이 국왕 보필의 임무를 수행하였다.

이러한 정치적 상황에서 정치권력은 황보인·김종서 등 의정대신들을 정점으로 집현전 학사들이 이를 협찬하여 주자성리학에 입각한 대간 중심의 왕도정치를 지향하려는 세력과, 이에 반대하여 수양대군 등의 왕권 중심의 패도정치를 수립하려는 세력으로 갈려 대립하게 되었다.

김종서는 수양대군의 야심을 견제하기 위해 요로에 자신의 심복을 배치하는 일을 게을리하지 않았으니 단종 즉위년 8월 7일에는 자신의 장자인 김승규(金承珪)를 사복소윤(司僕少尹)으로 발령하고, 차자인 김승벽(金承璧)을 충훈

부 녹사(錄事)를 시켜 군마를 장악하고 공신들의 동태를
파악하는 중대한 임무를 맡게 한다.

9월 1일 문종을 태조 건원릉 좌혈(左穴)의 현릉(顯陵)에
장사지내고 나서 9월 3일에 김종서가 이제 70이라 쇠약하
여 더 이상 벼슬에 나올 수가 없다고 사직하는 상소를 올
리나 단종은 집현전 부수찬 한계희(韓繼禧)로 하여금 이를
돌려주게 한다.

9월 6일에는 수양대군이 안평대군과 김종서·황보인 등
자신의 견제세력에 대한 노골적인 반발로, 문종의 산릉 역
사 현장에 가서 국왕이 보낸 음식을 베풀어주는 자리에서
안평대군의 측근 문사로 산릉도감 장무(掌務)의 일을 맡고
있던 이현로(李賢老)가 자신에게 공손치 못하다 하여 그
자리에서 종자로 하여금 채찍으로 매질하는 만행을 저지
른다.

그러나 수양대군은 이 일로 여론의 지탄을 받게 되었으
니 윤9월 8일에 사간원에서 수양대군이 함부로 조정관리
를 매질한 것은 조정을 능멸한 것이므로 치죄해야 한다는
상소를 올리고 윤9월 10일에도 같은 내용의 상소를 다시
올린다.

그러나 워낙 막강한 힘을 보유하고 있는 수양대군이었
기에 누구도 이를 견제할 만한 힘이 없었던 듯, 그 사이에
수양대군은 9월 10일 사은사로 명나라로 사신 가기를 자
청한다. 장차 반역을 성공시켰을 때 명나라 조정에서 간섭
하지 못하도록 선수를 치기 위한 외교적 행보였다. 이에
김종서와 안평대군은 이를 저지하려 하였으나 오히려 기
선(機先)을 제압당하여 뜻을 이루지 못하고 만다.

이때 수양대군은 일종의 인질의 성격으로 황보인과 김종서의 아들인 황보석(皇甫錫)·김승규(金承珪)를 데려가고 권람과 한명회에게 반대 세력에 대한 경계를 계속 하라고 명한다.

단종 즉위년 10월 1일 남지(南智)를 영중추원사(領中樞院事)로, 정분(鄭苯)을 의정부 좌찬성으로, 허후(許詡)를 우참찬으로, 민신(閔伸)을 이조판서, 박팽년(朴彭年)을 집현전 부제학에 임명하고, 12월 11일에는 궐석이 되었던 좌의정 자리에 김종서, 우의정에 정분을 올리며 허후를 좌참찬, 조극관을 병조판서로 해서 김종서를 중심으로 한 내각을 꾸며놓는다.

【순천 박씨 박팽년을 중심으로】

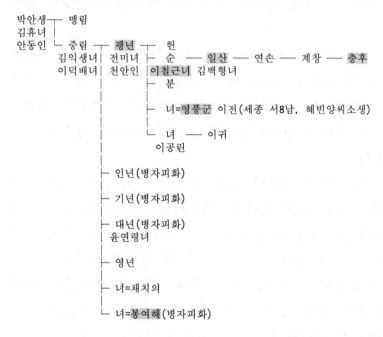

박팽년은 세조 2년(1456) 6월에 집현전 학사 출신들인 성삼문(成三問) 등과 함께 단종 복위를 꾀하다가 참화를 입는 이른바 사육신 사건을 주도한 인물이다. 아버지 박중림(朴仲林) 및 동생인 박인년(朴仁年)·박기년(朴耆年)·박대년(朴大年)·박영년(朴永年), 그리고 자식인 박헌(朴憲)·박순(朴珣)·박분(朴奮) 또 매부인 봉여해(奉汝諧)와 함께 사육신 사건에 함께 처형되었다. 이들 모두 정조 15년 장릉 배식단에 올랐다. 사위인 세종 서8남 영풍군 이전(李瑔)은 혜빈 양씨 소생으로 장릉배식단 정단에 안평대군 등과 함께 육종영(六宗英)에 올랐다.

12월 13일 배현경(裵玄慶), 홍유(洪儒), 복지겸(卜智謙), 신숭겸(申崇謙)과, 유금필(庾黔弼), 서희(徐熙), 강감찬(姜邯贊), 윤관(尹瓘), 김부식(金富軾), 조충(趙冲), 김취려(金就礪), 김방경(金方慶), 안우(安祐), 김득배(金得培), 이방실(李芳實), 정몽주(鄭夢周) 등 고려의 공신·충신·명장 등을 왕씨(王氏)의 제사와 함께 제사지내도록 하였다.

단종 1년(1453) 2월 26일 사은정사로 북경에 갔던 수양대군 일행이 평양까지 마중간 안평대군의 영접을 받으며 무사히 귀환하자 수양대군의 권세는 더욱 커지게 되었다. 이에 의정부에서는 이를 견제하기 위해 3월 15일 정사에서 집현전의 대표적인 감언지사(敢言志士)들인 하위지(河緯地, 1417~1456)와 유성원을 사헌부 집의와 사헌부 지평으로 제수해놓는다.

수양대군은 자청하여 명나라에 사신으로 다녀온 후로 더욱 반역에 박차를 가하여 한명회(韓明澮, 1415~1487) 등 모사들과 더불어 김종서 일파의 동정을 염탐하고 그를 제거할 기회를 엿보게 된다.

7월 1일에 허후(許詡)를 의정부 좌참찬 겸 판이조사로 삼고 이징옥(李澄玉)·김효성(金孝誠)을 판중추원사, 박중림(朴仲林)을 호조참판으로 하며 김종서의 장자인 김승규를 지형조사(知刑曹事), 황보석(皇甫鉐)을 수사복시윤(守司僕寺尹)으로 삼아 조직적으로 수양대군의 반역을 차단하려 한다. 뒤이어 7월 28일에 김종서는 친척인 박중림을 사헌부 대사헌으로 옮기는 것도 이런 차원의 인사이동이었다.

박중림의 외숙인 안동인 김익정(金益精)은 김종서의 재종형이다. 따라서 박중림에게 김종서는 외가로 재당숙이 된다.

【김익정, 박중림 가계도】

```
김성목 ── 휴 ┬ 익정 ── 숙
(안동인) 선산김씨│      안숭선녀
              ├ 익렴
              └ 녀 ── 박중림 ── 박팽년 ── 녀=영풍군 이전
              박안생
```

■ 계유정난

단종의 숙부인 수양대군은 실제로 대권에 야심을 품고서 권람(權擥, 1416~1465), 홍윤성(洪允成, 1425~1475), 한명회(韓明澮, 1415~1487) 등을 심복으로 만들고 있었다. 수양대군의 거사계획은 그가 단종 1년(1453) 4월 명나라에서 돌아오자 급진전되었다. 신숙주(申叔舟, 1417~1475)를 막하에 끌어들이는 한편, 홍달손(洪達孫, 1415~1472), 양정(楊汀, ?~1466) 등의 심복무사를 양성하여 거사준비를 착착 진행하였다.

단종 1년(1453) 10월 2일 드디어 수양대군의 반역 음모가 누설되고 삼정승은 이를 징치(懲治)하려는 대책을 논의하게 되는데 이 사실을 권람이 수양대군에게 알렸다.

수양대군은 10월 10일 새벽에 죽음을 각오하고 김종서를 몸소 제거하러 나선다. 10월 10일 밤에 유서(柳漵), 양정, 임어을운(林於乙云) 등을 데리고 김종서의 집으로 찾아가 간계를 써서 철퇴로 김종서와 그 아들 김승규(金承珪)를 살해하였다.

세조가 양정으로 하여금 칼을 품에 감추게 하고 유서를 정지시키면서 김종서의 집에 이르니, 김승규가 문 앞에 앉아 신사면(辛思勉)·윤광은(尹匡殷)과 얘기하고 있었다. 김승규가 세조를 보고 맞이하였다. 세조가 그 아비를 보기를 청하니, 김승규가 들어가서 고하였다. 김종서가 한참 만에 나와 세조가 멀찍이 서서 앞으로 나오지 않는 것을 보고 들어오기를 청하니, 세조가 말하기를, "해가 저물었으니 문에는 들어가지 못하겠고, 다만 한 가지 일을 청하려고 왔습니다" 하였다. ..... 윤광은·신사면이 굳게 앉아 물러가지 않으니, 세조가 말하기를, "비밀한 청이 있으니, 너희들은 물러가라." 하였으나, 오히려 멀리 피하지 않았다. 세조가 김종서에게 이르기를, "또 청을 드리는 편지가 있습니다." 하고, 종자(從者)를 불러 가져오게 하였다. 양정이 미처 나오기 전에 세조가 임어을운을 꾸짖어 말하기를, "그 편지 한 통이 어디 갔느냐?" 하였다. 지부(知部)의 것을 바치니 김종서가 편지를 받아 물러서서 달에 비춰 보는데, 세조가 재촉하니 임어을운이 철퇴로 김종서를 쳐서 땅에 쓰러뜨렸다. 김승규가 놀라서 그 위에 엎드리니, 양정이 칼을 뽑아 쳤다. 『단종실록』 단종 1년 10월 10일 수양대군은 단종이 거처하는 시어소(時御所)를 장악하여 도승지 최항(崔恒)에게 김종서 부자의 처치를 알리고 단종을 위협하여 그 밤으로 영의정 황보인, 병조판서 조극관(趙克寬), 우찬성 이양(李穰) 등을 대궐에 불러다 죽였다.

일이 이렇게 되자, 단종은 어쩔 수 없이 그들의 요구에 따라 수양대군을 영의정으로 삼아 군국의 중대한 일을 모두 위임시켜 처리하게 하였다.

김종서는 장자 김승규가 대신 철퇴를 맞고 죽는 바람에 다시 소생하였었건만 임금께 달려가야 한다는 한 가지 마음이 앞서 단신으로 도성으로 달려들어 가려다 수양이 보낸 양정과 이흥상(李興商, ?~1465)에게 죽임을 당한다.

그리고 세종의 제3왕자인 안평대군 용(瑢, 1418~1453)을 반역의 주동자로 누명을 씌워 강화의 교동현(喬桐縣)에 안치했다가 10월 18일 사사(賜死)하고, 아들 이우직(李友直)은 진도로 옮겨 안치하였다.

10월 13일 황보인의 무죄를 주장하는 등 수양대군에 반대한 허후(許詡)를 거제(巨濟)에 유배보냈다.

그리고 10월 11일 정분(鄭苯), 조수량(趙遂良), 안완경(安完慶) 등은 귀양보냈다가 조수량·안완경을 11월 11일 교형에 처하였다. 이와 같이 김종서 등에게 모반의 죄명을 씌워 무참하게 죽인 것은 수양대군 일파가 그들을 제거하기 위한 조작된 명분에 지나지 않았다.

수양대군은 정난에 성공하자 10월 15일 공을 논하여 수양대군 자신을 1등으로, 권준(權蹲) 등을 2등으로 이흥상(李興商) 등을 3등으로 하였다. 이때 신숙주는 2등에 녹훈

되었다.

김종서 장군 묘소(충남 공주시)

■ 이징옥의 난

단종 1년(1453) 10월 11일 수양대군은 이어 함길도절제사로 김종서와 함께 4군 6진 개척 등을 함께 한 측근인 이징옥(李澄玉)을 제거하려 하였다.

10월 11일 상호군(上護軍) 송취(宋翠)를 의금부 진무(鎭撫)로 삼아 함길도 도절제사 이징옥을 압령하여 평해(平海)에 안치하게 하였다. 평안우도 도절제사(平安右道都節制使) 박호문(朴好問)이 마침 아내의 병으로 유시(諭示)를 받고 서울에 왔는데, 박호문을 자헌대부에 승진시켜 이징옥을 대신하여 함길도 도절제사로 삼아 곧 떠나게 하였다. 또한 10월 13일 이징옥 등을 변군(邊郡)에 안치하라는 전교를 내리고, 17일 고신(告身)을 추탈하였다.

10월 21일에는 우헌납(右獻納) 김계우(金季友)가 이징옥을 극형에 처치하기를 아뢰어 대신에게 의논하게 명하였다. 10월 25일 함길도 관찰사 성봉조(成奉祖)가 치계(馳啓)하기를, 이징옥이 박호문을 죽이고 도망했다 하자 잡아 죽일 것을 하교하였다. 그래서 이날 이징옥의 형 중추원 사(中樞院使) 이징석(李澄石)과 이징석의 아들 이팔동(李八仝)을 의금부에 가두었다.

다음날 10월 26일 수양대군이 중외병마도통사(中外兵馬都統使)로 토벌에 나서게 되고 10월 27일 육진(六鎭) 인근(隣近)의 여러 종족의 야인(野人)들과 이징옥 휘하의 장수들에게 이징옥을 토벌하여 공을 세우는 데 노력하라고 명하였다.

이날 27일 함길도 관찰사 성봉조가 이징옥과 그 아들들이 이미 19일에 종성판관 정종(鄭種)·호군 이행검(李行儉) 등에 의해 살해되었음을 알렸다. 이징옥의 나이 24세였다.

조선 후기의 재상 채제공(蔡濟恭, 1720~1799)은 『번암집 樊巖集』에서 이징옥은 세조의 불법성을 명나라에 직소해 단종의 복위를 꾀하기 위한 것이지, 『단종실록』에 전하는 것처럼 대금황제가 되기 위한 것이 아니었으므로 반역이 아니라 충신이라고 암시하고 있다.

절도사 이징옥은 양산 사람이다. 어려서부터 무용이 다른 사람보다 뛰어났다. 형 징석도 힘으로 근처 마을 사람을 굴복시켰다. 어머니가 살아있는 멧돼지를 보고 싶다고 하니 징석은 그날로 돼지 한 마리를 쏘아 돌아왔다. 징옥은 문을 나선지 이틀만에 비로소 빈손으로 돌아오니 어머니가 꾸짖으니 징옥이 어머니를 데리고 바깥 뜰로 갔다. 한 마리 큰 돼지가 마당에 누워서 숨을 헐떡이며 퀭한 눈을 뜨고 있는데 그 광경이 처참하였다. 징옥이 꼭 어머니 눈으로 살아있는 돼지를 보게 하고자 발자국을 따라서 산을 넘고 계곡을 넘어 밤낮으로 추적하여 피곤하여 기운이 다하도록 하여 여기로 끌고 온 것이다. 매번 호랑이를 쏠 때는 눈을 부릅뜨고 꾸짖으니 호랑이가 문득 눈을 내리깔고 고개를 숙이고 도망갔다.

김종서가 강계부사로 있을 때 징옥이 충성스럽고 용맹함을 알고 자신을 대신하도록 천거하니 당시 나이가 22세였다. 얼마 안 되어 북방 절도사로 승배(陞拜)되었다. 새서(璽書)에서 하유하기를, "경(卿)의 위무(威武)를 크게 떨쳐라. 비록 옛사람이 그대보다 낮지 않았는데도 오랑캐가 모두 복종하였으니 내가 대단히 기뻐하였다. 모름지기 과인의 지극한 뜻을 몸받아서 영원히 북비(北鄙: 함경북도)의 훌륭한 장군이 되어서 나의 마음에 부합하라." 하였다.

이윽고 군영에 부임하여 6진 번호(藩胡) 중에서 용감하고 기사(騎射)를 잘하는 3천 군사를 뽑아 모두 아하(牙下)[4]에 소속시켜 부대를 나누고 매번 열읍을 순찰하는데 각 부대가 경계선에서 서로 임무교대를 하게 하였다.

광묘(光廟: 세조)가 선위를 받자 몰래 박호문(朴好問)을 보내어 교대하도록 하니 징옥이 의심하여 "일찌기 밀교가 있어도 나라의 중대사가 아니면 나를 부르지 않았는데 지금 다른 장수가 소리없이 와서 대신하는 것은 무슨 까닭인가?" 하고는 이에 새로 온 절도사를 잡아내려 심문하니 호문이 감히 숨기지 못하자 드디어 죽였다. 군대를 일으켜 서울로 몰래 가기를 계획하고는 휘하에 약속하여 "내가 강을 건너서 천조(天朝)에 명을 청하면 상왕(上王: 단종)을 복위하는 것이 이루어지지 않을 수 없을 것이다. 결단코 내일 시행하리라." 하였다.

종성부사(鐘城府使) 정종(鄭種)이 그 계획을 알고 이날 밤 사람을 판상(板上)에 잠복시켜 깊이 잠든 틈을 타서 오른쪽 어깨를 베니 징옥이 놀라 일어나 그 칼을 빼앗아 맨몸으로 탈출하면서 왼손으로 백여 인을 베었으나 자기 몸에 어지러이 화살을 맞아 죽으니 나이 24세였다. 충신·의사가 이를 듣고는 암암히 눈물 흘리지 않는 이가 없었다. 광묘 3년에 억울하게 죽는 이를 초혼(招魂)하면서 동학사(東鶴寺)에 단을 베풀고 이징옥을 금성대군(錦城大君) 및 육신(六臣)의 반열에 특서(特書)하였다. 오호라! 성인(聖人)은 혐의가 있다고 하여 의(義)로움을 해치지 않으니 천고(千古)의 신하들에게 권면하여 마음을 다하여 섬길 만한 충성스러움이니 그 뜻이 더욱 크지 않겠는가?『번암 선생집 樊巖先生集』권55. 「이절도전 李節度傳」

---

4) 아하(牙下): 아하친병(牙下親兵)의 약칭으로서 대장의 휘하에서 군무를 수행하는 군사를 칭하는 말로도 쓰였다.

■ 수양대군의 집권

무단적인 방법으로 정적을 숙청한 수양대군은 스스로 영의정부사·영집현전·경연·춘추·선운관사·겸판이병조·내외병마도통사 등 여러 중직을 겸하여 정권과 병권을 독차지하고 거사에 직간접으로 공을 세운 정인지(鄭麟趾, 1396~1478)·권람·한명회·양정 등 43인(수양대군 포함)을 정난공신으로 책봉하였다. 이로써 수양대군은 2년 뒤에 강제로 단종의 선위(禪位)를 받아 세조로 즉위할 수 있는 기반을 다졌다.

이러한 갈등 속에서 아직 성리학 자체의 발전보다는 전장(典章)의 발전에 기여하고 있던 집현전 세력은 신숙주, 양성지(梁誠之, 1415~1482), 서거정(徐居正, 1420~1488), 임사홍(任士洪, ?~1506), 임원준(任元濬, 1423~1500) 등과 같은 수양대군을 지지하는 세력과 이에 반대하는 성삼문(成三問, 1418~1456) 등 사육신 및 김시습(金時習, 1435~1493) 등 생육신 세력으로 분열된다.

■ 단종 국혼 문제

단종이 아직 아버지 문종에 대한 3년상을 마치기도 전에 수양대군이 단종비를 간택하려 하였다. 이에 대해 반대가 심했지만 실권을 쥔 수양대군이 강행을 하니 단종비를 간택하게 되었다.

단종 1년(1453) 수양대군 일파는 상중에 있는 어린 왕을 자기편 사람에게 장가들여 확실하게 묶어두려고 11월 9일에는 금혼령(禁婚令)을 내리고 몇 번의 간택 과정을 거친다. 단종 2년(1454) 1월 6일 4간택에서 세종 후궁 혜빈 양씨(惠嬪梁氏)가 수양의 속셈을 눈치채고 세종과 문종의 의도를 내세워 금성대군의 처조카 최도일(崔道一)의 딸과 금성대군 양모인 의빈 박씨(懿嬪朴氏)의 친정 일가인 박문규(朴文規)의 딸을 간택하려 하였던 모양이니 필연 박팽년도 이 두 처녀를 간택하는 데 찬성하였을 것이다. 그래서 이 4간택 과정에서는 의견이 첨예하게 대립하였던 듯하였다. 수양대군은 자신의 죽마고우이며 영웅대군의 처남인 송현수의 따님을 왕비로 간택하려 하였다.

그러나 단종 2년(1454) 1월 8일에는 경복궁 사정전에서 세 명의 왕비 후보를 가리는데 풍저창(豊儲倉) 부사(副使: 정6품) 송현수(宋玹壽, ?~1457), 예원군사(預原郡事) 김사우(金師禹, 1415~ 1464), 전 사정(司正, 정7품) 권완(權完)의 딸들이 뽑히었다. 이들 세 사람이 모두 수양대군의 심복들인 것은 말할 나위 없었다.

수양대군은 이렇게 송현수의 누이를 영웅대군의 부인으로 다시 맞아들이게 하면서 그 조카인 송현수의 딸을 왕비로 간택해 들이려는 흉계를 꾸며 왕실 내부를 완전 장악하려 들었던 것이다.

그래서 1월 22일 송현수의 딸을 왕비로 책봉하고 김사우와 권완의 두 딸을 각각 숙의(淑儀: 종2품)로 책봉하였다.

납비(納妃)할 날짜가 결정되자 성삼문은 도저히 더 참을 수가 없어 목숨을 내놓고 어린 왕에게 이의 부당성을 직간한다. 부왕의 상중에 왕비를 맞아들이는 것은 예법에 어긋나 만대의 웃음거리가 되니 탈상 뒤로 미루겠다고 고집하라고 가르쳐 준 것이다.

이에 1월 23일 임금이 예조에 전지하여 왕비를 맞아들이는 일은 신료(臣僚)들의 청(請)에 쫓겨서 하였으나 오히려 마음이 편안치 못하니, 이를 정지시키라고 하였다.

이에 당황한 수양대군은 그날로 성삼문을 의금부에 하옥시키고 왕에게 달려들어가 왕비를 맞아들이고 길복을 입기를 청하였다.

14살의 어린 임금은 숙부의 이같은 강요를 할 수 없이 따르기로 하여 1월 24일에 납비례(納妃禮)의 대사를 치르고 만다.

■ 수양대군의 전횡

단종 2년 3월 9일에는 수양대군이 국가 통치의 전권을 장악했음을 표방하기 위해 분충 장의 광국 보조 정책 정난 공신(奮忠杖義匡國輔祚定策靖難功臣) 수양대군(首陽大君) 영의정부사(領議政府事) 영집현전(領集賢殿) 경연 예문 춘추관 서운관사(經筵藝文春秋館書雲觀事) 겸 판이병조사(兼判吏兵曹事) 중외 병마 도통사(中外兵馬都統使)라는 긴 위호(位號)를 어린 임금으로 하여금 내리게 하고, 또 식읍(食邑) 1천 호, 식실봉(食實封) 5백 호를 내리게 한다. 충의(忠義)에 입각해서 나라를 바로잡고 사직을 돕기 위해 꾀를 내어 어지러움을 다스린 공신에다가 의정부와 집현전, 경연, 예문관, 춘추관, 서운관을 총괄하고 이조와 병조의 일을 장악하여 조정 인사권을 수중에 넣고 중앙과 지방의 군사권까지 모두 독차지했다는 내용이다.

그리고 자신의 승리를 합리화하는 마무리 작업으로 3월 30일에 『세종실록』 163권을 지어 바쳤다.

그리고 국왕의 상중 혼례도 부족하여 문종의 대상(5월 14일)을 한 달 남겨 놓은 4월 16일에는 문종의 서녀인 경숙옹주(敬淑翁主)를 반성위(班城尉) 강자순(姜子順)에게 억지로 시집보낸다.

문종에 대한 예우를 고의로 격하시키려는 의도의 표출이었다고밖에 볼 수 없는 만행이었다. 5월 14일 문종의 대상 제사를 마치고 나서 문종의 후궁들을 모두 머리 깎아 비구니로 만든 것도 그런 만행의 연속이었다.

그런데 이때부터 수양대군은 어린 단종을 방종하게 만들기 위해 활쏘기와 사냥 잔치로 유인해내어 경연을 자주 중지하게 만든다. 이에 단종 2년 5월 4일 좌승지 박팽년이 경연에서 왕에게 안일과 태만을 경계하도록 진언하였다.

그러자 박팽년을 단종과 격리시키기 위해 8월 5일에는 형조참판으로 자리를 옮겨 놓는다.

수양대군은 문종의 대상이 끝나자 대권 탈취의 행보를 더욱 신속하게 진행해 간다. 단종 2년(1454) 5월 21일부터 개국 이래의 4종 공신5)들과 종친들로 하여금 14세밖에 안된 국왕에게 헌수연(獻壽宴)을 올린다는 명목으로 연일 연회를 열어 국왕의 얼을 빼고, 6월 1일에는 왕비 송씨의 부친 송현수에게 지돈녕부사(知敦寧府事, 정2품)를 제수하여 무려 4품을 일시에 뛰어넘게 하는 한편 6월 2일에 왕비 송씨의 유모에게 역적으로 죽은 전 충청감사 안완경(安完慶) 첩의 집을 하사하여 송씨 일가를 감격하게 한다.

---

5) 4종 공신: 조선의 개국 공신(開國功臣), 제 1차 왕자의 난의 정사공신(定社功臣), 제2차 왕자의 난의 좌명 공신(佐命功臣), 세조의 왕위 찬탈을 도운 정난 공신(靖難功臣)을 말함

뒤이어 6월 8일에는 왕의 외조부 권전(權專)에게 영의정 화산부원군을 추증한 다음 6월 27일에는 왕비의 조부 송복원(宋復元)을 공조참의에 제수한다.

반면 8월 9일 사간원 등에서 이우직(李友直)·정분(鄭苯)·정효강(鄭孝康) 등을 처단하기를 청하여 8월 15일 임금이 친히 건원릉과 현릉에 추석제를 행하고 환궁하다가 중량포에 이르러 이들을 사사하라는 교지를 내리게 한다.

8월 28일 신빈 김씨(愼嬪金氏) 소생인 세종 서2남 계양군(桂陽君) 이증(李璔)과, 세종 서1녀로 상침 송씨(尙寢宋氏) 소생인 정현옹주와 혼인하여 부마가 된 영천위(鈴川尉) 윤사로(尹師路)가 수양대군에게 금성대군 이유가 화의군(和義君) 이영(李瓔) 등과 함께 의심할 만한 일을 하고 있다고 말하였다. 이는 수양대군이 단종 보호 세력을 밀어내는 것으로 보인다.

상침 송씨는 그 부모에 대한 기록이 나오지 않고, 또한 상침(尙寢)6)에서 알 수 있듯 그 출신이 미천하였다. 그의 소생 정현옹주와 혼인한 윤사로는 한명회·신숙주와 사돈 관계를 맺으며 계양군 등과 함께 세조 찬탈 세력을 이루었다.

---

6) 상침(尙寢): 조선 때 정6품 내명부의 하나. 궁인직(宮人職)에 속하였음

【한명회, 신숙주, 윤암, 윤사로 연혼 관계】

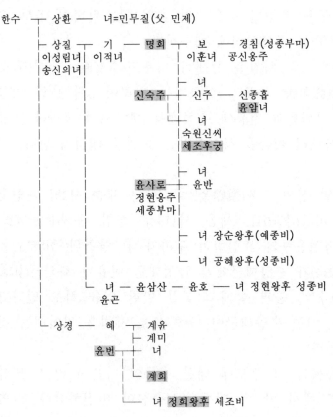

한수 ┬ 상환 ── 녀=민무질(父 민제)
    │
    ├ 상질 ┬ 기 ── 명회 ┬ 보 ── 경침(성종부마)
    │이성림녀│이적녀   │이훈녀 공신웅주
    │송신의녀│   │
    │   │   ├ 녀
    │   │ 신숙주 ┼ 신주 ── 신종흡
    │   │   │   윤암녀
    │   │   ┴ 녀
    │   │   숙원신씨
    │   │   세조후궁
    │   │
    │   │   ├ 녀
    │   │ 윤사로 ┼ 윤반
    │   │ 정현웅주│
    │   │ 세종부마│
    │   │   ├ 녀 장순왕후(예종비)
    │   │   │
    │   │   └ 녀 공혜왕후(성종비)
    │   │
    │   └ 녀 ── 윤삼산 ── 윤호 ── 녀 정현왕후 성종비
    │   윤곤
    │
    └ 상경 ── 혜 ┬ 계유
               ├ 계미
        윤번 ┼ 녀
               │
               ├ 계희
               │
               └ 녀 정희왕후 세조비

■ 세조찬탈

단종 3년(1455) 1월 14일에 "수양대군이 군병을 거느리고 장차 백성들을 모두 죽이려 한다거나 수양이 장차 임금에게 불리하리라는 소문이 도는데, 이는 반역 도당들이 꾸며 낸 얘기이며 수양은 주공과 같은 인물이니 떠도는 말에 현혹되지 말라."는 요지의 교서를 내린다.

이미 이해에 수양이 왕권을 탈취하리라는 소문이 세상에 떠돌고 있었던 모양이다.

드디어 2월 4일 국왕 부부는 수양대군 사저로 가서 종친들과 정난 공신을 모두 불러 먹이는 위로연을 베풀고 수양대군 일가에게 많은 선물을 내린 다음 환궁하였다.

다음날인 2월 5일부터 단종의 측근을 쓸어내는 작업이 시작된다. 사헌부 장령 이승소(李承召, 1422~1484)가 상소를 올려 "왕비가 들어왔으니 선왕 후궁은 출궁해야 한다."고 주장하는데, 선왕 후궁이란 세종과 문종의 특명으로 단종이 탄생한 다음날, 즉 그 모후가 돌아간 직후부터 단종을 양육해 온 상궁 박씨를 지칭한 것이다. 단종에게는 친어머니와 다름없는 이로 이제 15세밖에 안 된 단종에게는 왕비보다 더 필요한 존재이었다. 이에 단종은 선왕 유교를 내세우며 내보낼 수 없다고 버틴다.

그러자 수양대군은 기다렸다는 듯 2월 27일 단종을 보호하고 있던 금성대군과 화의군에게 죄를 얽어, 세종 서1남 화의군(和義君) 이영(李瓔) 등이 금성대군 집에서 사연(射宴)하고도 이를 숨겼다 하여 화의군은 유배를 가게 되었고 금성대군은 고신(告身)이 거두어졌다. 또한 환관 엄자치 등이 국정에 간여했다고 하여 단종 측근의 환관들 수십 명과 함께 모두 고향으로 쫓아내 버리자고 아뢴다. 엄자치는 세종이 가장 신임하던 환관으로 단종을 친손자와 같이 생각하는 인물이니 그를 살려 두고서는 대권 탈취가 불가능할 터이므로 이와 같이 터무니없는 죄를 만들어 단종으로부터 일단 격리시키고자 한 것이다.

단종으로서도 이 일만은 결코 저들의 뜻에 선뜻 따를 수 없었다. 그러나 수양대군과 그 수하들의 끝없는 협박과 회유에 견디지 못한 단종은 결국 3월 19일 엄자치 등 환관들의 처벌을 허락하는 교서를 내리고 만다. 엄자치는 고신을 거두고 공신 훈적을 박탈하여 가산을 몰수하며 나머지 환관들도 모두 가산을 몰수하고 변방에 관노로 보낸다는 내용이었다.

그리고 나서 3월 21일에는 금성대군과 혜빈 양씨 및 화의군 이영과 단종 매부인 영양위 정종 및 상궁 박씨가 교결하여 수양대군을 죽이려 모의했다는 말을 지어내어 이들을 죽음으로 몰고 간다.

결국 3월 27일에 엄자치는 제주도 관노가 되어 끌려 가던 도중에 죽고 마는데, 죽은 원인은 밝히고 있지 않다.

단종 3년(1454) 4월 2일에 본국 출신의 명나라 환관인 고보(高黼)와 정통(鄭通)이 칙사가 되어 왕비 송씨의 고명(誥命)과 관복(冠服)을 가지고 의주에 도착한다. 이때 왕은 자포자기의 심정으로 연일 사냥이나 다니고 있을 때이었다. 수양대군은 이들이 온 것을 호기로 삼아 이들을 매수하는 일에 착수한다.

더구나 신숙주는 사신에게 임금이 내린 술을 가져와서

는 임금이 수양대군에게 공로가 있어 국정을 모두 맡겼다고 전한다.

수양대군은 저들의 환심을 사기 위해 저들이 요청하는 대로 5월 8일에는 궁중에서 기르던 흰 매도 보내주고 윤6월 3일에는 금강산 그림도 화원 안귀생(安貴生)에게 그려주게 한다.

5월 10일 영천위 윤사로가 수양대군에게 금성대군이 역모를 꾸민다고 말하여 누명을 씌웠다. 그래서 5월 26일 세종 서2남으로 신빈 김씨(愼嬪金氏) 소생인 계양군(桂陽君) 이증(李璔)과 파평위(坡平尉) 윤암(尹巖)이 수양대군에게 금성대군과 화의군, 세종의 후궁인 혜빈 양씨(惠嬪楊氏), 상궁 박씨(尙宮朴氏) 등을 제거하기를 청하였다. 이들을 제거하라는 것은 곧 대권을 탈취하라는 말이었다.

이에 수양대군은 윤6월 11일을 대권 탈취의 날로 정하고 6월 10일에 기묘한 인사를 단행한다.

중국어에 능한 성삼문의 처숙부 김하를 예조판서로, 집현전 부제학으로 단종의 보호에 열성을 보이고 있는 하위지를 예조참의에, 성삼문을 동부승지로, 단종의 외숙부 권자신(權自愼)을 호조참판으로 발령한 것이다. 단종의 근위세력인 그들로 하여금 대보(大寶)를 빼앗아 자신에게 바치게 하려는 악랄한 계책이었다.

단종 3년(1455) 윤6월 11일 드디어 수양대군은 우의정 한확(韓確, 1403~1456) 등과 빈청에서 회의하고 나서 금성대군이 세종 후궁인 혜빈 양씨, 상궁 박씨 등과 결탁해 혜빈 양씨 소생인 한남군(漢南君) 이어(李𤥽)와 영풍군(永豊君) 이전(李瑔), 문종부마 영양위(寧陽尉) 정종(鄭悰), 조유례(趙

由禮) 등과 함께 세조를 제거하려 한다 하여 금성대군은
삭녕(朔寧: 경기도 연천), 혜빈 양씨는 청풍(淸風), 상궁 박
씨는 청양(靑陽), 한남군은 금산(錦山), 영풍군은 예안(禮安)
으로 귀양보내졌다.

금성대군은 무사들과 몰래 사귀고 혜빈과 교결하였으며
그의 양모인 의빈 박씨(懿嬪朴氏) 및 상궁 박씨가 왕래하면
서 한남군·영풍군 및 영양위 정종과 연결하여 변란을 도
모하였다는 것이다. 더구나 혜빈은 문종조 이래로 궁내를
천권(擅權)하여 불법을 범한 일이 헤아릴 수 없는데 대신
이나 종실의 의견을 기다리지도 않고 의빈의 친척인 박문
규(朴文規)의 따님과 금성대군의 처족인 최도일(崔道一: 금
성대군의 장인 최사강의 장손)의 딸로 왕비를 삼으려 하다
가 되지 않자 자기가 세운 중궁이 아니라 하여 백 가지
꾀로 이간하였다는 것이다.

【혜빈 양씨, 금성대군, 한남군 가계도】

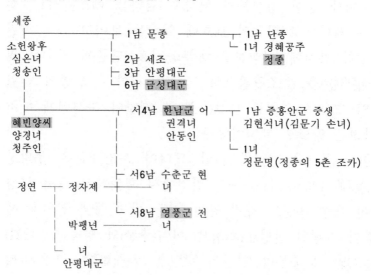

금성단(金城壇). 시도 기념물 제93호(영주시)

경상북도 영주시 순흥면 내죽리 소재

세조 때 단종의 복위를 도모하다가 화를 당한 세종 6남인 금성대군을 비롯하여 이보흠(李甫欽)

등 그 일에 연루되어 목숨을 잃은 많은 이름 없는 의사(義士)들의 넋을 위로하기 위해 세운 제

단.

14세의 어린 임금은 자신을 돌보아온 친근한 보호자들을 한 사람도 남기지 않고 처단한 흉적들에게 둘러싸여 있게 되었으니 그 공포가 얼마나 컸었겠는가. 그것이 바로 대권을 탈취하기 위한 수단이라는 사실을 익히 알고 있는 단종은 겁에 질려 수양 측에 가담한 환관 전균으로 하여금 대임을 수양에게 전하겠다는 뜻을 한확에게 통보한다. 한확 등이 놀라는 척하고 수양대군이 사양하는 척하는 연극을 거치면서 대보가 수양의 손으로 건네지는데 상서원(尙瑞院)에서 대보를 가져오는 직무는 예방승지였던 성삼문이 담당해야만 하였다. 수양 일파의 악랄한 계교가 아닐 수 없다.

이날 박팽년이 경회루 연못에 투신하려는 것을 성삼문이 만류하였다고 한다.

경회루 아래에서 단종으로부터 어보를 전해받은 수양대군은 곧 근정전에서 수선(受禪) 의식을 치르고 단종으로 하여금 좌승지 박원형(朴元亨, 1411~1469)을 명나라 사신이 묵고 있는 태평관으로 보내어 이 사실을 통보하게 한 다음 근정전에서 즉위한다.

세조가 즉위하여 제일 먼저 내린 전지가 혜빈 양씨와 상궁 박씨의 가산을 몰수하라는 것이었다. 자신의 죄악을 모두 안평대군과 금성대군 및 혜빈 소생 왕자들에게 덮어씌우는 비열함을 서슴없이 노출하고 있다.

다음 날인 세조 1년(1455) 윤6월 12일 좌헌납(左獻納) 구종직(丘從直)이 사간원(司諫院)의 의논을 가지고서 혜빈 양씨와 상궁 박씨, 금성대군·영풍군·한남군 등을 법에 따라 엄벌에 처할 것을 청하였고 이후에도 연일 이러한 상소가 이어졌다.

윤6월 20일 단종은 경복궁을 세조에게 내어 주고 상왕
(上王)이 되어 창덕궁(昌德宮)으로 물러났다.

명에서는 세조 1년 10월 13일 김하가 귀국하는 편에 칙
서를 보내어 국사를 임시로 맡도록 허락함으로써 그 즉위
사실을 인정한다.

세조는 10월 24일 예문대제학 신숙주를 주문사로 이조참
판 권람(權擥, 1416~1465)을 사은사로 삼아 한꺼번에 명에
보내어 국왕의 책봉을 청하게 된다.

이들을 보내 놓고 나서 11월 9일에는 혜빈 양씨, 자개,
조유례 등 18명의 단종 측근 보호 세력들을 일시에 목매
어 죽이고 집과 재산을 모두 몰수해 버린다.

11월 27일에는 금성대군, 화의군, 한남군, 영풍군 등의
집을 빼앗아 임영대군(臨瀛大君), 영응대군, 권람, 신숙주,
홍윤성 등에게 나눠 준다.

장릉 영천(靈泉)
정자각(丁字閣) 서남방에 있으며 장릉 봉제(奉祭)시 사용되었고 영천비(靈泉
碑)라고 새겨진 비석이 있으며 정조(正祖) 15년(1791)에 세웠다.

제5장 세조·예종대 정치사

세조는 세종·문종·단종으로 이어지는 종법에 맞는 왕위계승을 거스르면서 조카를 죽이고 왕위를 찬탈한 탓으로 주자성리학 이념을 표방할 수 없었다. 따라서 세조는 주자성리학 대신에 불교를, 하·은·주 삼대의 왕도정치(王道政治) 대신에 한·당의 패도정치(覇道政治)를 숭상하였다.

세종대에 이해가 심화되어 가던 종법(宗法)은 세조대에 집현전의 폐지, 단종 폐위 등 성리학적 명분이 쇠퇴하면서 더 발전되지 못하고 오히려 퇴보하였다. 세조는 종법상 왕위를 이어받을 수 없는 세종의 둘째 아들로서, 김종서 등의 대신들을 비롯하여 집현전학자 중심의 신하들의 옹호를 받는 정통군주인 단종을 신권(臣權)에 좌우되는 군주라 하여 몰아내고, 강력한 종실을 중심으로 한 왕권을 확립하려고 한 까닭에, 대간제도를 핵심으로 하는 사대부 중심의 성인정치를 바탕으로 한 주자성리학적 사회이념이나 사회질서를 받아들일 수 없었다. 따라서 세조는 재산상속이나 제사승중에서도 종법이라는 이상적인 사회이념보다는 아버지의 명령을 가장 중시하는 태도를 취하였다.

이는 왕위계승에서도 그대로 나타났다. 세조 원년에 세자로 책봉되었던 한확(韓確, 1403~1456)의 사위인 의경세자가 세조 3년에 월산대군(月山大君, 1454~1488)과 자을산군(者乙山君: 成宗, 1457~1494)을 두고 승하하자, 세조는 종법에 따라 적장손인 월산대군을 세손으로 삼아 왕위를 물려주어야 함에도 불구하고, 한명회의 사위가 된 둘째 아들 예종을 세자로 삼아 왕위를 물려주었다.

```
세조 ┬ 덕종 ┬ 월산대군
    │      └ 성종
    └ 예종
```

■ 세조 집권

단종 3년(1455) 윤6월 11일 금성대군이 혜빈 양씨, 상궁 박씨 등과 결탁하여 한남군·영풍군·정종·조유례 등과 함께 세조를 제거하려 한다 하여 귀양 보내고, 권람의 모의와 대신 정인지의 주도로 단종이 선양하는 형식을 빌려 세조가 찬달을 감행한다.

그리고 세조 1년(1455) 11월 9일 세종 후궁으로 단종을 돌보던 혜빈 양씨와 조유례 등을 교수형에 처한다.

왕권 탈취에 공을 세운 종실과 공신들의 환심을 사기 위해 일차 논공행상을 한 다음 세조 1년 12월 27일에는 연창위(延昌尉) 안맹담(安孟聃, 1415~1462) 등 82인을 원종(原從) 공신 1등, 예조판서 김조(金銚) 등 851인을 2등, 좌참찬 정갑손(鄭甲孫) 등 1,257인을 3등으로 하여 조정의 대소 관료 거의 전원을 공신으로 만든다. 이들이 모두 세조를 추대하는 데 협찬하였다는 것을 표방하기 위해서였다.

세조 2년(1456) 1월 25일에는 영의정 정인지가 "임금의 공업은 국사(國史)가 기록하는데 어찌 비석을 세울 필요가 있겠는가." 라고 주장하여 문종 현릉(顯陵)의 비석을 세우지 않기로 결정한다.

안평대군이 심혈을 기울여 거의 다 만들어 놓았던 것인데 이 비석을 세움으로써 자신들의 왕권 찬탈 행위가 후세에 영원히 노출될 것을 두려워하여 이와 같이 참람한 행위를 서슴지 않았던 것이다. 이로부터 조선왕조의 왕릉에는 능비가 없게 되는데 세조가 자신의 왕위 찬탈 사실을 비석에 기록하고 싶지 않았던 심리적 부담도 작용하여 이런 결정을 하게 되었을 것이다.

■ 사육신의 단종복위운동

세조 2년(1456) 2월 3일에 신숙주를 따라갔던 통사 김유례(金有禮)가 일행보다 한 발 먼저 돌아와서 책봉이 이루어진 사실 및 본국 출신 환관인 윤봉(尹鳳)과 김흥(金興)이 책봉사가 되어 2월 15일 북경을 출발해 온다는 기별을 전한다.

드디어 3월 22일 윤봉 등 명나라 책봉사 일행이 의주에 도착하고 안주, 평양, 황주를 거쳐, 4월 18일에는 벽제역에서 도승지 박원형(朴元亨)의 영접을 받으며 하루 묵고, 다음날 서대문 영천의 모화관에 이르니, 그 다음날인 4월 20일에 세조는 친히 모화관으로 나가서 책봉 조서를 받는다.

세조는 윤봉 일행을 위해 거의 매일같이 대소 연회를 베풀고 갖은 선물을 다 바치는 한편, 4월 27일에는 세자의 장인인 좌의정 한확을 사은정사로 하고 형조판서 권준을 부사로 하여 다시 책봉에 대한 감사를 표시하는 사절을 명나라로 파견한다.

이런 와중에 성삼문은 동지들과 세조 부자를 처단하고 상왕을 복위시킬 대사를 꾀하게 되는데, 성삼문이 중심이 되어 중추원 부사 박팽년, 집현전 직제학 이개(李塏, 1417~1456), 성균사예 유성원(柳誠源), 예조참판 하위지(河緯地, 1412~1456) 등 집현전 학사들을 주축으로 무반인 동지중추 유응부(俞應孚), 첨지중추 박쟁(朴崝), 성삼문의 아버지 도총관 성승(成勝)과 예문대제학 박중림(朴仲林), 단종의 외삼촌인 권자신(權自愼), 이조판서 김문기(金文起), 성균사예 김질(金礩, 1422~1478), 공조참의 이휘(李徽), 형조정랑 윤영손(尹令孫), 전 집현전 부수찬 허조(許慥), 송석동(宋石同) 등이 뜻을 같이하였다.

이들은 6월 1일에 상왕(단종)이 명나라 사신을 창덕궁으로 초대하여 광연전(廣延殿)에서 연회를 베푸는 것을 기회로 이 자리에 참석할 세조 부자를 연회 자리에서 처단하고 상왕을 복위시켜 윤봉 등 명나라 사신들로 하여금 이를 기정 사실로 인정케 하려는 계획을 세웠던 것이다. 세조 부자와 그의 모사들인 한명회, 권람, 신숙주, 윤사로 등을 처단하는 책임은 임금을 호위하기 위해 칼을 들고 시위하는 별운검(別雲劍)으로 입시하기로 되어 있는 유응부, 박쟁, 성승이 맡기로 하였다.

그러나 한명회가 이날 동참하는 인사들이 대부분 충의 열사들인 것을 간파하고 연회 직전에 광연전이 좁고 날씨가 무덥다는 핑계를 대어 세자를 경복궁에 남겨두고 세조만 참석하면서 별운검을 들이지 말라는 어명을 내리게 한다. 일이 이렇게 되자 유응부 등 무반들은 계획했던 대로 연회장으로 쳐들어가 일을 결판지으려고 하였다. 그러나

성삼문이 유응부를 말렸고 박팽년 등도 이를 만전의 계책
이 아니라고 반대하여 결국 이 거사는 중지되고 만다.

그러자 이 모의에 동참하고 있던 성균사예(成均司藝) 김
질(金礩)이 이 사실을 그의 장인인 우찬성 정창손(鄭昌孫)에
게 누설하고 다음날인 6월 2일에 이 사실을 세조에게 고
변한다.

정창손의 고종사촌인 홍원용(洪元用)은 세조 장인 윤번의
사위로 홍원용은 세조와 동서간이다. 또 고종사촌 처남이
덕종 장인 한확이고, 한확의 사위는 신빈 김씨 소생 계양
군이다. 이들은 모두 세조 측근으로 세조찬탈의 주역인 것
도 정창손이 세조에게 밀고하는 데 영향을 미쳤을 것이다.

【동래 정씨 정창손을 중심으로】

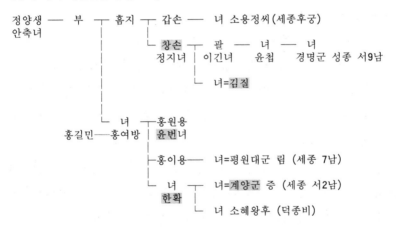

드디어 세조는 이들에게 혹형을 가해 박팽년은 6월 7일
옥중에서 돌아가고, 6월 8일에 성삼문을 그 부친 성승 및
유응부, 박쟁, 이개, 하위지, 박중림 등의 동지들과 함께
군기감(軍器監) 앞길에서 거열(車裂)로 사지를 찢어 죽이고

만다. 그리고 나서 그 사지를 각처로 끌고 다니며 사람들로 하여금 구경하게 하고 머리는 장대에 꽂아 3일 동안 시가에 효수해 걸어 놓았었다.

그 사이 세조는 단종 복위 모의의 주도 인물들이 바로 집현전 출신이기 때문에 6월 6일 집현전을 폐지시키고 경연(經筵)을 정지시켰으며, 집현전에 장치(藏置)된 서적은 모두 예문관(藝文館)에 옮겨 관장하게 하였다.

또한 만일의 사태에 대비하여 세조 2년(1456) 6월 17일 광주 목사에게 명령을 내려 금성대군을 살핀 것을 아뢰게 하였고, 화의군과 한남군 등에게도 똑같이 하였다. 6월 26일 금성대군·화의군 등의 고신을 거두고 먼 지방에 안치하라는 명을 내렸다. 6월 27일 금성대군은 경상도 순흥(順興)에 안치되었다.

또한 12월 9일에는 영의정 정인지, 우의정 정창손, 좌찬성 신숙주 등이 상왕을 창덕궁에서 사가(私家)로 옮길 것을 청하였다. 1월 29일에는 양녕대군과 정인지가 종친과 대신을 거느리고 상왕 단종의 일에 대해 아뢰어 금성대군 저택에 유폐한다.

세조는 사육신의 단종복위사건을 계기로 비협조적인 세종대의 유신들을 제거하였으며, 왕권의 전제화를 반대하는 사육신 등의 집현전 학자들을 숙청하고 집현전을 폐지하였다.

이와 반면에 집현전 학사 출신이면서도 세조를 지지하는 신숙주·양성지·서거정을 기반으로 종친·무사·기술관들을 포섭하여 전제왕권을 강화하여 갔다.

■ 단종 사사

세조 3년(1457) 1월 명나라에서는 무청후(武淸侯) 석형(石亨)과 부도어사(副都御史) 서유정(徐有楨) 등이 상황(上皇) 영종(英宗, 재위 1435~1449, 복위 1457~1464)을 맞아다가 1월 17일 복위시킨다. 그리고 2월 1일에 현 황제를 폐위해 서궁(西宮)에 유폐시키는데 2월 19일에 돌아간다. 이 소식은 하정사 신석조(辛碩祖)가 통사 편에 급보로 전해 와서 2월에 알게 된다.

4월 12일 통사(通事) 당몽장(唐夢璋)이 명나라 사신인 한림원 수찬(翰林院修撰) 진감(陳鑑)과 태상시 박사(太常寺博士) 고윤(高閏)이 조칙(詔勅)을 가지고 지난 3월 그믐에 북경을 출발했다고 알렸다. 드디어 6월 3일 모화관에서 맞이하고는 경복궁에 이르러 그 복위 조서를 반포하였다.

이에 위기감을 느낀 세조 측근의 공신들은 상왕을 살려 둘 수 없다고 판단하고 정인지, 신숙주 등이 상왕을 모해할 꾀를 내어 6월 21일에는 상왕비 송씨의 친정 아버지인 판돈녕부사 송현수와 상왕 후궁의 친정 아버지인 돈녕부판관 권완이 상왕을 복위시키려는 역모를 꾸몄다는 무옥(誣獄)을 일으킨다. 또한 전날 성삼문이 상왕이 모의에 참석했다고 꾸며대어, 그날로 상왕을 노산군(魯山君)으로 강등해 강원도 영월로 유배시킨다.

그리고 6월 26일에는 상왕의 모후인 문종비 현덕왕후(顯德王后) 권씨(權氏)를 추폐(追廢)하여 서인(庶人)으로 하고 그 능인 소릉(昭陵)을 파헤쳐 관곽을 해변 모래사장에 내다 버렸다.

그리고 세조 3년(1457) 7월에는 순흥부사 이보흠(李甫欽, ?~1457)과 금성대군(錦城大君) 유(瑜, 1426~1457)가 남도의 군사를 모아 단종 복위를 꾀한다고 순흥관노가 고변하여 금성대군 유와 이보흠이 처형당하고, 단종은 이러한 단종 복위 사건에 연루되어 세조 3년 (1457) 10월 24일에 죽게 된다.

이러한 과정에서 세조 3년(1457) 9월에 세자인 의경세자 (懿敬世子, 1438~1457)가 갑자기 병들어 죽게 된다.

장릉 전경(강원도 영월군)

■ 패도정치와 여진 정벌

이처럼 왕도정치를 추구하는 사육신 등을 죽이면서 왕위를 찬탈한 세조와 그 훈척들은 당 태종을 흠모하며 패도정치를 추구하게 된다. 이를 주도하는 책사가 바로 세조가 자신의 제갈량이라고 하였던 양성지이다. 양성지는 왕안석의 부국강병책인 신법을 모방하여 부국강병을 꾀하게 되는데, 이러한 정책이 청묘법을 모방한 내수사 장리(長利)이고 강병책의 하나가 보법이라고 할 수 있다.

이러한 부국강병책을 바탕으로 세종대에 화이론에 입각하여 4군 6진을 구축하며 유지하였던 사대교린정책은 무너지고, 명나라의 이이제이 정책에 말려들어 신숙주·한명회·윤필상 등이 3차에 걸쳐 여진을 정토하며 여진의 추장인 이만주와 그 아들들을 죽이게 되니 여진과의 관계가 악화되어 이후 여진족의 잦은 침략을 불러일으킨다.

이러한 부국강병책은 민생을 도탄에 빠뜨리게 되어, 도적이 횡행하게 되고 이를 혹독한 형벌로 다스리게 되었다.

■ 불교 정책

세조 7년(1461) 6월 16일에 간경도감(刊經都監)을 설치해서 불경 간행을 전담하게 하고 금강산 유점사(楡岾寺)와 양주 천보산 회암사(檜巖寺)를 중수하는 등 큰 불사를 계속 일으키는데 그때마다 부역승들에게 도첩(度牒)을 지급해서 세조 4년(1458) 8월부터 8년(1462) 4월 4일까지 도첩을 지급받은 승려가 무려 5만 9천 168명이나 되었다.

이때부터 세조 자신도 악성 피부종양에 시달리게 되니

세조 8년(1462) 5월 8일에는 불과 13세밖에 안된 세자에게 선위할 뜻을 비치기도 하였다.

이해 10월에 흥천사 동종을 새로 만들고 회암사 사리각에서 사리분신이 자주 일어나자 세조가 친히 『수능엄경首陵嚴經』을 번역해 간경도감에서 간행하도록 한다. 그리고 관세음보살상과 지장보살상을 새로 조성하고 분신한 사리를 그 복장 안에 봉안해서 흥천사의 사리각에 봉안하도록 한다. 뒤이어 11월 1일에는 세조가 용문산 상원사(上元寺)로 기도하러 가는데 이때 관세음보살이 모습을 드러내는 이적이 일어난다. 그래서 11월 5일 살인·강도 이외의 죄를 사면하도록 했다.

세조 9년 윤7월 6일 한명회는 자기 집안에서 세자빈 자리를 놓치기 아까워 10촌 아우인 한백륜(韓伯倫)의 딸을 왕세자 소훈(昭訓)으로 간택해 들인다. 그 딸인 장순빈이 낳아놓고 죽은 원손(元孫) 인성대군을 잘 키워 주기를 바랐을 것이다. 그러나 원손은 넉 달 만인 10월 24일 3세 어린 아이로 죽고 만다. 그러자 세조는 더욱 불사에 의존해서 업장을 소멸하려 든다.

세조 10년 2월 8일에는 김수온(金守溫, 1410~1481), 한계희(韓繼禧, 1423~1482), 노사신(盧思愼, 1427~1498) 등에게 명해서 『금강경金剛經』을 한글로 번역하게 해서 간경도감으로 하여금 간행하게 한다.

그리고 2월 18일에는 왕과 왕비가 온양 온천 여행을 핑계로 서울을 떠나 광주, 진천, 청주, 회인, 보은을 거쳐 2월 27일에 속리산에 이른다. 이때 행재소를 차린 곳이 병풍송(屏風松) 아래였는데 그 소나무가 지금 천연기념물

103호인 정이품송이다.

정이품송(正二品松) 천연기념물 제103호.
충북 보은군 속리산면 상판리 241

세조 10년(1464)에 왕이 법주사로 행차할 때 타고 있던 가마가 이 소나무 아래
를 지나게 되었는데, 가지가 아래로 처져 있어 가마가 가지에 걸리게 되었다.
이에 세조가 "가마가 걸린다"고 말하니 소나무가 자신의 가지를 위로 들어 왕이
무사히 지나가도록 하였다 한다. 또 세조가 이곳을 지나다가 이 나무 아래에서
비를 피했다는 이야기도 있다. 이리하여 세조는 이 소나무의 충정을 기리기 위
하여 정이품 벼슬을 내렸고, 그래서 이 소나무를 정이품 소나무라 부르게 되었
다. (출전: 문화재청)

4월 13일에는 전라도관찰사 성임(成霖, 1421~1484)에게 유지를 내려 전 선종판사 수미(守眉)가 사는 영암 월출산 도갑사(道岬寺)의 중수를 돕게 한다. 5월 2일에는 태종이 폐사시킨 흥복사(興福寺)를 원각사(圓覺寺)란 이름으로 다시 세우라 명하였다.

이때 이곳은 악학도감(樂學都監)이 들어서 있었으나 대사동(大寺洞)이라는 동네 이름은 그대로 간직하고 있었으니 지금 인사동 탑골공원 일대이다. 다시 12월 22일에는 승 신미(信眉) 등의 청으로 오대산 상원사(上院寺)를 중수하는 데 세조가 직접 권선문(勸善文)을 지어 내렸다.

그 사이 한계희와 강희맹(姜希孟, 1424~1483)에게 『원각경圓覺經』을 번역하게 해서 3월 9일에 이를 끝내니 그 공으로 한계희는 이조판서가 되고 강희맹은 인순부윤(仁順府尹)이 되었다. 드디어 4월 7일 원각사가 이루어져서 경찬법회를 개설하니 집법승려가 128명이었고 외호승이 2만 명이었다.

세조 12년(1466) 2월 13일 세자의 소훈 한씨가 왕손 제안대군(齊安大君) 연(蜎)을 생산하자 세조는 더욱 불교에 깊히 귀의하여 3월 16일 왕비와 세자 및 종친 공신 등을 거느리고 고성 온천여행을 핑계 삼아 금강산 오대산 일대의 명찰순례에 들어간다. 양주(楊州), 포천(抱川), 철원(鐵原), 김화(金化), 금성(金城)을 거쳐 3월 20일 금강산 동구에 다다른다.

물론 내금강 동구이다. 3월 21일 장안사(長安寺), 정양사(正陽寺)를 거쳐 표훈사(表訓寺)에 이르러 간경도감으로 하여금 수륙재(水陸齋)를 열게 한다. 그리고 호조에 명해서

금강산 안의 여러 절에 쌀 3백석, 찹쌀 10석, 들깨 20석씩
을 하사하라 한다.

 윤3월 6일에는 유점사(楡岾寺)에 들르고 13일에는 낙산사
(洛山寺)에 갔다가 16일에 오대산 동구 행재소에 이르른다.
17일 오대산 행재소에서 문무과 시험을 치르게 하고 세조
는 시관(試官)을 제외한 일행을 이끌고 상원사(上院寺)에 다
녀온다. 이때 문수보살을 친견했다는 것이다. 윤3월 24일
세조 일행은 환궁하는데 금강산 명찰순례 여행에서 꽃비
와 단이슬, 이상한 향기 및 사리분신 등 상서로운 현상의
거듭 출현을 체험한 세조는 마침 돌아가는 일본국 비전주
(肥前州)의 등원뢰영(藤原賴永) 사신인 승 수린(壽藺) 등에게
유점사 중수에 그 국왕도 동참할 것을 부탁하기도 한다.

장안사 비홍교 1742년 32.1×24.5cm
『해악전신첩 海嶽傳神帖』 간송미술관 소장

■ 봉석주 김처의의 난

이렇게 혼란이 가중되는 가운데 역모사건이 발생하게 된다. 세조 11년(1465) 4월 12일 봉석주(奉石柱)·김처의의 난으로 일어나고 있었다. 봉석주와 김처의 등은 모두 계유정난의 공신으로 책봉되었던 인물이었다. 그러나 세조 집권 이후 김처의는 양인을 종으로 삼는 등 많은 불법을 저지르고 대간의 탄핵을 받았고, 봉석주는 성품이 탐욕스럽고 혹독하여 많은 불법을 저질렀다. 또한 조정에서 난신(亂臣)의 처첩을 첩으로 삼기도 했다. 그리고 고리대금 등으로 치부가 심하여 지방으로 밀려나 있었다.

이와 함께 최윤(崔閏) 또한 자주 세조의 힐책을 당하였다. 이러한 불만이 결국 이들로 하여금 반란계획으로까지 발전시키게 된 동기인 것으로 보인다. 반란계획이 들통날까 두려워한 반란의 주모자 격인 봉석주가 먼저 세조에게 고함으로써 옥사가 벌어지게 되었고, 국문의 결과 봉석주 또한 모의한 것이 밝혀져 김처의·봉석주·최윤은 사형되었다.

■ 양정 사건

양정(楊汀)은 계유정난 당시 수양대군을 따라가서 김종서 부자를 때려죽인 장사로 세조의 왕위찬탈에 수훈을 세운 근위무사 출신이다. 그 일에 관여한 공로로 정난 공신(靖難功臣) 2등에 책록되고 청원군(淸原君)에 봉해졌으며, 세조가 즉위하자 좌익 공신(佐翼功臣) 2등에 책록되고 양산군(楊山君)에 봉하여졌다.

세조 12년(1466) 당시 세조의 건강은 그 측근들이 보기에도 심각한 상태였던 듯 6월 8일 평안도절도사로 나가 있다 돌아온 양산군(陽山君) 양정(楊汀)이 그를 환영하는 인견 자리에서 '즐겁게 노시고 편안히 쉬시라.'고 직언했다가 참수당하는 희극을 연출하기도 한다. 세조의 표현대로 우직해서 이런 직언을 했을 터이니 세조의 입장으로 보아서는 임금노릇 그만하라는 말이니 참수하지 않을 수 없는 형편이었을 것이다.

【청주 양씨 양경과 양정을 중심으로】

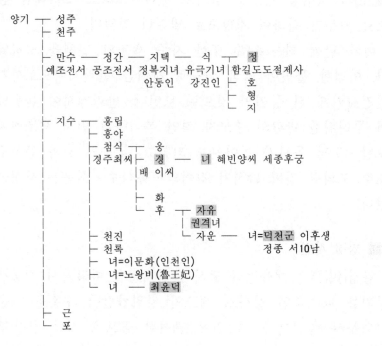

다음날 9일 정창손 · 신숙주 · 한명회 등 대신들이 양정을 벌할 것을 논의하여 의금부에 내리도록 명하고 결국 6

월 12일 양정을 참수하였다.

6월 15일 양정의 아우 양호(楊浩)와 양형(楊泂)을 의금부에 명하여 잡아들였다. 8월 3일에는 양정의 아들 양유원(楊有源)·양득원(楊得源)·양계원(楊繼源)을 모두 성주(星州)의 관노(官奴)에 속하게 하였다.

8월 5일 대간에서 양정의 처자(妻子)를 형률(刑律)에 따라 다스릴 것을 건의하였으나 윤허하지 않았다.

■ 이시애의 난

세조 13년(1467) 5월 16일 이시애(李施愛 ?~1467)의 난이 일어났다..

이시애는 세조 9년(1463) 회령부사로 있다가 어머니의 상을 당하여 관직에서 물러나 고향에 내려가 있었다.

당시 세조는 북도 출신 지방관을 점차 줄이고 대신 중앙에서 직접 파견하여 북도민들이 큰 불만을 가지고 있었다. 또한 세조 11년(1465) 보법(保法)의 실시로 인한 폐단과 부작용으로 농민들에게 과중한 부담을 지우게 되어 농민의 유망(流亡)을 촉진시키고 지방 세력가들에게도 큰 반발을 사고 있었다.

이에 지방 세력가들은 유향소(留鄕所)를 중심으로 반정부 활동을 전개하였다. 이러한 분위기에서 함길도 토호였던 이시애 역시도 동생 이시합(李施合)과 매부 이명효(李明孝)와 모의하여 반란을 일으키게 된다.

세조 13년(1467) 5월 16일에 길주에 와 있던 함길도절도사 강효문(姜孝文)을 베고 길주를 근거지로 반란을 일으켰다. 강효문을 살해한 그는 길주목사 설정신(薛丁新), 부령부사 김익수(金益壽) 등 중앙에서 파견한 지방관을 모두 살해하는 동시에, 조정에 사람을 보내어 강효문이 한명회(韓明澮, 1415~1487)·신숙주(申叔舟, 1417~1475) 등의 중신과 결탁하여 모반하려 하였기 때문에 그들을 죽였다고 하면서, 이는 반란이 아니라 의거라고 주장하였다. 한편, 함길도민에게는 이시애가 세조의 뜻을 받들어 중앙의 여러 중신과 결탁한 척신을 정토(征討)하였다고 속여 그들의 협력을 구하였다.

세조는 조정 중신이 관련되지 않은 것을 알면서도 일단 이들을 대궐 안에 구금시키는 동시에 반란 정토조를 편성하였다. 귀성군(龜城君) 준(浚, 1441~1479)을 함길·강원·평안·황해의 4도병마도총사에 임명하고 호조판서 조석문(曹錫文, 1413~1477)을 부총사로, 허종(許琮, 1434~1494)을 함길도절도사로 삼고 강순(康純), 어유소(魚有沼), 남이(南怡 1441~1468) 등을 대장으로 삼아 6도군사 3만명으로 절도사의 근거지인 함흥을 향하여 출발하였다. 8월 12일 이시애는 허종 휘하의 허유례(許惟禮)의 계교에 빠져 이시합과 함께 체포되었다. 즉, 허유례는 그의 아버지가 이시애의 수하에서 길주권관으로 있음을 알고 거짓 항복하는 체 경성 운위원(雲委院)으로 들어가 그의 아버지와 이시애의 수하인 이주·이운로·황생 등을 설득하여 이시애와 이시합 등을 체포하는 데 성공하였다. 이시애는 8월 12일 귀성군 준에 의하여 참형에 처해져 효수되었으며, 이로써 약 4개월에 걸친 난은 끝이 났다. 세조는 이 난을 계기로 그에게 호응하였던 북도 유향소를 폐지하고 함길도를 좌·우도로 나누어 통치책을 강화하는 동시에, 반란의 근거지가 되었던 길주는 길성현으로 강등시켰다.

9월 20일 군사가 돌아오자 장수(將帥)와 사졸(士卒)에게 상(賞)을 주기를 차등(差等)이 있게 하고, 적개 공신(敵愾功臣) 45인을 봉하였다.

■ 예종 즉위와 원상제

이처럼 내우외환이 일어나 정국이 불안한 가운데, 예종 즉위년(1468) 9월 7일 예종이 즉위하고 다음날 세조가 승하하였다.

그러자 예종은 9월 21일 고령군 신숙주(申叔舟)·상당군 한명회(韓明澮)·능성군 구치관(具致寬)·좌의정 박원형(朴元亨)·영성군 최항(崔恒)·인산군 홍윤성(洪允成)·창녕군 조석문(曹錫文)·우의정 김질(金礩)·좌찬성 김국광(金國光) 등을 원상(院相)으로 삼아 날마다 번갈아 승정원에 나아가서 모든 정무를 의논하여 처결하도록 명하였다.

9월 29일 예조에서 태비전(太妃殿)에 진상(進上)하는 방물(方物)을 예전대로 따르자고 건의한 것을 원상 한명회에게 묻고, 10월 24일 사간원에서 벼슬을 제수하는 법을 다시 세울 것을 청하였으나 신숙주, 김국광 등과 의논하고는 윤허하지 않았다.

또한 예종 1년(1469) 1월 11일에는 구치관, 어유소 등에게 관직을 내리는 것을 원상에게 보이고 임명한다.

윤2월 24일 명 사신 정동·심회 등이 자색·녹색 명주와 여러 모양의 칼을 청하자 원상들과 의논하였다

이렇듯 임금은 정치·경제·외교·국방 등 국가의 모든 정무에 대해서 원상들과 의논하여 결정하였다. 이러한 원

상제는 성종에도 계속되다가 수렴청정을 거두고 친정을 하는 성종 7년까지 지속된다.

■ 남이의 옥

예종이 즉위하자 역모의 소문이 떠돌고, 예종의 후사를 둘러싼 알력이 첨예하게 나타났다.

남이는 귀성군 준과 함께 이시애(李施愛)의 난을 평정한 무공으로 적개 공신(敵愾功臣) 1등에 책록되고 이어서 건주 야인(建州野人)을 토벌하는 데 세운 전공으로 세조의 총애를 받아 세조 13년(1467) 27세에 공조판서가 되고, 그 뒤 세조 14년 8월 23일 병조판서가 되었다.

남이와 강순은 귀성군 준과 함께 이시애 난을 토벌하고 와서 세력을 형성한 데 비해, 한명회·신숙주는 이시애 난 때 역모를 꾀한다고 소문이 떠돌아 궁지에 몰렸던 세력이었다.

이러한 과정에서 한명회와 사이가 안 좋았던 태종의 외손인 남이가 역모를 꾀하는 자는 그냥두지 않겠다고 유자광에게 한 말이, 오히려 병조참지 유자광에 의해 예종 즉위년 10월 24일 남이가 역모를 꾀한다는 말로 고변되었다. 남이를 붙잡아 실상을 하문하였는데 남이가 한명회를 난(亂)을 꾀하는 간신이라고 하였다. 10월 26일 겸사복(兼司僕)으로 있던 여진 출신의 무장인 문효량(文孝良)이 간신들이 난을 꾀하니 남이가 자신과 함께 이들을 몰아내어 나라의 은혜를 갚자는 제의를 했다고 진술하였다. 그리고 임금이 산릉(山陵)에 가는 도중에 한명회 등을 제거하고 영순군(永順君)과 귀성군(龜城君)을 몰아낸 다음 스스로 왕이

되려 한다 했다고 진술하였다. 또한 강순(康純)도 함께 일
을 도모했다고 하였다

【의령 남씨 남이를 중심으로】

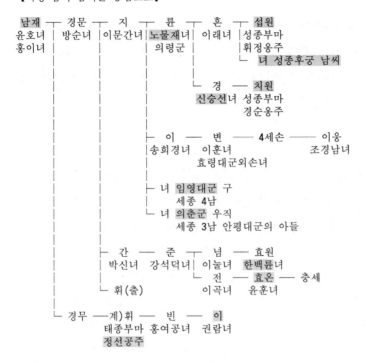

10월 27일 남이가 강순(康純)도 함께 모의했다고 고변하
였다. 결국 이날 10월 27일 반역을 꾀한 죄로 강순·남이
·조경치(曹敬治)·변영수(卞永壽) 등을 환열시키고 7일 동
안 효수하였다. 그리고 유자광은 적개 공신(敵愾功臣) 2등
에 추록(追錄)되었다.

10월 28일 남이의 역모에 관련된 자들을 죄의 경중에 따
라 형벌을 정하였다. 그리고 공신의 호칭을 3등으로 나누
어 1등은 수충 보사 병기 정난 익대 공신(輸忠保社炳幾定

難翊戴功臣)으로, 2등은 수충 보사 정난 익대 공신으로, 3
등은 추충 정난 익대 공신(推忠定難翊戴功臣)으로 정하였
다.

후에 유자광이 극악무도한 간신으로 되면서 남이장군이
억울하게 죽었다고 생각하여 남이장군설화가 남게 된다.
순조 18년(1818) 남이의 후손 우의정 남공철(南公轍)의 상
소로 신원되었다.

■ 민수의 사옥

민수(閔粹)는 세조 5년(1459) 4월 1일 문과에 1등으로 뽑
혀 6월 29일 사가독서(賜暇讀書)의 혜택을 받았다. 세조 8
년(1462) 5월 17일 예문관 직사(職事)에 임명되었다.

예종 1년(1469) 4월에 세조가 죽은 후, 신숙주(申叔舟) 등
이 춘추관(春秋館)에서 『세조실록 世祖實錄』을 편찬하려고
사초(史草)를 거두어 들였을 때, 사관(史官)의 이름을 명기
해야 한다는 말을 듣고, 봉상첨정(奉常僉正) 민수(閔粹)는
전에 사관으로서 사초에 지춘추관사 양성지(梁誠之)·홍윤
성·한명회·신숙주 등에 대한 바른 말을 썼기 때문에 신
숙주 등에게 원망을 받을까 두려워하여, 기사관(記事官) 강
치성(康致誠)을 통하여 문제거리가 될 사초를 빼내어 고쳐
썼고, 원호(元昊)의 손자인 정언(正言) 원숙강(元叔康)도 같
은 짓을 하였다. 후에 이 일이 발각되어 민수는 제주도에
유배되어 관노(官奴)가 되었고, 강치성·원숙강은 처형되었
다. 민수는 예종이 세자일 때 서연관이었던 인연과 독자라
는 이유로 유배되었다가 성종 8년(1477) 방환되어 예문관
봉교 등을 거쳐 사간을 지냈다.

창릉 昌陵
조선 예종과 계비 안순왕후 한씨(安順王后韓氏)의 능. 사적 제198호.

제6장 성종대 정치사

■ 성종 즉위

성종은 세조 2년(1456) 사육신 사건이 일어나 세조 3년 10월에 단종이 영월에서 죽는 등 정국이 불안한 가운데 태어난다. 게다가 아버지 덕종마저 태어난지 2달 만인 세조 3년 9월에 죽는다. 예종비가 되었던 한명회(韓明澮)의 딸이 세조 7년 12월 아들을 낳다 죽고 9년 11월에 아들 인성군마저 죽으니 한명회는 세조 13년(1467)에 11세인 성종에게 딸을 시집보내 다시 임금 사위를 만들려고 하니, 성종은 세조의 총애를 받아 일찍부터 도총사로 병권을 쥐었던 귀성군 준과 왕권을 다투게 된다. 게다가 귀성군은 한백륜의 사위로 예종과 동서간이었다. 세조가 승하하자 한명회가 성종을 왕위에 올리려던 것을 막으려던 남이 장군이 오히려 역모로 죽으면서 귀성군 준의 세력이 약화된다.

예종이 즉위한지 1년도 채 안 되어 갑자기 승하하자 (1469년), 이번에는 예종의 적장자인 장순왕후(章順王后) 청주 한씨(淸州韓氏, 1445~1461) 소생인 인성대군이 어려서 죽었으므로 원자인 예종계비(睿宗繼妃) 안순왕후(安順王后) 소생인 차자(次子) 제안대군(齊安大君) 현(琄, 1466~1525)에게 왕위를 물려주는 것이 당연한데도, 세조비 정희왕후는 16살난 의경세자의 첫째아들인 월산대군을 제치고, 한명회의 딸을 부인으로 맞이한 13살난 덕종의 둘째 아들 자을산군을 예종의 양자로 삼아 왕위를 계승시키고 7년간 수렴청정을 하였다.

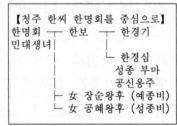

이러한 왕위계승은 덕종의 장자인 월산대군에게 왕위를 물려주는 것보다 더 변칙적인 결과를 가져오게 되니, 후에 제안대군이 몸을 보전하지 못할까 두려워하였다는 일화가 남는다든지, 덕종 추존이 일어나 예종과 위차 다툼이 일어나는 원인이 되기도 하였다.

예종의 아들이 없는 것도 아니요, 왕위가 덕종의 큰아들에게 간 것도 아니며 성종이 나이가 들어서도 아니다. 세조비가 7년간의 수렴청정을 할 정도로 성종은 어린 나이임에도 불구하고 왕위에 오른 것이다. 따라서 성종 즉위 후 공신 책봉이 있게 된다. 이유는 무엇일까? 차례로 왕위를 이은 예종·성종이 숙부와 조카사이이면서도 한명회의 딸을 부인으로 맞이했다는 점이 그 이유를 설명하는 데 매우 시사적이다.

그러나 형인 덕종의 둘째 아들 자을산군을 예종의 양자로 삼아 왕위를 잇게 하는 등 종법에 비슷하게 맞추려는 의도는 보이고 있다. 이를 반영하듯 성종대에는 생육신 계열의 사림들이 등장하기 시작하여 훈척들과 대립하게 된다. 그 대립은 덕종추숭문제와 소릉복위문제로 나타났고, 정통을 회복하려는 사림들의 노력은 정종묘호문제로도 나타났다.

■ 귀성군 유배와 공신 책봉

이러한 변칙에 의하여 왕위에 오른 탓인지 성종 1년 (1470) 1월 14일 최세호·권맹희 등이 '귀성군 준이 왕위에 오를 만하다.'는 난언을 했다는 이유로 귀성군 준을 경상도 영해(寧海)로 유배보내고, 세조가 아끼던 왕자라 하여 가산을 적몰하는 것을 면제하는 예우를 해주니, 귀성군 이준은 성종 10년(1479) 1월 28일 유배지인 영해에서 39세로 죽는다.

귀성군(龜城君) 이준(李浚, 1441~1479)은 세종의 4남 임영대군(臨瀛大君) 이구(李璆, 1418~1469)의 둘째 아들로, 세조 때에 도총사로 이시애 난을 토벌하고서 공신이 되어 영의정에 올랐다. 아울러 그는 예종의 장인인 한백륜(韓伯倫, 1427~1474)의 사위로 예종과는 서로 동서지간이었다. 이러한 배경 때문에 귀성군은 왕위에 오를 수 있는 사람으로 주목받고 있었고, 마침 예종이 어린 아들 제안대군을 두고 승하하자, 덕종의 아들 월산대군과 성종 중에 한 사람이 왕위에 오를 것인가 실세인 귀성군이 오를 것인가 하는 문제로 갈등이 생겼다.

결국 한명회의 사위인 성종이 왕위에 오르자 귀성군은 제거 대상이 될 수밖에 없었는데, 이것이 바로 귀성군 사건이다.

귀성군 사건에 연루된 최세호(崔世豪)는 임영대군 부인인 최승녕(崔承寧)의 딸과 조카·고모사이가 되는 사람이니, 최세호와 귀성군은 고종사촌간이 된다. 또 권맹희(權孟禧, ?~1470)는 최세호에게 외숙부(外叔父)가 되는 사람으로 세조

때 좌부승지를 지냈고 길창군(吉昌君)에 봉해진 인물이다.

【귀성군을 중심으로】

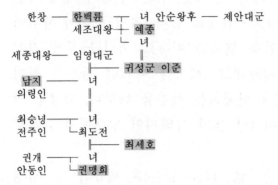

　귀성군이 유배가고 성종 2년 1월 19일에는 왕비를 책봉하고, 1월 24일에는 아버지 의경세자를 의경왕으로 추존한다. 그리고 3월 27일에는 성종이 왕위에 오르는 데 공헌한 공신 책봉을 하였다. 1등공신에는 물론 한명회와 신숙주·최항·홍윤성·조석문·정현조(鄭顯祖)·윤자운(尹子雲)·김국광(金國光)·권감(權瑊) 등 세조 찬탈 세력이 차지하였다. 그리고 왕위계승을 다투던 월산대군을 오히려 2등 공신에 책봉하여 성종의 왕권을 확립하였다.

■ 관수관급제의 시행

　성종 1년 4월 23일 직전(職田)을 폐하고 과전(科田)을 회복하는 일에 대해 원상에게 의논하게 하였다.
　직전에서 관리들이 수탈하는 것을 방지하기 위하여, 국가에서 직전 경작자에게 직접 조(租)를 받아들여 관리들에게 지급하는 관수관급제(官收官給制)를 실시하였다. 9월 3

일 경기지방에 곡식 종자가 부족하여 이에 대한 대책을 호조에서 아뢰니 관수관급제를 시행하게 하였다.

성종 3년(1472) 2월 4일 호조에서 직전세의 납부방법을 관수관급제로 바꾸었다.

성종 9년(1478) 7월 20일 모든 농지의 세를 경창에 바치고 다시 그 관에서 녹봉의 예로 나누어주게 하여 관수관급제를 확립하였다.

경기 관찰사 이계손(李繼孫)이 치계(馳啓)하기를, "얼마 전에 내리신 전지를 받들었는데, '직전(職田)·공신전(功臣田)·별사전(別賜田)의 조세를, 어떤 이는 「백성들로 하여금 경창(京倉)에 스스로 바치게 하여 관(官)에서 나누어 주도록 하는 것이 좋겠다.」 하고, 어떤 이는 「경창으로 바치는 것이나 지주(地主)의 집으로 바치는 것이나 민폐(民弊)는 다를 것이 없으니 그전대로 하는 것이 좋겠다.」 하는데, 이 두 가지 중에 백성들에게 어느 것이 좋겠느냐?' 하셨기에, 신이 여러 고을로 하여금 민정(民情)의 원하는 것을 물었더니, 모두 경창에 스스로 바치고자 합니다." 하였다. 호조에서 여기에 의거하여 아뢰기를, "모든 농지의 세(稅)를 백성들로 하여금 초가(草價)까지 아울러 경창에 스스로 바치도록 하고, 그것을 녹봉의 예(例)에 따라 나누어주도록 하소서." 하니, 그대로 따랐다. 『성종실록』 성종 9년 7월 20일

■ 덕종 추숭

성종 2년(1471) 1월 14일 의경왕묘(懿敬王廟)를 따로 세워서 월산군 이정(李婷)으로 하여금 제사를 받들게 하였다.

성종 5년(1474) 8월 아버지 의경왕의 추봉을 명나라에 주청하여 12월에 고명을 받아 성종 6년 1월 6일 의경대왕으로 어머니는 인수왕비에서 인수왕대비(仁粹王大妃)로 추존하였다.

성종 6년 9월 16일 덕종[회간대왕]을 종묘에 부묘(祔廟)하는 일에 대한 가부(可否)를 의논하였다. 이에 9월 21일 영사(領事) 정인지, 정창손, 직제학 홍귀달, 대사헌 윤계겸, 대사간 정괄 등이 덕종을 부묘하는 것이 불가하다고 주장하였고, 10월 3일 대사헌 윤계겸, 대사간 정괄 등이 덕종 부묘의 부당함을 상소하였다.

그러나 성종 6년 10월 9일 회간왕(懷簡王)의 묘호(廟號)를 덕종(德宗)으로 정하였다.

성종 7년(1476) 1월 5일 예조참판 이극돈(李克墩)이 덕종(德宗)이 먼저 세자가 되었고 형이므로 예종의 윗자리로 부묘(祔廟)해야 하고, 마찬가지로 모든 궁중 의식에서 덕종비인 인수왕비가 예종비의 윗자리에 있어야 한다고 하였다. 그리고 1월 9일 종묘에 부묘하였다.

종묘에서는 덕종을 예종의 윗자리에 올렸지만, 태조와 직계 4대조를 모시는 문소전에는 모시지 못하고 따로 연은전을 만들어 제사를 지냈다. 이에 따라 덕종비의 위치가 예종비의 윗자리에 있게 되니 성종은 왕위계승의 정통성을 강화하며 왕권의 안정을 이루어간다.

■ 사림의 진출

성종 5년(1474) 4월 15일 한명회의 딸 공혜왕후(恭惠王后, 1456~1474)가 죽고, 성종 6년에 신숙주가 죽고, 성종이 장

성하게 되면서 훈척의 권한은 약화되고 사림의 권한이 강
화되어 갔다.

이러한 갈등 속에서 새로운 사림세력으로서 홍문관을
중심으로 김시습(金時習 1435~1493), 남효온(南孝溫, 1454~
1492)으로 이어지는 생육신 계열의 사림들이 소학계를 조
직하며 등장하여 세조찬탈 세력인 훈척들과 대립되게 된
다.

소학계는 중화재(中和齋) 강응정(姜應貞)이 박연(朴演) 등
과 함께 만든 교육계(敎育契)로 강응정을 부자(夫子), 박연
을 안연(顔淵)이라 비유하면서, 강응정은 벼슬도 사양하고
김용석(金用石), 신종호(申從濩, 1456~1497), 박연 등과 함께
향약(鄕約)을 만들고, 안응세(安應世), 홍유손(洪裕孫, 1431~
1529), 김굉필(金宏弼, 1454~1504), 이종윤(李宗允, 1431~
1490) 등과는 소학의 모든 범절을 지키며, 이것으로써 입
지(立志)의 바탕을 삼는다는 취지로 소학계를 만들어 소학
을 강론하였다. 이들은 무오사화 때 대부분 희생되었다.

성종은 아버지를 덕종으로 어머니를 인수대비로 추숭하
여 정통성을 확립하여 가면서, 한편으로는 사림들을 등용
하여 성리학적인 이상사회를 건설하기 위해, 성종 6년 1월
25일 선농에 제사하고 친경(親耕)을 행하고, 성종 8년 3월
14일 왕비가 내외명부를 거느리고 채상단(採桑壇)에 나아
가 친잠(親蠶)을 행하고, 성종 8년 8월 3일에는 성균관에
나아가 석전(釋奠)을 행하고 대사례(大射禮)를 거행하였다.
이처럼 친경·친잠·대사례 등 성리학에 입각한 의례를
시행해가며 훈척을 견제하고 사림을 키워갔다.

김시습 초상(보물 제1497호, 불교중앙박물관 소장)

■ 소학계, 죽림칠현 인물 분석과 성향

추강(秋江) 남효온(南孝溫, 1454~1492)은 조선의 개국공신 충경공(忠景公) 남재(南在, 1351~1419)의 5대손으로 생원(生員) 남전(南悛)의 아들이다. 어머니는 세종 때 좌의정을 지낸 양헌공(襄憲公) 이원(李原, 1368~1430)의 손녀이다. 남효온은 성종 계비 정현왕후의 아버지인 영원부원군(鈴原府院君) 윤호(尹壕)와 사촌형제인 윤훈(尹壤)의 딸 파평 윤씨(坡平尹氏)와 혼인하였다.

남효온의 사위는 죽림칠현(竹林七賢)의 한 명인 무풍정(茂豊正) 이총(李摠)이다. 남효온과 처남매부가 되는 노공유(盧公裕)는 노사신(盧思愼, 1427~1498)의 아들이다. 사촌 남효원(南孝元, 1454~ 1521)은 한백륜(韓伯倫)의 딸 청주 한씨(淸州韓氏)와 혼인하였다. 한백륜은 예종 비(睿宗妃) 장순왕후(章順王后)의 아버지이니 예종과 남효원은 동서지간이 된다.

【의령 남씨 남효온을 중심으로 】

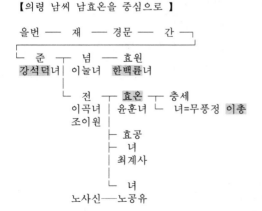

※ 소학계, 죽림칠현 주요 인물(가나다 순)[7]

이 름	본 관	자(字)	호(號)
강응정(姜應貞)	진주(晉州)	공직(公直)	중화재(中和齋)
강백진(康伯珍) (?-1504)	신천(信川)	자온(子韞)	무명재(無名齋)
경연(慶延)	청주(淸州)	대유(大有)	
권주(權柱) (1457-1505)	안동(安東)	지경(支卿)	화산(花山)
김굉필(金宏弼) (1454-1504)	서흥(瑞興)	대유(大猷)	사옹(簑翁) 한훤당(寒暄堂)
김용석(金用石)		연숙(鍊叔)	
김윤제(金允濟)		자주(子舟)	
남효온(南孝溫) (1454-1492)	의령(宜寧)	백공(伯恭)	추강(秋江)
박연(朴演)		문숙(文叔)	
손효조(孫孝祖)	밀양(密陽)	무첨(無忝)	
신종호(申從濩) (1456-1497)	고령(高靈)	차소(次韶)	삼괴당(三魁堂)
안응세(安應世) (1455-1480)	죽산(竹山)	자정(子挺)	월창(月窓) 구로지인(鷗鷺至人)
우선언(禹善言)	단양(丹陽)	덕부(德父)	풍애(風崖)
이심원(李深源) (1454-1504)	전주(全州)	백연(伯淵)	성광(醒狂), 묵재(默齋) 태평진일(太平眞逸)
이종윤(李宗允)			
이총(李摠) (?-1504)	전주(全州)	백원(百源)	서호(西湖)
정경조(鄭敬祖) (1455-1498)	하동(河東)	효곤(孝昆)	
정석형(丁碩亨)		가회(嘉會)	
한경기(韓景琦) (1472-1529)	청주(淸州)	치규(稚圭)	향설당(香雪堂)
홍유손(洪裕孫)	남양(南陽)	여경(餘慶)	소총(篠叢), 광진자(狂眞子)

---

7) 출전: 『성종실록』, 『연산군일기』 외에 각 인물의 집안 족보 및 남효온(南孝溫) 『추강집 秋江集』권7 잡저(雜著) 「사우명행록 師友名行錄」, 한국문집총간16, 민족문화추진회 등을 근거로 작성하였으며 인물 전부를 수록하지는 못하였다

■ 훈척과 사림의 대립

이에 성종 7년(1476) 1월 수렴청정을 거두는 문제와 원상제 폐지 문제로 사림과 한명회가 일으키는 갈등이 바로 이를 대변하고 있었다. 결국 성종 7년 5월 19일 원상제를 폐지하며 본격적인 성종의 친정체제가 시작되었다.

이러한 갈등 속에서 성종 9년 3월 집현전 대신에 경연을 전담하는 홍문관을 세웠다. 세조찬탈 이후 폐지되었던 집현전의 부활이었다. 이에 따라 새로운 사림세력으로서 홍문관을 중심으로 김시습(金時習)·남효온(南孝溫)으로 이어지는 생육신 계열의 사림들이 소학계를 조직하며 등장하여 세조찬탈 세력인 훈척들과 대립되게 된다.

이러한 대립은 성종 9년 2월에 임금이 성균관(成均館)에 가서 삼로오경(三老五更: 왕의 스승)에게 임옹배로(臨雍拜老)하는 행사를 하여 스승을 높이는 의례를 하려는 중에 정인지를 삼로로 하려다가, 사림들이 정인지가 탐오하여 장리(長利)를 하였다고 반대하여, 결국 그만두는 것으로 나타났다. 여기에는 세조 찬탈에 가담한 정인지를 왕의 스승으로 삼을 수는 없다는 사림의 의지가 담겨 있다. 세조찬탈과 이를 주도하였던 자들이 부정되고 있는 것이다.

이는 성종 9년(1478) 4월 8일 효령대군(孝寧大君)의 증손자인 주계부정(朱溪副正) 이심원(李深源)이 일두(一蠹) 정여창(鄭汝昌, 1450~1504), 불우헌(不憂軒) 정극인(丁克仁, 1401~1481), 중화재(中和齋) 강응정(姜應貞) 등을 추천하며, 세조찬탈 훈척들을 비판하며 세조대 공신을 등용하지 말라는 등 국가의 정황에 대해 상서(上書)하였다.

그리고 이어서 남효온이 성종 9년 4월 15일 내수사의 폐지, 문종비인 소릉(昭陵) 복위(復位)를 주장하며 세조찬탈세력을 등용하지 말 것을 주장하여 한명회 등 세조찬탈세력과 대립하게 된다. 소릉은 문종비 현덕왕후의 능으로, 세조찬탈 이후 단종을 죽이면서 형수인 문종비를 종묘에서 쫓아내고 능을 파서 안산에 버렸다. 따라서 소릉 복위를 주장하는 것은 김종직의 조의제문처럼 세조찬탈의 만행을 비판한 것이다.

이에 4월 24일 한명회가 주계부정 이심원과 남효원을 처벌할 것을 주장하였다.

이에 성종 9년 4월 29일에는 주계부정 이심원이 고모부인 임사홍을 왕안석(王安石)같은 간신, 임사홍의 아버지 임원준을 소인이라고 탄핵하고 나온다. 그리고 성종을 만나 임사홍의 간신 형상을 말하여 임사홍을 유배보내는 사건으로 훈척과 사림의 갈등은 첨예화한다.

■ 제1차 여진 정벌

이러한 갈등은 대외정책에서도 그대로 나타났다. 성종 10년(1479) 윤10월 중국 명나라의 요청으로 여진을 토벌하는 데에 군대를 동원하는 문제를 놓고 훈척과 사림은 대립하게 된다.

사림들은 세종대처럼 여름이나 겨울에는 군사를 동원하기 힘들다는 등 여러 가지 핑계를 들어 여진 정벌에 참여하지 말아야 한다고 하고, 훈척들은 세조대에 여진 정벌에 참여하였으므로 지금 와서 하지 않을 수 없다면서 여진 정벌을 주장하였다. 결국 한명회 등 훈척의 주장에 따라

어유소(魚有沼)가 1만의 군사를 거느리고 출정하지만 얼음
이 얼지 않아 강을 건널 수 없다는 평계를 대어 군대를
해산하였다.

이에 정창손, 심회, 윤필상 등은 평안도의 군사만을 데
리고 강을 건너갔다 오는 것이 옳다고 하였고, 노사신과
홍응은 실제 날씨가 따뜻하여 강을 건너지 못하였고 또
다시 군사를 징집하기는 어려우므로 반대하였다.

성종 10년 11월 17일 승문원 제조 정창손(鄭昌孫)·윤필
상(尹弼商)·홍응(洪應)·정서거(徐居正)·이승소(李承召) 등
과 함께 의논하여 중국에 보낼 주본(奏本)에 내년이 아닌
후일에 마땅히 들어가 공격하겠다고 기재하기로 하였다.

다음날 한명회가 다시 서정군(西征軍)을 일으켜 중국의
의혹을 받지 않도록 하기를 청하니, 임금이 허종(許琮)을
장수로 삼아 다시 공격한다는 뜻을 유시하도록 하였다. 그
러나 허종이 병이 있기에 좌의정 윤필상(尹弼商)을 도원수
(都元帥)로 절도사 김교(金嶠)를 부원수(副元帥)로 삼았다.
그리고 동부승지 이계동(李季仝)에게 유방 군사(留防軍士)를
뽑아 기다리고 있으라 하였다.

같은날, 시강관(侍講官) 성숙(成俶)이 다시 서정의 군대를
일으키는 것에 대하여 그 부당함을 아뢰었고, 장령 구치곤
(具致崑)도 부당함을 아뢰었으나 들어주지 않았다. 사헌부
대사헌 김양경(金良璥)과 박안성(朴安性) 등 대간들이 서정
의 부당함을 거듭 아뢰었으나 들어주지 않았다.

이에 다시 훈척들은 사림들의 반대에도 불구하고 성종
10년 11월 18일 윤필상을 보내어 여진 정벌을 하기로 하
였다. 같은날, 도원수 윤필상에게 서정(西征)에 관한 교지

를 내렸고, 평안도관찰사 현석규(玄碩圭)와 절도사 김교(金嶠)에게 교서를 내려 군사를 뽑으라 하였다.

성종 10년 11월 19일 대사간 박안성, 장령 구치곤, 시강관 안침(安琛) 등이 서정의 부당함을 아뢰면서, 세종 때도 중국에서 원병(援兵)을 청했지만 들어주지 않은 적이 있다고 하였으나 임금이 들어주지 않았다.

11월 29일 임사홍이 배소(配所)에서 어유소가 파진한 일과 서정의 계책에 대하여 상서하였다. 그 내용에는, 얼음은 건너갈 수 있을 만큼 충분히 얼었고 길도 넓었으며 말을 먹일 풀도 무성하였으나 어유소가 거짓으로 보고하였다고 하였다. 또한 다시 군사를 징집하여 적들을 친다면 진실로 중국을 섬기는 정성이 될 것이라고 하였다.

성종 10년 12월 9일 윤필상이 김교(金嶠) 등과 더불어 강(江)을 건너 여진인의 소굴을 공격하였다. 머리 16급(級)을 베고 남녀 합계 15인을 사로잡았으며, 말 2필과 소 14두를 얻었다. 가축을 쏘아 죽이고 여사(廬舍)를 불사르고 그 가산(家産)을 몰수하였다. 그리고 일찍이 사로잡혀갔던 요동 동녕위의 부녀 7인까지 얻었다.

성종 10년 12월 16일 윤필상이 이끄는 토벌군이 돌아왔다. 성종 11년 1월 7일 어린 아이·부녀자 할 것 없는 포로, 그리고 그 신상 내용과 북정의 과정이 자세히 열기(列記)된 주본이 어세겸을 통해 명나라에게 보내졌다.

결국 사림들은 명나라의 이이제이(以夷制夷) 정책에 휘말리지 않았던 세종대 정책을 따라 여진 정벌을 반대하였고, 훈척은 세조대에 명나라 이이제이 정책에 휘말렸던 전례를 답습하면서 여진 정벌 문제를 놓고 대립하고 있었다.

■ 폐비 사사와 정현왕후 책봉

이러한 훈척과 사림의 갈등은 왕비 책봉과 폐비 문제로
도 비화되었다. 성종 7년(1476) 윤기견(尹起畎)의 딸 숙의
윤씨를 왕비로 삼았다가, 원자(元子: 뒤의 燕山君)를 낳고
왕의 총애가 두터워짐에 따라 후궁을 질투하고 비상을 가
지고 성종을 해치려 하였다고 하여 성종 10년 폐하여 서
인으로 삼았다.

성종 13년 8월 11일 대사헌 채수 등이 폐비 윤씨에 대한
일을 아뢰었는데, 윤씨는 한때 국모로 있던 분으로 여염에
살게 하는 것은 무람한 듯하다고 하였는데 임금이 그것은
원자(元子)에게 아첨하는 것이라 하고 윤씨의 오라비들을
국문하라 하였다. 이후에 한나라 여후나 당나라 측천무후
처럼 아들 연산군을 의지하여 발호할 것을 염려하여 성종
13년에 사약을 내려 죽게 하였다.

그리고 성종 11년 11월 8일에 우의정 윤호(尹壕)의 딸 파
평 윤씨를 왕비로 삼았다. 이가 바로 정현왕후(貞顯王后)이
다. 이로써 파평 윤씨는 왕실 외척의 지위를 확고히 하였
다.

파평 윤씨와 왕실과의 혼인 관계를 살펴보면 조선 전기
에 왕비 4명, 후궁 2명, 부마 4명 등을 배출하였다. 먼저
윤척(尹陟)의 1남인 윤승순(尹承順)의 후손에서 성종 계비
(成宗繼妃) 정현왕후(貞顯王后)와 태종부마 윤계동(尹季童),
세종부마 윤사로(尹師路)가 나왔다. 3남인 윤승례(尹承禮)의
후손에서는 왕비 3명을 배출하였는데, 세조비 정희왕후(貞
熹王后)와 중종비 장경왕후, 중종계비(中宗繼妃) 문정왕후가

바로 그들이다. 이들은 모두 윤호(尹壕)의 고조할아버지인 윤척(尹陟)의 후손들로 윤호와 10촌 내외의 친척들이다.

폐비 윤씨의 회묘(懷墓)

경기도 고양시 덕양구 원신동 서삼릉 내

1969년 서울시 동대문구 회기동 경희대학교 의료원 자리에 있던 것을 이곳으로 이장하였다. 연산군 때 회릉(懷陵)으로 추숭하였으나 중종반정으로 회묘로 강등되었다.

■ 세조비 복상 문제

성종 14년(1483) 세조비가 죽자 세조비 복상(服喪)기간 문제로 첨예하게 대립한다.

처음에는 사림들의 주장에 따라 세조비는 왕비라서 1년상으로 정해졌다. 그러나 세조비는 수렴청정으로 임금과 같은 공적이 있다는 한명회 등 훈척의 주장으로 원칙에 어긋나게 다시 3년상으로 바꾸게 된다.

성종 14년 5월 21일 사간원 헌납 이종윤(李從允)이 왕비의 내상(內喪)은 재최(齋衰) 기년(期年)인데 재최 3년으로 정한 예조를 추문하기를 청하였으나 들어주지 않았다.

세조비의 상제를 재최 3년으로 정한 것은 훈척들이 세조비가 수렴청정한 공을 내세워 임금처럼 3년상으로 정한 것이었다. 이는 원칙에도 어긋나고 『오례의』에도 어긋난 것이었다. 그래서 성종 14년 5월 21일 예조에서 상제에 대하여 논하고 옛 제도를 상고하여 다시 의논하기를 청하였다.

성종 14년 5월 22일 대사간 박계성(朴繼姓) 등이 예조가 상제를 잘못 정한 것으로 추국하기를 청하였다.

성종 14년 5월 27일 공조판서 손순효(孫舜孝, 1427~1497)가 세조비가 수렴청정의 공이 있다 하여 3년상을 주장하니 이를 의논하게 하였다.

그러나 왕이 다시 훈척을 대변해서 정희왕후는 수렴청정과 성종 옹립의 공이 있으므로 대왕처럼 3년상을 치러야 한다는 공적론을 제시하면서, 성종 14년 10월 28일 세조비 정희왕후의 상제(喪制)를 3년상으로 하는 일을 논의하였다.

10월 29일 한명회 등의 훈척이 공적론에 입각한 3년상을 주장하고, 사림들은 『예기 禮記』와 『오례의 五禮儀』 주(註)의 의리명분론에 입각한 원칙론을 주장하는 가운데, 훈척들의 공적론이 사림들의 원칙론을 누르고 공적론에 입각한 3년상이 결정되었다.

이에 홍문관 부제학 성건(成健)이 반대하여 상소를 올렸다. 그러나 성종 14년 11월 1일 성종은 정희왕후의 상제(喪制)를 3년상으로 할 것을 전지하였다.

이에 홍문관 전한(典翰) 김흔(金訢, 1448~?)·우찬성 허종(許琮, 1434~1494) 등이 상소를 올리고, 경연에서 민사건(閔師騫)·이파(李坡, 1434~1486)·우부승지 김종직(金宗直, 1431~1492) 등이 3년상을 반대하지만, 11월 12일 한명회를 중심으로 힌 훈척의 완강한 반대에 부딪쳐 3년상이 그대로 시행되었다.

이에 다시 홍문관 사간원 사헌부 등 삼사가 모두 3년상을 반대하고 나오니, 12월 12일 오히려 『오례의』 주(註)가 세종조에 만들어졌으나 세종이 직접 만든 것은 아니라 하면서 『오례의』 주(註) 개정문제를 제기하고, 12월 19에는 또 예종 단상 때는 3사에서 아무 말도 안하다가 지금 다시 원칙론을 들고 나와 반대하는 것은 불가하다 하여 3년상 시행방침을 굳혔다.

성종 14년에 세조비 정희왕후 상제를 둘러싸고 일어나는 이러한 논의는 세종대의 주자성리학 이념을 이어받으려는 사림계열과 세조찬탈을 도와 주자성리학의 이념을 따를 수 없는 훈척계열의 갈등으로 나타났다. 단지 이 당

시의 논의는 단순한 '군신관계=부자관계'라는 의리명분론
에서 한 단계 진전해 정통론을 둘러싸고 일어나는 논의였
다. 당연히 이는 세조찬탈에 대한 반발과 연결되어 뒤에
조의제문(弔義帝文)에 의한 참화가 일어나는 훈척과 사림
사이 갈등의 시초였다. 그러나 논의가 세조비 정희왕후의
대왕 대우 여부를 둘러싸고 나타날 정도로 이 당시 정통
론의 이해수준은 미약했다고 볼 수 있다.

성종 18년 한명회가 죽으면서 훈척의 세력은 꺾이게 된
다. 이후 사림들이 개혁의 주도권을 장악하면서 사림들에
의한 개혁이 진행된다. 이는 성종 초반에 만들어진 여러
제도의 개혁으로 나타났다.

■ 문물제도의 완성

이러한 와중에 성종은 성리학에 입각한 문물제도를 완
성해 간다. 이를 위해 세종실록 오례의를 이어받아 성종 5
년에 헌법이 되는 국조오례의(國朝五禮儀)를 완성하였고,
법전이 되는 경국대전(經國大典)을 4번을 개정한 끝에 완성
하여 성종 16년(1485) 1월 1일 반포한다. 그리고 세종대 고
려사 편찬을 이어받아 동국통감을 완성하여 주자성리학에
입각한 역사서술을 완성한다. 다음으로 세종실록지리지를
이어받아 성종 12년 동국여지승람을 50권으로 편찬하였다.
『동국여지승람』의 1차 수교는 성종 16년 김종직(金宗直)
등에 의하여 이루어졌다. 공물 인구 등 인문 지리에 기반
을 둔 제도를 확립해갔다. 다음으로는 성종 9년 성종의 명
으로 서거정 등이 동문선을, 성종 24년에 성현이 악학궤범
을 편찬하여 문학 음악 등에 대한 제도를 완비한다.

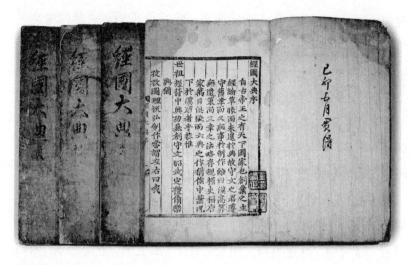

경국대전

■ 사림과 훈척의 대립

이처럼 사림들이 편찬사업을 주도하면서 성리학 이념에 입각한 문물제도를 정비하여 가며 사림정치의 기반을 조성하여갔다.

사림세력을 대표하여 김종직이 정부의 요직을 두루 차지한다. 성종 15년(1484) 8월 6일 좌부승지 김종직(金宗直)을 도승지(都承旨)로 임명하였다. 성종 17년(1486) 1월 17일 사림의 종장으로 추존되는 이조참판 김종직에게 금대(金帶)를 내려주었다.

성종 20년(1489) 2월 28일에 김종직을 자헌대부 형조판서로 삼았다. 이처럼 김종직을 비롯한 사림을 우대하는 정책은 성종 18년 4월 7일에 고려의 충신 정몽주·길재의 후손을 녹용(錄用)하라는 주장으로 나타났다.

이처럼 고려의 충신 정몽주·길재의 후손을 녹용(錄用)

하는 한편, 세조 때의 공신을 중심으로 하는 훈구세력(勳舊勢力)을 견제하기 위하여 근왕세력(勤王勢力)으로 김종직 일파의 신진 사림세력(新進士林勢力)을 많이 등용하였다.

그리하여 훈척 대 사림의 대결은 새로운 양상으로 전환된다. 성종 18년 11월 14일에 훈척의 중심이던 한명회가 73세로 죽는다. 불의의 세대가 가고 정의의 세대가 나서는 세대교체의 계기가 되었다. 그러자 신진 사림들은 성종 19년(1488) 10월 임사홍을 탄핵하고, 성종 21년 1월에는 유자광을 탄핵하고 나온다. 그런데 성종 23년 8월 신진 사림의 중심인물인 점필재 김종직(1431~1492)이 62세로 졸한다. 성종 20년 7월 형조판서로 있다가 풍이 들어 4년 동안 투병하다 졸한 것이다.

이로부터 훈구파와 사림파의 대립은 더욱 첨예해져서 훈구파는 인수대비와 인혜대비를 내세워 사림파를 압박하려 했고, 사림파는 대비의 정치 간섭을 과오로 지적하며 영의정 윤필상(尹弼商, 1427~1504) 등을 대비에 아첨하는 간신으로 지목한다.

성종 24년(1493년) 10월 23일 재변(災變)으로 인하여 대사헌 허침(許琛) 등이 상소하면서 윤필상(尹弼商) 등 훈척들을 탄핵하였다. 윤필상은 성종비 정현왕후와 6촌간이다.

그러나 성종은 훈구대신들을 적절히 기용하여 그 기득권을 보장해주고 연소 신예한 사림파들 역시 그들의 이상을 자유롭게 표출할 수 있도록 언로와 신분을 보장해주니 사생결단으로까지 치닫는 극한 상황은 일어나지 않았다.

■ 제2차 여진 정벌

이러한 가운데 성종 22년(1491) 함경도관찰사 허종이 두 만강을 건너 야인을 정벌하였다. 이때에는 명나라의 이이 제이(以夷制夷) 정책에 휘말리는 것보다는 우리 스스로가 여진들을 분리시켜 이이제이 정책으로 변방을 안정시키는 정책을 취하고 있었다. 그러나 사림들은 한 무제가 흉노를 정벌하지 않고 대비만 한 예를 들어 여진 정벌 자체를 반대하고 있었다.

이는 성리학에 입각한 사대교린정책의 도로서 큰나라를 섬겨 이이제이 정책에 이용당하지도 않으면서, 힘으로 위엄을 과시하며 덕으로 인접국을 심복(心服)하게 하는 외교정책이다.

성종 22년(1491) 1월 12일 여진인 올적합(兀狄哈) 무리가 조산보(造山堡)에 쳐들어왔다. 밤에 올적합 1천여 인이 조산보를 에워싸고 3인이 성을 넘어 군사(軍士) 3인을 사살하였고, 만호(萬戶) 및 군사 26인을 쏘아 부상을 입히고는 성중(城中)의 남녀 7명과 말 5필, 소 11두를 노략하였다. 경흥 부사(慶興府使) 나사종(羅嗣宗)이 이 사실을 듣고 군사를 거느리고 적과 더불어 싸우다가 사살되었다. 우후(虞候) 최진하(崔進河)가 나사종이 10여 인과 더불어 죽어 있었고 군관 2인과 군사 10여 인이 화살에 맞은 것을 확인하였다. 적의 죽은 자는 2인이었고 적의 각궁(角弓) 둘, 골전(骨箭) 66개, 기관(箕冠) 하나, 말 1필을 얻었다.

성종 22년 4월 11일 북정의 계획이 논의되었다. 허종은 알타리 무리들이 올적합과 예전부터 원수진 일이 있어 그

살점을 씹으려고 하니, 이 무리들을 선봉(先鋒)으로 삼는다
면 틀림없이 마음을 다하여 힘을 쓸 것이라면서, 이번 북
정에 올적합과 원수진 알타리를 선봉으로 삼겠다고 아뢰
었다.

4월 21일 홍문관 부제학 김극검의 차자를 필두로 조정에
북정 반대 의견이 공론화되었다. 다음 날, 김극검의 차자
에 대해 심회·윤호·이극돈은 '조그마한 폐단을 따져서
죄를 신문하는 거사를 정지한다면 어느 때에 멀리 보이겠
습니까?'라고 하였고, 윤필상 역시 '군대를 일으켜 치욕을
씻을 것'을 주장하여 북정에 찬성하였다. 홍응은 이번에
북정을 할 경우 '끝없는 환란의 단서를 여는 것이 이로부
터 시작될 것'이라고 하였고, 노사신은 정벌의 불가함을
조목조목 정리하여 북정에 반대하였으며, 어세겸 역시 반
대하였다. 성건은 이번 북정이 불가피한 것이라면서 만전
의 계책을 마련해야 한다고 하였다.

성종 22년 4월 26일 홍문관 부제학 김극검(金克儉) 등이
적들의 이목 구실을 하는 자들을 믿어 우리의 이목을 삼
는 것은 적들의 술중에 빠지는 것 등을 지적하면서, 북정
을 반대하는 상소를 올렸다.

성종 22년 4월 28일부터 5월 7일까지 경연 또는 강이 마
치자마자 북정을 반대하는 의견이 속출하였다.

5월 15일 허종이 하직하면서, 북정의 방략을 임금에게
아뢰면서, 올적합(兀狄哈)과 올량합(兀良哈)의 원한 관계를
적절히 이용한다면 이익이 될 것이라고 하였다. 6월 8일
혹 알타리·올량합의 배반이 염려되어 그들을 하유(下諭)
시키고자 하였으나, 허종은 올적합과 죽을힘을 다해 싸울

것이라는 그들에게 굳이 하유할 필요는 없다고 하였다.

7월 4일 개성부 유수(開城府留守) 유순(柳洵)과 경기 관찰사 김제신(金悌臣) 등에게 하서(下書)하여 각처의 군사를 출동시켜 9월에 길성(吉城)으로 도착하도록 하고, 10월에 군사 2만여 명으로 북정하도록 명하였다.

성종 22년 10월 15일 군사를 거느리고 강을 건너려는데 반은 얼음이고 반은 물이라서 건너지 못하였다. 10월 19일 군사가 보을현(甫乙峴)에 이르렀다. 척후(斥候) 김장손(金長孫) 등이 18일 밤에 올적합(兀狄哈) 8인이 있는 것을 탐지해내어 곧 1인을 사로잡고 3인을 사살하였으며 4인을 놓쳤다. 도원수 종사관 이수언(李粹彦)이 달아난 자들을 잡기 위해 장수들로 하여금 적의 요충지에 주둔하도록 하였다.

성종 22년 10월 22일 군사가 울지(鬱地)를 넘어 동구(洞口)에 이르러 김장손 등이 올적합 1백여 기(騎)와 접전하였다. 이때 길잡이 올량합 아랑개(阿郞介)가 화살에 맞고 아속(阿速)이 잡히고 홀빈아(忽賓阿)가 말을 빼앗겼으며, 적은 대군을 보고 달아났다. 10월 23일 적의 소굴에 다다랐으나 적은 도망한 뒤였다. 그리하여 집들을 불살라 없앴으며 남녀 각각 하나를 참획하고 말 세 필을 얻었다. 10월 24일 회군하여 적의 소굴에서 20여리 쯤 떨어진 곳에 하영하였다. 이날 올적합(兀狄哈)은 북정의 길잡이를 맡았던 알타리(斡朶里)·올량합(兀良哈)을 향하여 책망하였다.

성종 22년 10월 25일 행군할 때에는 뒤따르는 적 2백여 기와 접전하여 적 4인을 사살하였다. 10월 28일 사편평(沙便坪)에 다다른 후 11월 2일 강을 넘어 돌아올 것을 정하였다.

성종 22년 11월 16일 북정부원수(北征副元帥) 이계동(李季仝)을 인견하고 북정의 상황을 들었다.

성종 22년 12월 29일 영안도 관찰사 허종(許琮) 등에게 올적합(兀狄哈)이 북정 때 길잡이했던 알타리(斡朶里)에게 보복하려 한다는 것을 알리고 방어를 철저히 할 것을 명하였다.

성종이 승하하자 성종 묘호(廟號)를 둘러싸고 인종(仁宗)으로 하는가 성종(成宗)으로 하는가 논쟁이 일어나, 명나라에 인종이 있다 하여 성종으로 정해진다.

성종대왕成宗大王 선릉宣陵.(사적 제199호, 서울시 강남구 삼성동 산45-169)

제7장 연산군대 정치사

■ 즉위

성종 25년 12월 창덕궁 대조전에서 아버지 성종이 불과 서른여덟의 젊은 나이에 승하하자 연산군이 조선 제10대 왕으로 즉위하였다.

연산군을 나은 윤씨가 성종 10년(1479) 폐비가 되고 성종 13년에는 사약을 받고 죽었지만, 이 당시 확립된 종법에 따라 연산군은 맏아들로서 즉위한다. 성종때에는 훈신과 사림 간에 정치적 입장은 달랐어도 양파간의 직접적인 충돌은 없었다. 그것은 양파의 균형과 조화를 주도한 성종의 정치 역량과도 관련이 깊었다. 연산군이 즉위하면서 사림세력은 더욱 커지고 세조와 훈신에 대한 공격이 노골화되었다

■ 무오사화

연산군 1년(1495) 3월 연산군은 성종의 능지를 읽다가 그 모후가 폐사된 사실을 알게 된다. 그래서 폐비의 묘를 천장하고 이후 희릉으로 추숭한다.

그러한 과정에서 소위 김일손의 사초(史草)사건이 발생하였다. 사관(史官)으로 있던 김일손이 그의 스승 김종직이 세조찬탈을 비판하고 단종을 애도하는 것을 비유한 조의제문(弔義帝文)과 훈구파의 비행을 사초에 기록해 놓았던

것인데, 유자광·이극돈(1435~1503) 등이 이것을 가지고
연산군을 충동하여 사림파를 제거한 것이다.

이로써 김종직은 부관참시되었고 김일손은 사형, 정여창
, 김굉필, 표연말, 최부(1454~1504) 등 사림이 죽음을 당하
거나 쫓겨났다. 이와 함께 당시 사림파의 기반이던 사마소
(司馬所)가 혁파되고 있었다. 이것이 연산군 4년(1498)에 일
어난 무오사화로서 성종이래 관계에 진출한 김종직 계열
에 대하여 정치적인 불안을 느낀 훈구파가 일으킨 사건이
다.

이와 같은 무오사화는 사림들이 성리학의 이상정치 실
현을 추구하면서 훈구파들과 대립하였기 때문에 일어난
참화이었다.

김일손 향사 서원인 자계서원 전경

■ 갑자사화

무오사화가 일어난 지 얼마 되지 아니하여 연산군 10년 (1504)에 갑자사화가 일어났다. 이는 무오사화 이후 실권을 장악한 훈구파가 그 세력이 확장되어 커다란 부중파를 이루었기 때문에, 연산군을 둘러싼 궁중파와의 대립에서 빚어진 사건이다. 연산군은 사치와 향락에 취해서 그로 인한 재정의 낭비가 많았는데 재정이 곤란하게 되자 훈구 고관의 토지와 노비를 몰수하려고까지 하였다. 궁중파인 임사홍 등 일파는 정권을 장악하려고 일찌기 연산군의 생모를 왕비에서 폐위하여 사사케 한 사실을 왕에게 고해서 왕을 격분케 하는데 성공하였다. 그리하여 폐비사건에 관련된 사람은 물론 사림파의 잔존 세력과 훈구 관료의 일부도 처형을 당하였다. 그리고 언론도 봉쇄하고 대간도 폐지하였다.

연산군 9년 9월 연산군의 외조모이며 폐비 함안 윤씨의 모친 장흥부부인 신씨가 나타나서 다음해인 연산군 10년 3월에 폐비의 사사(賜死) 전말을 밝히자 한밤중에 성종 후궁인 엄씨와 정씨 양 소의(昭儀)를 창경궁 뜰에 묶어다 손수 치고 밟아 때려 죽이고 사지를 찢는 만행을 시작으로, 폐비와 관련된 사소한 트집이라도 있으면 지위고하나 공훈 유무 및 관계여하를 막론하고 능지처참하거나 부관참시하는 참혹한 형벌을 가하고 일족을 몰아죽이는 잔인한 살육을 진행해 간다.

폐비 당시 대신으로 폐비에 찬성했던 정창손, 한명회, 심회, 정인지 등을 부관참시하기로 하고 윤필상의 가산을 적몰해서 외방에 부처한다.

연산군은 그의 친조모인 인수대비를 들이받아 죽이는 천인공노할 죄악을 범한다.

그리고 임사홍이 병조판서가 되면서 폐비와 상관없이 소위 무오당인(戊午黨人)으로 부르는 사림파를 표적으로 다시 살육의 바람을 일으키기 시작했다.

일찍이 자신을 간사한 소인배로 지목한 처조카 주계군 이심원 부자를 역모로 몰아 능지처참하고, 소릉 복위를 청한 김일손의 도당을 모두 잡아가두고, 죽은 아비도 부관참시토록 하였다. 결국 남효온은 난신의 예로 부관참시되고, 김종직의 제자로 당시 사림파의 수장이던 한훤당 김굉필 등은 참수된다.

이후 거의 날마다 능지처참과 부관참시가 진행되었고, 윤필상, 한치형, 이극균 등의 시신을 부수어 바람에 날려 보내게 하는 상상할 수 없는 만행을 저지른다.

■ 폐정

연산군 10년 연산군은 학문이 스스로 이루어졌다 하여 경연에 나가지 않겠다며 경연·야대·윤대를 정지하였다. 그리고 사헌부 지평과 사간원 정언마저 혁파해버리고, 홍문관을 폐지해버린다.

그리고 자신의 행동을 방해하는 지식인들을 탄압하여 성균관과 사학의 유생들이 나라의 정사를 의논하지 못하게 하는 한편 성균관 및 원각사를 폐하여 유흥장으로 삼았고 경치 좋은 곳을 찾아 금표를 세우고 유흥을 즐겼다.

금표가 넓어지자 백성들은 큰 어려움을 겪게 되는데 이

에 대해 임금은 원망하는 사람들에게 삼족(三族)을 멸하는 명을 내린다. 왕이 흥청을 거느리고 금표 안에 나가 노닐기에 틈나는 날이 없으므로, 자리가 비게 되면 곧 구전(口傳)으로 하비(下批)하게 하였다고 기록되어 있을 정도로 금표 내에서 유흥을 즐기느라 정사를 소홀히하였다. 또한 금표 안에 도둑들이 숨어 살아도 잡지 못하여 백성들이 괴로워하였다.

게다가 연산군은 임사홍·신수근 등을 등용하여 팔도로부터 미녀를 채집하여 흥청 또는 운평이라 하고 온갖 추행과 폭정을 자행하였다. 또한 채홍인 등의 여자 집에 잡역을 면제해주고 봉족을 주도록 하였고, 양가집 여자도 징발하도록 하였다.

또한 신수영이 연산군의 폐정을 비방하는 언문으로 된 투서를 아뢰었다. 그러자 언문을 배우거나 쓰지 못하게 하였으며, 언문으로 구결단 책을 불사르고 한어를 언문으로 번역하는 것을 금하였다. 또한 언문청을 폐쇄하는 등 악정을 거듭하였다.

제2편 조선전기 후반

제8장 중종대 정치사

■ 중종반정

훈구와 사림을 탄압한 연산군은 정치 도의를 상실한 채
국민 수탈을 자행하여 사치와 방탕으로 소일하다가, 연산
군 12년(1506) 9월 2일 박원종(朴元宗1467~1510), 성희안
(成希顔, 1461~1513), 유순정(柳順汀, 1459~1512) 등이 주
동이 된 중종반정으로 쫓겨나고, 연산군의 이복동생인 진
성대군이 중종으로 즉위하였다.

반정을 주도한 박원종과 유순정은 세종의 장인 심온(沈
溫, 1375~1418)의 외손들로서 6촌간이고, 박원종의 둘째부
인 창녕 성씨는 성희안과 6촌 남매라 박원종과 성희안은
6촌 처남매부이다.

【청송심씨 심온의 외손을 중심으로】

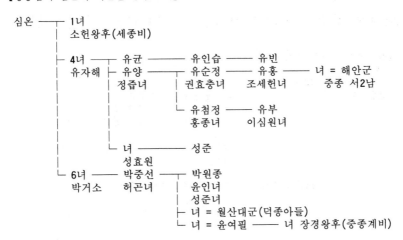

　반정당시에 유빈(柳濱)·이과(李顆)·김준손(金駿孫) 등 사
림들도 죄를 받고 전라도에 있으면서 반정을 시도하여 격
문을 돌렸는데 박원종 등이 먼저 반정을 주도하였다.

　유빈(柳濱, ?~1509)의 본관은 진주로 심온의 넷째사위
유자해의 증손자이자, 중종반정 1등 공신인 유순정의 5촌
조카이다. 종친으로 사림의 대표적 인물인 주계부정 이심
원의 사위인 유부와는 육촌형제간이다.

【진주유씨 유빈을 중심으로】

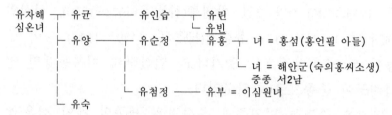

　이과(李顆)의 아버지는 이창신이며, 정종 서10남 덕천군
의 외손자이다. 또한 성희안과는 이종 사촌간이고, 종친으
로 중종반정 2등 공신인 운수군 이효성은 외삼촌이 된다.
그리고 사림계열인 김안국과는 고종사촌간이다. 이과의 어
머니는 정종의 손녀로 정여창의 부인과는 사촌간이 된다.

【전의이씨 이과를 중심으로】

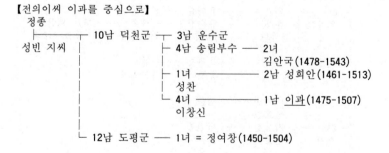

김준손(金駿孫)은 유자광·이극돈 등이 일으킨 무오사화(戊午士禍)에서 「조의제문弔義帝文」의 사초화(史草化) 및 소릉복위 상소 등 일련의 사실로 말미암아 능지처참의 죄를 받은 김일손(金馹孫, 1464~1498)의 형이다.

```
【김해김씨 김준손을 중심으로】
김극일 ┬ 김맹 ┬ 김준손 ── 김대유
       │      ├ 김기손
       │      └ 김일손
       └ 김용
```

■ 조선 제11대 왕으로 등극하다

이렇게 조정의 대신들과 재야의 사림들이 반정을 일으켜 추대하는 가운데 중종 1년(1506) 9월 2일 어머니인 대비(大妃: 정현왕후貞顯王后)의 명으로 경복궁 근정전에서 19세의 나이로 조선 제11대 왕으로 즉위하였다.

그리고 즉위하던 그날로 신씨(愼氏)는 왕비(王妃: 후일 단경왕후)가 되었다. 그러나 반정공신들은 왕비의 아버지 신수근(愼守勤)을 반정 당일 처형했기 때문에 그 딸을 왕비로 모실 수 없다 하여, 왕비가 된지 일주일밖에 안 된 9월 9일에 중종비 신씨(愼氏)를 중종과 이혼시키면서 폐위시켰다.

```
【거창신씨 신수근를 중심으로】
신승선 ┬ 신수근 ┬ 신홍필
이구녀 │  권람녀  ├ 신홍조
       │  한충인녀 └ 녀 단경왕후
       │              중종비
       ├ 신수겸
       │  강자평녀
       ├ 신수영
       └ 녀
          연산군
```

■ 기호 사림의 등장

유신(儒臣)의 여망 속에 추대된 중종은 사림을 다시 등용하고 성리학을 숭상하여 무너진 유교정치를 부흥시켰다. 이때 등용된 사림은 양명(陽明) 왕수인(王守仁, 1472~1528)과 비슷한 시기에 태어난 조광조(趙光祖, 1482~1519)를 영수로 하는 기호출신 인사가 주축을 이루었다. 그들은 당시 발흥하던 명나라 양명학을 수용하며 위기지학(爲己之學) 심학(心學)으로 성리학을 심화시켜갔다.

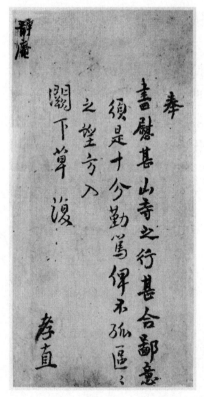

조광조의 서간書簡(근묵, 성균관대학교)
조광조의 자는 효직(孝直),
호는 정암(靜菴)

그들은 한당유학을 배척하고 성리학에 충실한 점에서 선배인 영남사림과 공통점이 많았으나 후자가 절의(節義)를 숭상하는 데 반하여 전자는 인의(仁義)를 강조하고, 후자가 유향소(留鄕所)와 사창제(社倉制)를 주요 정강으로 내세운 데 반하여, 전자는 향약 실시와 『소학』의 보급, 균전제의 실시, 공납제 시정 등을 주요 정책으로 내세웠다.

그리고 기호사림들은 삼대(三代)를 이상으로 하는 왕도정치를 구현하고 그 출발점으로서 군주의 성인화(聖人化)를 선행조건으로 생각하여 군주의 교화에 역점을 두었다. 중종대 사림의 정강이 이처럼 전대의 사림보다 급진성을 보인 것은 연산군 이후로 군주의 도덕성이 크게 타락하고 토지겸병이 만연하여 빈부의 차가 심해지며, 방납의 폐단으로 부세제도가 문란해진 것과 관련이 깊다.

특히 중종반정 공신이 대량으로 책봉되어 막대한 공신전을 받게 되자 사림들은 위훈(僞勳)을 삭제할 것과 공신전의 몰수를 주장하고 나섰다. 또한 조광조는 유교적인 미풍양속에 어긋나는 미신을 타파하고, 권선징악과 상부상조를 그 정신으로 하는 향약을 실시하여 유교적 도덕을 향촌에 확립시키려 하였다. 그는 또 여러 가지 서적을 번역·인쇄하여 일반국민이 유교적인 교양을 갖추도록 노력하였다. 그리고 내외요직자로 하여금 덕행있는 인물을 천거케 하여 그들을 왕이 친시(親試)로써 채용하는 현량과(賢良科)를 설치케 하였다. 그 결과로 사림들이 많이 등용되게 되었다.

이와함께 조광조 등은 정몽주·김굉필 문묘배향과 소릉

복위를 주장하여 역성혁명과 세조찬탈의 부당성을 만천하
에 공표함으로써 성리학적 이념을 토착화시켜갔다.

　이러한 16세기 새로운 훈구와 사림의 갈등은 중종반정
의 주도권을 놓고 시작되었다. 중종반정 당시 유빈·이과
·김준손 등 호남의 사림들이 격문을 띄어 반정을 일으켰
지만 격문이 서울에 도착하기도 전에 박원종 등의 훈구가
주도하는 중종반정이 이루어졌다. 따라서 중종반정의 주도
권을 놓고 훈구와 사림의 갈등이 일어나게 되었고 이는
사림을 탄압하며 사화를 주도한 유자광 등의 탄핵과 위훈
삭제 주장으로 나타났다. 그리고 무오사화(士禍)때 문제가
되었던 세조찬탈의 부당성이 거론되어 소릉복위 주장이나
사육신 후손 등용 문제로 나타났다.

■ 김공저 옥사

　중종반정을 사림들이 주도하지 못하고 훈척들이 주도하
면서 연산군대 유자광처럼 악행을 저질렀거나 아첨하였던
사람들마저도 반정공신에 들어 행세를 하게 되니 이에 대
한 불만이 사림세력들을 중심으로 일어나게 되었다. 그리
고 이러한 사림세력들을 훈척들이 역모로 처단하기에 이
르면서 위훈(僞勳) 삭제와 기묘사화(己卯士禍)로 이어지는
사림과 훈척의 갈등이 시작되었다.

　이와 같은 사림과 훈척의 갈등이 첨예화되는 사건의 하
나가, 반정 공신이 된 유자광을 죽이려 한 김공저·박경의
역모 사건이었다. 유자광은 임사홍과 더불어 무오·갑자사
화를 일으켜 사림들을 일망타진하다시피한 간신이다. 반정
이 일어나면 임사홍처럼 처벌되어야 할 유자광(柳子光)이,

도리어 반정공신이 되어 정국을 주도하는 것에 대해 반발하여 유자광을 죽이려고 하였다가 도리어 역모로 몰려 죽는 사건이 김공저·박경의 역모 사건이었다.

중종 2년(1507) 윤1월 25일에 참의 유숭조(柳崇祖), 호군 심정(沈貞), 장악정 김극성(金克成)과 전 승지 남곤 등이 '의관(醫官) 김공저, 서얼 박경(朴耕), 유생 조광보, 이장길(李長吉) 등이 박원종, 유자광, 노공필 등을 제거하고 정미수(鄭眉壽, 1456~1512)를 영의정으로 김감(金勘)을 병조판서로 하려 한다고 고변하여, 박경과 김공저는 참형을 당하고 정미수는 울진으로 귀양을 가는 '김공저 옥사'가 일어났다.

여기에 사림의 종장으로 추대를 받는 김식(金湜), 조광조(趙光祖) 등이 연루되었지만 여러 사림의 비호로 구제되는 것으로 보아 중종 초부터 사림과 훈구의 갈등이 심각하였다는 것을 알 수 있다.

이에 대한 사림의 반격은 중종 2년(1507) 4월 유자광과 그의 아들 유진(柳軫)과 유방(柳房)을 사화의 원흉으로 탄핵하여 유배보내는 것으로 나타났다.

중종 2년 4월 14일 대간이 합사해서 유자광이 임사홍과 같은 간신인데 중종반정 공신이 되어 있는 것은 부당하다고 그의 처벌을 상소하였다. 4월 23에는 유자광과 그 아들들을 극형에 처하고 사위 손동과 손자 유승건을 훈적에서 삭제할 것을 상소하였다. 결국 4월 23일 유자광은 광양(光陽)에, 유진은 양산에, 유방은 산음(山陰)에 귀양갔다.

이러한 과정에서 이조판서이며 반정공신의 주역인 성희안(成希顔)은 유자광을 처벌할 것을 청하면서, 이전에 김공저·박경 역모사건은 박원종이나 성희안 등에 대한 불만이 아니라 유자광에 대한 불만이라고 주장하였다.

■ 이과 옥사

이러한 사림과 훈척의 갈등이 진행되는 가운데 중종반정 공신의 핵심 인물인 박원종은, 중종의 조강지처인 신씨를 폐위시켜 사가(私家)로 내친 다음날인 중종 1년 9월 10일부터 중궁책봉을 서둘러, 중종 2년(1507) 6월 17일 조카인 윤여필의 딸을 왕비로 삼도록 하였다. 이때 윤여필의 딸은 이미 중종 후궁 윤숙원으로 들어와 있었다.

【순천박씨 박원종을 중심으로】

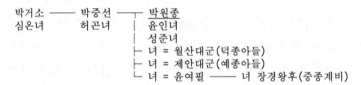

```
박거소 ──── 박중선 ──┬ 박원종
심온녀        허곤녀   │ 윤인녀
                      │ 성준녀
                      ├ 녀 = 월산대군(덕종아들)
                      ├ 녀 = 제안대군(예종아들)
                      └ 녀 = 윤여필 ──── 녀 장경왕후(중종계비)
```

그리고 중종 2년 8월 4일 근정전에서 왕비책봉례를 행하여 박원종 등이 권력을 장악하기 시작하였다.

이에 대한 사림들의 불만은, 반정 당시 전라도에서 격문을 돌리어 반정을 주도하려던 이과(李顆)가 역모를 꾀했다고 하여 죽는, 이과 역모 사건으로 나타났다.

중종 2년 8월 26일 전(前) 우림위(羽林衛) 노영손(盧永孫)이 이과(李顆), 윤귀수(尹龜壽), 김잠(金岑), 손유(孫洧), 하원수(河源守) 이찬(李纘) 등이, 중종이 선릉(宣陵: 성종릉)에 친히 제사지내러 가는 틈을 타서, 견성군(甄城君) 이돈(李惇)을 추대한 뒤 박원종 등을 제거하려다가, 서얼인 전 우림위 노영손이 고변하여, 이과 등이 견성군과 함께 처형되었다.

이과(李顆, 1475~1507)의 아버지는 동지중추부사 이창신 (李昌臣, 1449~?)이며, 어머니는 정종 서10남으로 성빈 지씨 소생인 덕천군의 딸 전주 이씨(全州李氏, 1449~?)이다. 그는 중종반정 1등 공신인 성희안(成希顔, 1461~1513)과는 이종 사촌간이고, 종친으로 중종반정 2등 공신인 운수군 (雲水君) 이효성(李孝誠, 1445~1518)은 외삼촌이 된다. 운수군은 반정 당일 진성대군(晉城大君: 중종)의 집을 지키며 진성대군을 설득하여 등극케 하였다 한다.

그리고 사림계열인 김안국과는 고종사촌간이다. 이과의 어머니는 정종의 손녀로 후에 문묘에 배향되는 정여창(鄭 汝昌)의 부인과는 사촌간이 된다.

【전의이씨 이과를 중심으로】

중종 2년 8월 29일에 이과·하원수 이찬·손유는 능지 처사하고, 윤귀수(尹龜壽), 신희철(申希哲), 유흥조(柳興祖), 유영(柳榮), 윤천령(尹千齡)은 결장(決杖) 1백에 유 삼천리(流 三千里)하고, 그 나머지 연루되어 체포된 자는 다 사면하도록 명하였다.

윤천령의 처와 이과의 처가 4촌간이고, 유영의 죽은 처의 5촌조카가 이과이었다.

하원수 이찬(李纘)은 양녕대군의 증손자이다. 이과의 옥에 연루된 김잠(金岑)은 하원수의 처남이며, 윤귀수는 하원수의 고모부 변상(邊祥)의 사위로 하원수와는 4촌 처남매부간이다.

하원수의 죄에 연루되어 형 진성수(珍城守) 이면(李綿)은 영남 초계(草溪)에 유배되고, 동생 추성수(秋城守) 이서(李緖, 1484 ~?)는 호남 창평(昌平)에 유배되었다. 추성수는 5년만에 중도부처되고 중종 15년(1520)에 무고로 판명되어 사환(賜還)되었으나 상경하지 않았다 한다.

【전주이씨 하원수 이찬을 중심으로】

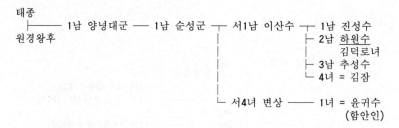

또 이과가 견성군을 추대하려 했다하여 중종 2년 9월 1일 견성군 이돈(李惇)을 강원도 간성군으로 유배보냈다가, 10월 16일 조정의 간청으로 견성군 이돈을 간성군에서 사사(賜死)하였다.

견성군 이돈(李惇, 1482~1507)은 성종 서6남으로 숙의 홍씨 소생이다. 중종에게는 이복형이 된다. 부인은 신우호(申友灝)의 딸 평산 신씨이다. 신우호는 효령대군 아들 낙안군의 외손자이다.

【견성군 이돈과 평산신씨 신우호를 중심으로】

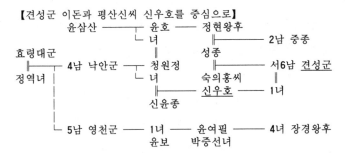

중종 2년 9월 2일 의논하여 9월 6일에 노영손 등을 정난
(定難) 공신으로 하였다.

■ 사림과 훈척의 갈등

이과 역모 사건으로 위축되었던 사림세력들은 중종반정
공신의 주역이었던 박원종이 죽자, 역성혁명을 반대했던
정몽주(鄭夢周, 1337~1392) 문묘종사를 주장하면서, 무오사
화를 당한 김굉필(金宏弼, 1454~1504)의 문묘종사를 주장
하여, 연산군 당시 총신으로 악행을 일삼았던 사람들이 중
종반정 후에도 다시 공신이 되어 세력을 떨치는 것을 제
거하는 명분을 확립하려 하였다.

이에 먼저 중종 5년(1510) 10월 18일 정언 이여(李膂)가
정몽주의 문묘 종사를 청하였다.

이에 반해 훈척은 중종 6년(1511) 4월 10일 급제 유진(柳
軫)의 처 신씨(申氏)가 유자광의 손자 유승건(柳承乾), 유승
곤(柳承坤)을 가까운 곳으로 유배지를 옮겨 줄 것을 상소
하여 허락되었다. 6 12일에는 병조참의 이세정(李世貞,
1461~1528)이 자신의 아버지 이극돈(李克墩, 1435~1503)의
관작을 회복해 줄 것을 요청하여 관직을 돌려 주었다.

이에 대해 사림(士林)들은 무오사화를 일으킨 유자광·
이극돈 같은 원흉들을 처벌하지 않고 오히려 관작을 회복
하여 주고 공신 훈작을 돌려주는 것은 천부당만부당한 일
이라고 반대하였다.

이렇게 훈척들의 반격이 다시 시작되자 사림들은 성리
학 이념에 입각한 제도개혁을 서두르며 개혁을 주도해 나
가려 하였다. 이러한 제도개혁의 하나가 소격서 혁파, 사
가독서제의 강화 등이었다.

이에 먼저 중종 6년(1511) 6월 21일 사헌부에서 소격서
혁파를 주장하며 성리학 이념에 입각한 제도개혁을 서둘
렀다. 그리고 중종 6년(1511) 10월 14일에는 김안국·소세
양·김정 등 사가독서할 문신을 선정하여 사림세력들을
강화하였다.

중종 7년(1512) 6월 15일 유자광이 유배지에서 죽자, 유
순정·성희안·김응기(金應箕)·신윤무(辛允武)·황형(黃
衡)·정광필(鄭光弼)·홍숙(洪淑)·이병정(李秉正)·최한홍
(崔漢洪)·이장생(李長生)·최숙생(崔淑生) 등이 유자광에게
공신의 작호를 다시 주고 예장할 것을 주장하였다. 중종은
유순정 등의 의견을 받아들여 유자광을 공신의 예로 장사
지내게 하였다.

이에 대간 등이 유자광에게 훈권(勳券)을 도로 주어 예장
(禮葬)함이 불가함을 아뢰었으나 허락되지 않았다. 이처럼
훈척들의 반발은 연산군대에 무오·갑자사화를 일으켰던
유자광을 공신으로 인정하는 문제로 사림들과 계속 갈등
을 일으켰다.

그리고 중종 8년(1513) 2월 30일에는 중종반정 공신들

중에 공신 작위를 삭탈당한 자들에게 다시 공신 작위를 돌려주자는 의논이 제기되었다.

이렇게 훈척들이 세력을 다시 강화하고 있는 가운데, 중종 7년 12월 20일 박원종에 이어 중종반정 1등 공신인 영의정 유순정(柳順汀, 1459~1512)이 54세의 나이로 졸하여 훈척의 세력은 다시 약화되는 계기가 된다.

■ 삼포왜란

이렇게 혼란한 틈을 타 중종 5년 4월 삼포의 항거왜추(恒居倭酋)가 대마도주(對馬島主)의 지원을 받아 폭동을 일으켜 한때 제포(薺浦)와 부산포(釜山浦)를 함락시키고 웅천(熊川)을 공격하는 등의 삼포왜란(三浦倭亂)이 일어나 경상도 해안 일대는 막대한 피해를 입었다. 이 난으로 말미암아 조선과 일본의 통교가 중단되었고, 이로 인해 비변사가 설치되었다.

■ 소릉 복위

이러한 훈척들의 보수성에 대해 사림들은 세조찬탈을 부정하는 문제였던 소릉(昭陵) 복위를 주장하며, 세조찬탈 이후 내려오는 세조찬탈 공신 등 훈척들에 대한 비판을 해나가며 개혁을 주도해 갔다.

중종 8년(1513) 3월 3일 송일이 문종비 현덕왕후 능인 소릉을 복위시킬 것을 주장하여 복위하기로 결정하였다. 소릉은 세조가 찬탈을 하고 사육신을 죽인 후 형수가 되는 문종비를 서인으로 만들어 문종비의 능인 소릉을 파헤치고 종묘에서 문종비 신주를 쫓아냈는데 이때에 이르러 다시 복위시킬 것을 결정한 것이다.

 중종 8년 4월 21일 문종비 현덕왕후를 문종대왕 현릉(顯陵) 좌강(左岡)에 부장(祔葬)하였다. 그리고 5월 6일에는 문종비 현덕왕후의 신주를 종묘 문종실에 부묘하여, 종묘제도의 잘못된 점을 시정하며 정통성을 회복하였다.

문종비(文宗妃) 현덕왕후(顯德王后) 현릉(顯陵)
경기도 구리시 동구동. 사적 제193호
원래는 소릉(昭陵)이었으나 문종과 합장되면서 현릉으로 바뀌었다

현릉(顯陵) 문인석

■ 신윤무 박영문 옥사

이렇게 소릉 복위가 이루어져 성리학적 명분이 확립되며 사림세력들이 강화되는데 반하여, 반정공신의 주역이던 박원종·성희안 등이 연달아 죽자, 이에 불안을 느낀 반정공신들은 사림들을 제거할 역모를 꾸미기까지 하였다. 이러한 사건이 반정 1등 공신이었던 박영문(朴永文), 신윤무(辛允武)의 역모사건이었다.

중종 8년(1513) 10월 22일 의정부 관노(官奴) 정막개(鄭莫介)가 박영문, 신윤무 등의 역모를 고변하였다.

박영문은 박원종·성희안·유순정 등이 연산군을 폐하고 중종을 옹립하려고 할 때, 군기시 첨정(軍器寺僉正)으로서 군자시 부정(軍資寺副正) 신윤무(辛允武), 사복시 첨정(司僕寺僉正) 홍경주(洪景舟) 등과 더불어 군대동원의 책임을 맡아 거사를 성사시켜 그 공으로 정국 공신(靖國功臣) 1등에 책록되고, 함양군(咸陽君)에 봉해졌다.

신윤무는 중종반정 거사일에 군사를 모아 임사홍·신수근·신수영 등을 격살한 공으로 정국 공신 1등에 책록되고, 영천군(寧川君)에 봉해졌다.

이 역모 사건의 발단은 이러하였다. 당시 신윤무는 병조판서였다가 대간의 탄핵으로 파직되었는데, 이때 역시 대간의 탄핵으로 파직된 박영문이 울분에 못이겨 동지인 신윤무의 집을 찾아와 문신에 비해 무신들의 대우가 허술하다는 등 조정을 비방하고 난언을 많이 하였다.

마침내 그들은 무인들을 규합하여 활쏘기와 말타기를 잘하여 무재(武才)를 좋아하고 사냥하기를 좋아하는 성종의 서12남으로 숙용 심씨 소생인 영산군(寧山君) 이전(李恮, 1490~1538)을 추대하고, 당시 좌의정 송일, 우의정 정광필, 병조판서 신용개를 치고, 홍경주를 영의정으로, 신윤무는 좌의정으로, 박영문은 우의정으로, 민회발(閔懷發)은 병조판서로 삼을 계획을 모의하다가 정막개의 고변으로 발각되었던 것이다.

박영문의 아버지는 박휘(朴輝)이며, 박영문의 후처는 황효원(黃孝源)의 첩 딸이다.

【함양박씨 박영문을 중심으로】

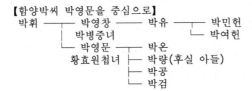

```
박휘 ┬── 박영창 ── 박유 ┬─ 박민헌
     │   박병중녀            └─ 박여헌
     └── 박영문 ┬─ 박온
        황효원첩녀 ├─ 박량(후실 아들)
                   ├─ 박공
                   └─ 박검
```

신윤무의 아버지는 증 형조판서 신숙거(辛叔琚)이며, 어머니는 정언 증 예조판서 김통(金統)의 딸 의성 김씨이다. 부인은 홍맹손(洪孟孫)의 딸 남양 홍씨이다. 홍씨는 정종 서9남으로 숙의 윤씨(淑儀尹氏) 소생인 석보군(石保君) 이복생(李福生)의 외손녀이다. 신윤무의 중백부 신중거는 중종 후궁인 숙의 나씨의 외조부이다.

【영월신씨 신윤무를 중심으로】

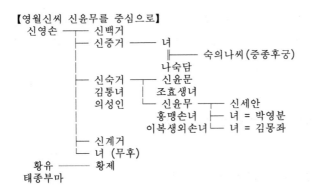

```
신영손 ┬─ 신백거
       ├─ 신중거 ── 녀
       │              ╟── 숙의나씨(중종후궁)
       │           나숙담
       ├─ 신숙거 ┬─ 신윤문
       │  김통녀   │  조효생녀
       │  의성인   └─ 신윤무 ┬── 신세안
       │            홍맹손녀 ├─ 녀 = 박영분
       │            이복생외손녀└─ 녀 = 김몽좌
       ├─ 신계거
       └─ 녀 (무후)
  황유 ── 황제
  태종부마
```

박영문·신윤무는 고변 다음날인 10월 23일 그들의 모의를 자복하고, 10월 24일 역신(逆臣)으로서 주살되었으며, 박영문의 아들 박공(朴恭)·박검(朴儉) 또한 교형(絞刑)에 처해졌다. 고변자 정막개는 면천(免賤)되고 정3품의 직이 내렸다.

그리고 박영문·신윤무는 공신 훈적에서 삭제하였지만, 박영문의 동복형 박영창과 신윤무의 동복형 신윤문은 훈적에서 삭제하지 않고 유배만 보냈다.

이처럼 훈척들의 반발이 역모로까지 나타났지만, 이들에 대한 처벌은 오히려 엄격하지 못하였고 공신들의 불만을 무마하고 회유하는 방책으로 사화의 원흉이었던 유자광에게 공신 훈작을 돌려 주기까지 하였다.

■ 훈척세력의 변화

이런 가운데 중종반정을 주도한 박원종이 중종 5년 4월에, 유순정이 중종 7년 12월에, 성희안이 중종 8년 7월에 죽었다. 그리고 박원종의 여동생의 딸인 윤여필의 따님인 장경왕후 파평 윤씨가 중종 10년 2월 원자를 출산하고 3월 2일 승하하였다. 이에 박원종을 중심으로 하는 훈척세력은 약화되었다. 중종 12년 문정왕후 윤씨가 왕비로 책봉되면서, 문정왕후·경빈 박씨·희빈 홍씨를 둘러싼 척신세력이 득세하기 시작하였다.

■ 장경왕후 승하와 단경왕후 복위 상소

중종 10년(1515) 2월 25일 밤 초고(初鼓: 초경初更)에 중궁(中宮: 장경왕후)이 원자(元子: 인종)를 낳았다. 적실로는 첫째이고 전체로는 넷째 아들이었다. 첫째 아들인 복성군 보다는 여섯 살 아래였다. 중종 10년 3월 2일 삼경 오점 (三更五點)에 장경왕후 파평 윤씨가 원자를 낳은지 7일만에 경복궁 별전에서 승하하였다. 윤4월 4일 장경왕후를 희릉 (禧陵)에 장사지내고 윤4월 17일 졸곡제를 지내고 나니 왕 비 문제가 다시 거론되었다.

장경왕후 희릉 전경(경기도 고양시 소재)

8월 8일에 담양부사(潭陽府使) 박상(朴祥, 1474~1530)·순 창군수(淳昌郡守) 김정(金淨, 1486~1520)이 함께 봉사(封事) 를 올려 폐비 신씨의 복위를 주장하면서 신씨를 폐위한 박원종의 관작을 추탈할 것을 상소하였다.

박상(朴祥, 1474~1530)의 호는 눌재(訥齋), 명종 20년 8월 대사간으로 대사헌 이탁(李鐸)과 함께 윤원형을 탄핵함으로써 포악한 척신 일당의 횡포를 제거한 주역인 사암(思菴) 박순(朴淳, 1523~1589)은 그의 조카이다.

김정(金淨, 1486~1521)의 호는 충암(沖菴) 김정은 기묘사화로 인해 극형에 처해지게 되었으나, 영의정 정광필(鄭光弼) 등의 옹호로 금산(錦山)에 유배되었다가, 진도를 거쳐 다시 제주도로 옮겨졌다. 그뒤 신사무옥에 연루되어 다시 중죄에 처해져 사사되었다.

박상 등이 신씨 복위 상소를 올린지 3일만인 중종 10년 8월 11일 대사헌 권민수(權敏手)·대사간 이행(李荇) 등의 탄핵을 받아, 8월 24일 42세의 박상은 남평(南平)에, 30세의 김정은 보은(報恩)에 도배(徒配)되었다. 이후 이들에 대한 처벌 문제를 두고 찬반논의가 가열되었으나, 이듬해인 중종 11년 5월 8일 천재지변으로 인해 용서되고, 6월 19일 사유(師儒)에 합당한 인원으로 간택되었으며, 11월 13일 "김정·박상을 서용(叙用)하라."는 명이 내렸다.

신씨의 복위 연명 상소를 박상·김정과 결의한 무안현감(務安縣監) 유옥(柳沃, 1487~1519)은 노모(老母)만 계시고, 형제가 없었다. 이에 박상 등이 "우리는 형제가 있으므로 죽게 되어도 다른 형제가 부모를 모실 수 있지만, 그대는 만약 불행한 일을 당한다면 노모를 봉양할 사람이 없으니 그대의 이름을 빼는 것이 옳다." 하여 연명(聯名)에는 참여하지 못하였으나, 후일 유옥도 후한 은전을 받았다.

이때 그들이 관직에서 쫓겨날 것과 죽음을 각오하고 관

직을 표시하는 직인(職印: 도장)을 소나무가지에 걸었다고 전해지는 곳인 전북 순창군 팔덕면 청계리 산 271번지에 영조 20년(1744, 甲子) 4月에 비각(碑閣)을 세워 삼인대(三印臺)라 불리운다.

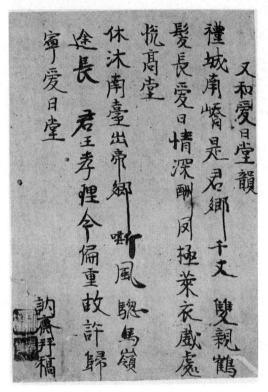

박상의 시詩(근묵, 성균관대학교)

삼인대(전북 순창군 소재)
이재(李縡, 1680~1746)가 비문을 짓고, 민우수(閔遇洙, 1694~1756)가 비
문의 글씨를, 유척기(兪拓基, 1691~1767)가 전서를 썼다.

소릉 복위에 이어 박원종 등 중종반정공신들에 의해 쫓
겨났던 중종의 조강지처인 신씨의 복위를 주장하는 상소
는 사림들이 성리학 이념을 확립하여 가는 과정이었다.

■ 정몽주 문묘종사

중종 12년(1517) 8월 7일 정몽주(鄭夢周)와 김굉필(金宏弼,
1454~1504)을 문묘에 종사하도록 성균생원 권전(權磌,
1490~1521) 등이 상소를 올렸다.

이 상소는, 정몽주 문묘종사는 성종대부터 이미 기정사
실화되어 있었던 까닭에, 무오·갑자사화를 일으킨 유자광
·이극돈 등을 비판하고 사림의 정통성을 회복하려는 의
도에서 김굉필 문묘종사를 추진하는 것이었다.

소(疏)가 들어가니, 중종
이 "너희 소의 뜻을 보건
대, 정몽주·김굉필을 문묘
에 종사하여 우리나라의
만세토록 이어갈 도학을
밝히고자 하는 것이니 너
희 뜻이 가상하다. 너희 소
를 조정(朝廷)에 의논하라."
고 전교하였다.

중종 12년 8월 18일 정
몽주 등을 문묘에 종사하
도록 성균관생원 권전 등
이 다시 상소하였다.

포은 정몽주 신도비(우암 송시열 찬)

중종 12년(1517) 9월 17일 정몽주(鄭夢周)를 문창후(文昌
侯) 최치원(崔致遠)의 다음 자리에 종사(從祀)하고 사신(使
臣)을 보내어 제사하였다.

포은 정몽주 신도비 부분(경기금석대관), 김수증이 글씨를 썼다.

■ 현량과

정몽주 문묘종사가 이루어져 사림의 명분이 바로서자, 성리학 이념에 따라 개혁을 실현해 나갈 신진 사림들을 등용하는 문제가 대두되었다. 그러나 도학인 성리학을 주로 공부했던 이들 사림들을 그전대로 과거 시험인 문과급제를 통하여 등용하기에는, 문장을 위주로 했던 과거시험 자체의 문제도 있었고, 그러한 문제를 내고 그러한 기준을 가지고 평가를 했던 시험관의 문제도 있었다. 따라서 사림들은 성리학을 전공한 사람들을 천거로 발탁하는 제도를 모색하기 시작하였다. 이것은 천거를 받은 사람들이 임금 앞에서 과거를 치루는 제도인 과거와 천거를 겸용한 현량과로 귀결되었다.

이러한 모색과정에서 중종 13년(1518) 2월 24일에는 어진 이를 천거하는 일에 대해 논의하였다.

이렇게 사림들을 인재로 등용하여 사림세력을 키워서, 훈척과 연결된 여러 후궁 세력들로부터, 앞으로 세자가 되어 정통을 이어갈 원자를 지켜내야 했다. 원자를 지켜줄 원자의 어머니인 장경왕후가 돌아가시고, 오히려 원자보다 여섯 살 위인 경빈 박씨 소생 복성군이 있어 이는 더욱 중요한 문제로 대두되었다.

이에 중종 13년(1518) 3월 11일 조강에서 참찬관 이자(李耔), 조광조 등의 사림들은 왕세자의 보양 문제를 얘기하였다. 세자가 어머니인 장경왕후가 돌아가신 후에 여염집에서 자라고 있어 중종과 틈이 벌어질까봐 여러 고사를 인용하여 가까이할 것을 얘기하였다.

그리고 같은 자리에서 인재의 등용과 유일 천거에 대해

논의하였다. 경학을 하여 덕 있는 사람들을 천거하게 하여
천거를 받은 사람들만으로 임금이 직접 시험을 보아 급제
한 사람들을 등용하자는 것으로 천거받은 자를 과거 급제
자처럼 대우하려는 방안이었다. 이것이 바로 현량과이었
다.

중종 14년(1519) 4월 17일 천거과에 김식(金湜), 박훈(朴
薰), 김대유(金大有) 등 28인을 뽑은데 대해 인재가 많이 배
출되었다고 기뻐하고 차례로 서용하도록 정청(政廳)에 전
교하였다.

■ 위훈 삭제와 기묘사화

이처럼 훈척세력이 변화하는 가운데 조광조 등의 사림
들이 삼사(三司)를 중심으로 등장하여 현량과를 실시하며
세력을 확장하면서 정계를 주도하여 갔다.

이에 따라 중종 8년(1513) 3월 소릉 추복을 의결하고, 중
종 11년(1516) 6월 내수사 장리와 기신재를 혁파하고, 중종
12년 7월 여씨향약을 8도에 시행시키고, 중종 12년 8월 정
몽주를 문묘종사시키고, 중종 13년 3월 조광조의 건의로
중종 14년(1519) 4월 현량과를 실시하여 김식 등 사림을
대거 등용하는 등 개혁이 진행되었다. 이러한 개혁을 진행
하며 중종 14년(1519) 10월 25일 대사헌 조광조·대사간
이성동(李成童) 등이 공신 중 위훈을 삭제할 것을 요구하
며 본격적으로 훈구를 공격하기 시작하였다.

이에 임금이 사정전에 나아가고, 조광조·이성동 등 대
간(臺諫) 전원이 입대(入對)하여 정국공신들의 위훈에 대해
격론하였다. 특히 사림들은 연산군대에 무오·갑자사화를

일으켰던 유자광이 정국 공신에 들어있는 것에 대하여, 더욱 울분을 터뜨리고 있었다.

이렇듯 중종의 윤허가 내려지지 않자 대간들은 사직하고, 정부·육조·한성부·홍문관 등에서 위훈 삭제를 청하자, 결국 중종 14년 11월 11일 정국 공신 중에 운수군 이효성 등 76명의 훈작이 삭제되었다. 그러나 이틀 뒤인 11월 13일 삭적된 공신에게 하사한 잡물·가사 등은 거두어들이지 말라는 전교를 내렸다.

위훈 삭제 사태가 급진전하자 이에 신변의 위협을 느낀 김종직(金宗直, 1431~1492)의 문하생인 남곤(南袞, 1471~1527)과 중종반정 공신인 심정(沈貞, 1471~1531), 희빈 홍씨의 아버지인 홍경주 등은 「주초위왕 走肖爲王」의 모략으로 사림들을 제거하려 하였다.

중종은 비밀히 홍경주로 하여금 충훈부(忠勳府)의 직방(直房)에 입직(入直)하게 하였다가 인견하여 조정의 일을 물었는데, 홍경주는 외정(外廷)의 재집(宰執)과 함께 드디어 참소하기를 '조광조는 인망이 한때에 중하여 사람들이 모두 돌아가 붙으니 비상한 일이 있을는지 모릅니다' 하자, 중종은 조광조 등을 더욱 의심하여 밀지(密旨)를 홍경주에게 주어 재집들에게 보이게 하였다. 밀지의 내용은 대략 다음과 같다.

'정국한 신하는 다 도와서 추대한 공이 있는데, 지금 4등을 공이 없다 하여 삭제하기를 청하니, 이는 반드시 그 사람을 구별하려는 것이다. 그런 뒤에 공이 있는 사람을 뽑아 내서 연산을 마음대로 폐출한 죄로 논한다면, 경(卿) 등이 어육(魚肉)이 되고 다음에 나에게 미칠 것이다.'

홍경주가 중종의 밀지를 소매에 넣고 다니며 재집들에게 보였는데, 정광필(鄭光弼)의 집에 가서 보였더니 정광필이 보려 하지 않고 말하기를 '공은 유자광(柳子光)의 일을 보지 않았느냐.' 하므로 홍경주가 드디어 물러갔다. 그 나머지 제공(諸公)은 '상의 뜻이 이러한데 어떻게 어길 수 있느냐.' 하였다.

그래서 중종이 곧 홍경주와 함께 모의한 남곤(南袞)을 부르니 남곤이 신무문(神武門)을 거쳐 비현합(丕顯閤)에 들어가 제거할 명사(名士)를 뽑아서 벌여 적었고, 한 사람마다 무사(武士) 5명을 배정하고 궐정(闕庭)에 불러모아 쳐죽이기로 의논을 정했다.

결국 위훈 삭제를 허락받은 지 나흘만인 11월 15일에 이자·김정·조광조 등의 사림은 훈척들에 의해 갇히게 되었다. 이것이 기묘사화이다.

중종 14년(1519) 12월 16일 조광조는 사사(賜死)하고 김정·김식·김구는 절도(絶島)에 안치하고 윤자임·기준·박세희·박훈은 극변(極邊)에 안치하였다.

조광조(趙光祖, 1482~1519)의 본관은 한양(漢陽), 호는 정암(靜庵)이다. 그는 17세인 연산군 4년(1498) 한훤당(寒暄堂) 김굉필(金宏弼)이 희천(熙川)에서 귀양살이할 때 공에게 가서 배웠다.

그리고 중종 14년(1519) 12월 16일에는 기묘명현들을 뽑았던 현량과 마저도 파방하였다.

조광조 신도비

■ 신사무옥

남곤(南袞)·홍경주(洪景舟) 등의 훈구파에 의해 조광조 등 신진 사림들이 화를 당한 기묘사화로 사림들의 세력이 위축되어 있는 동안에 사림들이 다시 화를 당하는 신사무옥(辛巳誣獄)이 일어났다.

중종 16년(1521) 10월 11일 관상감 판관(判官) 송사련(宋祀連)이 그의 처남인 학생 정상(鄭瑺)과 함께 송사련의 이성(異姓) 4촌인 안처겸 등을 역적 모의로 고변하였다.

이 신사무옥은 안당의 아들 안처겸(安處謙)이 세종 서9남 영해군의 손자 시산부정(詩山副正) 이정숙(李正叔), 앞서 정몽주 문묘종사에 상소를 올린 권전(權磌) 등과 함께 기묘사화로 득세한 남곤·심정 등이 "사림을 해치고 왕의 총명을 흐리게 한다." 하여 이들을 제거하기로 모의하였다. 이때 그 자리에 함께 있던 송사련이 그의 처남인 정상과 이러한 사실을 고변할 것을 모의한 후, 안처겸의 모상(母喪) 때의 조객록(弔客錄)을 증거로 삼아 고변한 것이다.

이로써 사건은 벌어져 권전은 곤장을 맞고 중종 16년 10월 15일 죽었으며, 10월 16일에는 이정숙(李正叔), 안처겸(安處謙), 안형(安珩), 안처근(安處謹), 신석(申晳), 윤세영(尹世英), 황현(黃俔), 이성간(李成幹) 등이 처형되었다.

송사련(宋祀連, 1496~1575)은 그 공으로 당상관이 되어 이후 30여년간 득세하였다. 송사련의 아버지는 송인(宋璘)이며, 어머니는 안돈후(安敦厚)의 서출(庶出)로 이름은 감정(甘丁)이다. 슬하에 4남 1녀를 두었는데, 그 중 셋째아들이 구봉(龜峯) 송익필(宋翼弼, 1534~1599)이다.

【여산송씨 송사련을 중심으로】

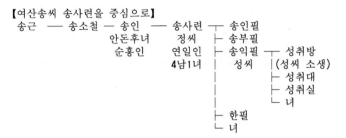

```
송근 ── 송소철 ─ 송인 ── 송사련 ┬ 송인필
            안돈후녀   정씨    ├ 송부필
            순흥인    연일인   ├ 송익필 ┬ 성취방
                    4남1녀   │  성씨  │(성씨 소생)
                          │      ├ 성취대
                          │      ├ 성취실
                          │      └ 녀
                          │
                          ├ 한필
                          └ 녀
```

안처겸(安處謙, 1486~1521)의 아버지는 좌의정 안당(安瑭)
이며, 어머니는 경원부사 이영희(李永禧)의 딸 전의 이씨
(全義李氏)이다. 부인은 옥당부수(玉堂副守) 이수장(李壽長)의
딸 전주 이씨이다. 장인 이수장은 정종 아들로 성빈 지씨
소생 의평군 이원생의 증손자이다.

【순흥안씨 안처겸을 중심으로】

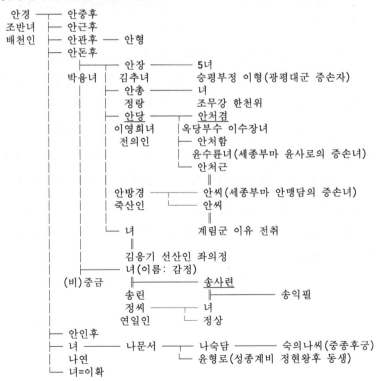

```
안경 ──┬ 안중후
조반녀 ├ 안근후
배천인 ├ 안관후 ── 안형
     ├ 안돈후
     │     ┬──┬ 안장 ───── 5녀
     │ 박용녀 │ 김추녀   승평부정 이형(광평대군 증손자)
     │     │ ├ 안총 ───── 조무강 한천위
     │     │ │ 정랑
     │     │ ├ 안당 ──┬ 안처겸
     │     │ │ 이영희녀 │옥당부수 이수장녀
     │     │ │ 전의인  ├ 안처함
     │     │ │       │ 윤수륜녀(세종부마 윤사로의 증손녀)
     │     │ │       └ 안처근
     │     │ │          ‖
     │     │ ├ 안방경 ──┬ 안씨(세종부마 안맹담의 증손녀)
     │     │ │ 죽산인  └ 안씨
     │     │ │
     │     │ └ 녀     계림군 이유 전취
     │     │
     │     │ 김웅기 선산인 좌의정
     │     ├───── 녀(이름: 감정)
     │ (비)중금   ‖      ── 송사련
     │        송린   ‖────── 송익필
     │        정씨 ──┬ 녀
     │        연일인 └ 정상
     ├ 안인후
     ├ 녀 ──── 나문서 ──┬ 나숙담 ── 숙의나씨(중종후궁)
     │ 나연         └ 윤형로(성종계비 정현왕후 동생)
     └ 녀=이확
```

시산부정(詩山副正) 이정숙(李正叔, ?~1521)의 아버지는
길안정(吉安正) 이의(李義, 1461~1520)이며, 어머니는 송자
강(宋自剛)의 딸 여산 송씨이다. 시산부정은 정암 조광조와
도의(道義)로 맺었었고, 신사무옥으로 사사되었다.

【전주이씨 이정숙을 중심으로】

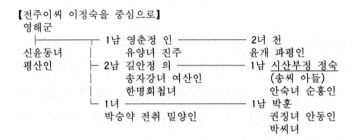

```
영해군
├──────────┬ 1남 영춘정 인 ──────────── 2녀 천
신윤동녀     │    유양녀 진주           윤개 파평인
평산인       ├ 2남 길안정 의 ──────────── 1남 시산부정 정숙
             │    송자강녀 여산인              (송씨 아들)
             │    한명회첩녀                 안숙녀 순흥인
             └ 1녀 ──────────────────── 1남 박훈
                  박승약 전취 밀양인          권징녀 안동인
                                          박씨녀
```

그리고 중종 20년(1525) 3월에 유세창(柳世昌) 역모사건이
일어나니 사림들은 더욱 위축된다.

기묘사림 단계에 오면 성종대 이후 시작된 성리학 이해
는 『소학』류의 서적을 편찬하여 『소학』보급 운동을 벌이
는 단계로 들어선다. 따라서 기묘사림은 『소학』을 바탕으
로 한 성리학의 이상정치 실현을 시도하게 된다. 그러나
아직 성리학 입문서인 소학의 이해 단계라 지치(至治)의
성공은 바랄 수 없었던 것이니 기묘사화로 이들의 이상이
좌절되게 되는 것이다. 사림들이 기묘사화를 당한 후에 그
들이 추진했던 향약 실시, 현량과 등이 중지되고 소학은
금서로 되었다.

■ 훈척의 갈등과 김안로의 실각

기묘사화 · 신사무옥으로 사림들이 제거되자 경빈 박씨 등 후궁과 연결된 훈척과 동궁과 연결된 훈척들 사이의 갈등이 첨예화되기 시작하였다. 이를 반영하듯 동궁의 동복 누님의 시아버지로 동궁 세력이 되는 김안로는 경빈 박씨 세력과 연계된 남곤(南袞) · 심정(沈貞) · 이항(李沆) 등의 탄핵을 받고 경기도 풍덕에 유배가기에 이른다.

김안로는 기묘사화로 조광조 등이 죄를 받고, 사림들이 실각한 뒤 아들 김희(金禧)가 중종의 맏딸이자 동궁의 동복 누님인 효혜공주와 혼인하여 중종의 부마가 되고, 부제학 · 예조참판 · 병조참판 · 대사헌 등을 거쳐 이조판서에 발탁되었다. 동궁과 효혜공주는 장경왕후 소생이다.

중종 19년(1524) 11월 2일 영의정 남곤(南袞), 좌의정 이유청(李惟淸), 우의정 권균(權鈞) 등이 김안로가 붕당을 만들어 선동한다고 탄핵하였다. 11월 4일 조강에서 동지사 이항 · 집의 조한필 · 정언 김연 · 시강관 심사손(沈思遜, 1493～1528) · 참찬관 김극개(金克愷) 등이 김안로를 귀양보낼 것을 청하였다. 11월 6일 결국 김안로는 파직되었다.

김안로의 죄가 파직에만 그치게 되자 대간이 연일 사직하고 물러나자, 11월 18일에는 대간이 김안로를 더 먼 곳으로 귀양보내라 하여 풍덕군으로 귀양보냈다.

이렇게 남곤과 심정 아들인 심사손과 이항 등이 김안로를 귀양보내면서 기묘사화를 주도한 남곤 · 심정의 세력은 그대로 지속되었다. 이들은 경빈 박씨와 가까운 사이였다.

■ 동궁 작서의 변과 경빈 박씨의 유배

앞서 남곤·심정 세력에 의해 김안로가 유배가게 되었는데, 남곤이 졸하자 이에 대한 김안로 세력의 반격으로 작서(灼鼠)의 변(變)이 일어났다. 이는 세자 보호를 빌미삼은 김안로 세력과 복성군을 둘러싼 경빈 박씨 세력간의 갈등이었다.

작서(灼鼠)의 변(變)은 중종 22년(1527)에 쥐를 태워 동궁[인종]의 생일에 동궁 뜰에다 내걸고 저주했던 사건을 가리킨다. 당시 동궁이 해생(亥生)이었는데, 해(亥)는 오행(五行)으로 돼지에 속하고 쥐도 역시 돼지와 모양이 비슷한 것이므로 당시 의논이 동궁을 저주한 것이라고 하였다.

중종 22년 3월 22일 좌의정 이유청·우의정 심정·우찬성 이항·좌참찬 안윤덕 등이 면대를 청하여 세자(世子: 후일 인종)의 침실에 쥐를 매달아 양법한 사람을 죄줄 것을 청하였다. 4월 14일 중종 어머니 정현왕후가 세자에 대한 양법사건에 대해 이유청 등에게 알려주었다. 이어 세자에 대한 양법사건의 관련자로 경빈을 지목하였다.

4월 26일 대간의 건의에 따라 박씨의 일과 관련하여 홍서주(洪敍疇), 김헌윤(金憲胤)은 체직되었다. 홍서주는 혜정옹주와 혼인한 당성위 홍여(洪礪)의 아버지고, 김헌윤은 혜순옹주와 혼인한 광천위 김인경(金仁慶)의 아버지다. 혜정과 혜순은 모두 박빈(朴嬪)의 딸이다. 또한 박씨의 아버지 박수림, 오라비 박인형·박인정은 파출되었다.

홍서주의 부인 전주 이씨는 세종 서5남으로 신빈 김씨 소생인 밀성군의 증손녀로 성종계비인 정현왕후의 동생 윤탕로는 그의 고모부가 된다.

【남양홍씨 홍여를 중심으로】

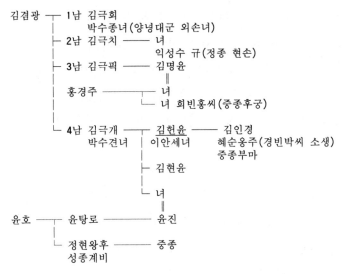

밀성군 이침 ── 운산군 이계 ┬ 철성군 이갱 ── 1녀 ──────── 홍여
　　　　　　　　　　　　　　│　　　　　　　홍서주　　　중종부마
　　　　　　　　　　　　　　└ 1녀　　　　　　윤진
　　　　　　　　　　　　　　　윤탕로　　　김극개녀
　　　　　　　　　　　　　　　　　　　　　홍언필녀

　김헌윤은 홍경주의 사위인 김명윤과는 4촌간이며, 김헌
윤의 누이는 윤탕로의 아들 윤진과 혼인하였다.

【광산김씨 김헌윤을 중심으로】

김겸광 ┬ 1남 김극회
　　　　│　　　박수종녀(양녕대군 외손녀)
　　　　├ 2남 김극치 ──── 녀
　　　　│　　　　　　　익성수 규(정종 현손)
　　　　├ 3남 김극픽 ──── 김명윤
　　　　│　　　　　　　　　　‖
　　　　├ 홍경주 ┬── 녀
　　　　│　　　　└── 녀 희빈홍씨(중종후궁)
　　　　└ 4남 김극개 ┬── 김헌윤 ──── 김인경
　　　　　　박수견녀 │ 이안세녀　　　혜순옹주(경빈박씨 소생)
　　　　　　　　　　 │　　　　　　　　중종부마
　　　　　　　　　　 ├ 김현윤
　　　　　　　　　　 └── 녀
　　　　　　　　　　　　　‖
윤호 ┬── 윤탕로 ──── 윤진
　　　│
　　　└ 정현왕후 ──── 중종
　　　　성종계비

　중종 22년 4월 30일 경빈 박씨와 열아홉 살된 그의 아들
복성군 이미(李嵋, 1509~1533)를 고향으로 유배보냈다.
　이 사건이 있은 지 5년 뒤인 중종 27년(1532) 3월에 심
정 세력으로 분류되는 생원 이종익(李宗翼)은 상소를 하여,
동궁 작서사건은 중종의 맏사위이며 김안로의 아들인 연
성위(延城尉) 김희(金禧)가, 심정 세력에게 원한을 품고 이

들을 제거하려는 아버지 김안로의 사주를 받아 일으킨 사
건이라고 주장하기도 하였다.

■ 김안로 세력 등장과 심정 세력의 몰락

경빈 박씨가 유배가고 그들 세력이 밀려나면서 동궁[인
종]을 보호한다는 명분을 가지고 김안로 세력이 복귀한다.
이는 중종 22년(1527) 6월 4일 연성위 김희가 아버지 김안
로를 방환해달라는 상소로 시작되었다. 그러나 심정 등의
대신이 반대해서 이루어지지 않았다. 이에 김희는 중종 23
년 1월 21일 김안로의 방면을 다시 상소하였다.

그러나 대신들의 반대로 이루어지지 않다가 중종 24년 5
월 24일 김희가 다시 상소하고 우의정 이행이 적극 찬성
하면서 김안로는 유배간 지 6년만에 방면되었다. 5월 25일
에는 장순손(張順孫)이 적극 김안로 방면을 주청하였다. 이
렇게 김안로가 유배간 지 6년만에 아들 연성위 김희의 3
번에 걸친 상소 끝에 돌아오는 동안에, 중종반정 3등 공신
송일의 손자이자 남곤의 외손자인 송인(宋寅, 1517~1584)
이 중종 23년 숙원 이씨 소생인 중종 서3녀 정순옹주와
혼인하고, 희빈 홍씨가 중종 24년 중종 서6남 봉성군을 낳
으며 심정 세력이 강화되고 있었다.

【여산송씨 송인을 중심으로】

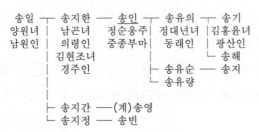

이에 중종 24년 5월 26일에서 7월 1일까지 사헌부와 사간원에서 김안로 방면을 반대하지만 받아들여지지 않았다. 오히려 중종 25년(1530) 3월 14일 김안로의 처남 채소권(蔡紹權)이 청주목사로 나가 있다가 좌부승지로 들어오는 등 김안로 세력이 조정에 깊숙이 진출하기 시작하였다.

이에 중종 25년 6월 1일에는 김안로의 심복이라 하는 김근사(金謹思)와 심언광(沈彦光)이 대간을 움직여 경빈 박씨의 사위 김인경의 아버지인 김헌윤(金憲胤)과 할아버지인 김극개와 종조부인 김극픽(金克愊)을 탄핵하면서 경빈 박씨와 심정 세력에 대한 반격을 시작하였다.

이러한 와중에 김안로의 사주를 받은 허항·채무택의 모략으로 중종 25년(1530) 6월 4일 경빈 박씨의 사위인 광천위 김인경의 아버지인 김헌윤은 외방부처되었고, 김극픽·김극개는 파직되었다.

【광산김씨 김헌윤을 중심으로】

```
김겸광 ┬ 김극회
       ├ 김극치
       ├ 김극픽 ── 김명윤
       │ 이철동녀    홍경주녀
       │
       └ 김극개 ── 김헌윤 ── 김인경
         김수견녀   이안세녀   혜순옹주(경빈박씨소생)
```

중종 25년 6월 11일 사헌부가 김안로에게 직첩을 환급하라는 성명을 거둘 것을 청하였으나 허락되지 않았고, 대신 6월 19일에는 대간이 경빈 박씨와 결탁한 환자(宦者) 최침(崔忱)·조익(趙翊)·장승선(張勝善) 등의 추방을 요청하여, 6월 21에는 일이 동궁에 관계된다 탄핵하여 최침 등을 외방에 부처하였다.

그리고 8월 5일에는 대간에서 이항이 사사로이 대간에게 청탁했다고 하여 이항을 죄줄 것을 청하고, 이어서 8월 12일에는 홍문관에서 이항을 죄줄 것을 청하여 파직을 하였다.

이리하여 김안로가 배척하는 세력이 하나 제거되었다.

이러한 와중에서 여지껏 할머니로 어머니 대신 동궁을 보호하던 정현왕후가 중종 25년(1530) 8월 22일에 동궁의 정침에서 승하하시자 동궁을 보호할 세력이 더 필요하게 되었다.

정현왕후가 돌아가시고, 11월 12일 졸곡제를 지내자, 11월 14일에는 김안로의 형인 김안정이 이조참판이 되고, 김안로의 심복인 장순손이 이조판서가 되어 인사권을 쥐게 되었다.

그리고 김근사(金謹思, 1466~1539), 황사우(黃士祐 1486~1536), 심언광(沈彦光, 1487~?) 등 김안로 세력은 성세창(成世昌, 1481~1548), 김공예(金公藝) 등 심정 세력을 전면 공격하기 시작하였다. 김근사는 김안로와 8촌 형제간이며, 황사우는 그의 처가로 김안로와 이성(異姓) 4촌이 된다

【연안김씨 김안로를 중심으로】

```
김자지 ┬ 김해 ── 김우신 ┬ 김혼 ┬ 김안정
       │              │     └ 김안로 ── 김희 (중종부마)
       │              │
       │              └ 녀 ── 녀
       │                오수정  황사우
       │
       └ 김수 ── 김원신 ── 김면 ── 김근사 ── 김부
```

중종 25년(1530) 11월 17일 홍문관 부제학 성세창·직제학 김공예 등이 김안로가 다시 등용될 형세가 이미 이루

어진 것을 알고, 성세창이 좌의정 심정과 같은 동리에 사는 기화로 심정과 논의하고서, 대간이 장순손과 김안정은 쓸만하지 않다는 것을 모르지 않는데도 김안로에게 아부하여 잠자코 말하지 않는 것을 분하게 여겨, 이들의 관직 임명과 대간의 처신이 마땅치 않다고 아뢰자, 11월 21일 대사헌 김근사·대사간 권예 등이 홍문관에서 대간을 논핵한 일에 대해 성세창, 김공예, 심정, 장순손, 황윤준 등의 잘못을 탄핵하였다.

중종은 김근사 등의 의견을 받아들여 심정 등의 파직을 허락하였다. 중종 25년 11월 27일 홍문관 부제학 황사우 등이 심정을 율대로 죄주도록 청하였다.

이에 중종은 먼 지방에 부처하라는 분부를 내렸다. 이에 대해 사신(史臣)은 김안로와 심정의 술책에 대해 언급하였다.

사신은 논한다. 김안로가 민수천(閔壽千)의 음흉한 계책을 이용하여 그 아들 연성위(延城尉) 김희(金禧)를 시켜 재상 장순손 등의 집을 찾아보게 하고, 사류 중에서 대간과 시종이 되었던 자들과 사귐을 맺고 또 동궁(東宮)이 외롭다는 말을 만들어, 제 죄를 풀어줌으로써 세자의 우익(羽翼)이 되게 하기를 바랐다.

심언광 등이 그 술수에 빠져 참으로 동궁의 도움이 될 수 있으리라고 생각하여, 서로 함께 창화(倡和)하여 김안로의 죄를 풀어서 진용하려 하였다. 당초 김안로를 귀양 보낼 때에 남곤이 심정 및 이항 등과 모의하였는데, 이때 이항은 이미 파직되었으나 심정은 정승 자리에 있었으므로 그 꾀를 행할 수 없었다. 드디어 심정을 제거하려는 계책이 있었으나 이름붙이기 어려워서 기묘년에 사림을 모해(謀害)한 것을 죄로 삼았는데, 듣는 사람들은 당연하게 여기고 김안로를 진용하려는 술책인 줄 몰랐다.

심정이 정탐하여 이것을 알고 부제학 성세창에게 말하니, 성세창이 자못 그 꾀를 알았다. 양사(兩司)가 심정을 공박하게 되어 홍문관도 논박하려 하였으나, 성세창이 심정에게서 들은 말을 홍문관의 동료에게 말하여 도리어 양사를 공박하였다. 논의가 바야흐로 행하여지는데, 이조판서 장순손이 성세창을 형조참판으로 전임시켰다. 대간이 곧 아뢰기를, '심정과 성세창이 안팎이 되어 간사한 짓를 하여 사림을 모함하니 극형에 처하라.' 하여 매우 급하게 공격하니, 다 외방에 부처하라고 명하였다. ....

이렇듯 김안로는 기묘사화를 빙자하여 심정을 제거하면서도 그것이 진정 기묘사림들을 위한 것이 아니었기에 기묘년에 파직당한 권벌은 직첩을 돌려주게 하면서도 기묘사림들에게 명망이 있는 이자(李耔)는 동서간이면서도 서용하지 않았다.

중종 25년(1530) 12월 11일에는 김안로가 박원종의 서얼 박운(朴雲)과 조그만 땅을 다툰 것을 혐오하여 인척 박홍린(朴洪麟)으로 하여금 박운을 탄핵하게 하였다.

중종 26년 4월 10일 이항(李沆)이 유배되었다. 이항은 심정·김극픽과 함께 김안로를 몰아냈다가 김안로가 세력을 잡자 박운에게 뇌물을 받지 않았다고 승정원에 무단으로 들어와 상소하다가 유배되기에 이른 것이었다.

중종 26년 5월 24일 여러 해동안 비가 오지 않자 김안로 등을 율대로 처단하면 비가 올것이라는 내용의 익명서가 나돌자, 금부가 화살을 쏘고 방을 붙인 사람을 잡을 절목을 입계하니, 중종이 "절목에 의거 철저하게 구포하라."고 전교하였다. 6월 4일 헌부에서 김안로를 다시 서용하라는 명을 거둘 것을 청하였다. 그러나 김안로는 6월 18일 의흥위 대호군(義興衛大護軍)에, 윤6월 15일에는 겸 오위 도총부 도총관(兼五衛都摠府都摠管)에, 윤6월 27일에는 한성부 판윤에 임명되고, 8월 29일에는 예조판서가 되면서 중종의 절대 신임을 받고 승승장구하였다.

이렇게 승승장구하였지만 김안로의 불행인지 며느리인 효혜공주가 졸한 지 반년도 못되어, 10월 10일에는 아들이자 중종의 맏사위인 연성위 김희가 졸했다.

이에 정광필·이행 등 대신과 유여림 등 육조에서 김안로를 예조판서에서 체직시킬 것을 상소하여 김안로는 예조판서에서 물러나게 되었다. 김안로는 이에 대한 보복을 다음에 하였다.

이에 대해 중종 26년 10월 25일 김안로의 심복들인 박홍린과 허항 등은 대신인 정광필·이행과 판서인 이항의 매부 조계상과 이행의 사촌 매부 유여림, 홍문관의 직제학 김섬, 김만균 등을 이항·심정과 결탁하여 사림들을 김안로의 당이라고 모함하여 해하려 한다고 공격하였다.

그리고 앞서 일어난 익명서 사건을 심정의 아들 심사순(沈思順)의 필적이라 하여 심정을 공격하였다.

이러한 모함은 성공하여 드디어 10월 25일 김섬·김만균·심사순 등을 금부에 내려 추고하라는 전교가 내렸다.

그리고 중종 26년(1531) 11월 5일에는 기묘사화에 죄를 받았던 정순붕(鄭順朋)·유인숙(柳仁淑)은 서용하고, 박광영(朴光榮)·정윤겸(鄭允謙)은 방면하고, 김구·박훈은 양이(量移)하기로 하였다.

대신에 기묘사화를 일으키며 경빈 박씨와 연결하여 승
승장구하던 심정 세력은 김안로·허항·채무택의 삼흉에
게 몰려나 아들 심사순은 형장을 맞아 죽고 심정은 사약
을 받고 죽게 된다.

중종 26년 11월 26일 심정의 아들 심사순의 종이 방문을
종루 북쪽 기둥에 붙였다고 자백하였다 하여, 심사순이 불
복하고 형장을 맞고 죽었는데도 불구하고, 심정은 대역죄
로 몰려, 11월 29일 대간이 합사하여 심정을 대역죄로 죽
일 것을 청하자, 12월 1일 심정을 사사(賜死)하라는 명이
내렸다. 12월 9일 도사 여세침이 강서(江西)에서 돌아와 이
달 3일 심정을 사사하였다고 복명하였다.

이렇게 심정이 사사되자 중종 26년 12월 10일 김안로는
문형(文衡)을 주관하고 사림의 종장이 되는 대제학에 제수
되었다.

중종 27년(1532) 1월 10일 김안로는 세자 시강원 좌빈객
(世子侍講院左賓客)에 임명되었다.

중종 27년 3월 1일 경상도 기장에 유배가 있는 생원 이
종익이 박원종의 아들 박운과 이행·김극성·조계상·유
여림을 복귀시킬 것을 청하면서 심정·심사순이 모함을
받아 죽었다고 억울함을 호소하는 상소문을 올리자, 조정
의 일을 유배가 있는 이종익에게 알려주고 조종한 자가
이행과 조계상이라고 하여 이행과 조계상을 극변에 유배
보내기로 하고 이종익은 옥에 가두고 배후가 누구인지 심
문하기로 하였다. 3월 12일 이종익을 옥에 가두고 심문하
자, 3월 20일 이종익은 옥중에서 김안로를 배척하고 복성
군과 경빈 박씨를 옹호하는 상소를 올리면서 동궁 작서사

건은 김안로가 꾸민 것이라고 주장하였다.

【덕수이씨 이행 집안을 중심으로】

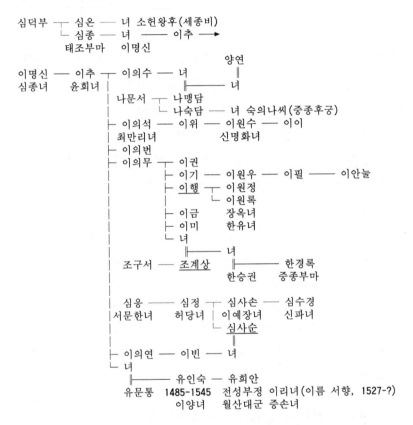

이에 이종익의 상소가 권세가 있는 간신에게 붙어 조종을 교란하여 사림에게 화를 불러일으키려 하였다 하여, 3월 26일 생원 이종익을 당고개[堂峴]에서 목베었다.

이렇게 세도를 잡은 김안로는 중종 27년(1532) 3월 이종익 상소를 빌미로 이행을 유배보내, 중종 29년 11월 11일 유배지에서 죽게 만들었다.

이렇게 김안로가 정적들을 온갖 모함으로 죽이고 유배

보내는 가운데 승승장구하며 중종 27년 12월 15일 이조판
서에 임명되니, 12월 19일 장령 송인수가 주도하여 대간에
서 "조정의 기강을 무너뜨리고 사림을 모함하려는 자로
지목되어 처벌받는 사람들이 모두 '김안로 때문에 이렇게
하였다.'고 하니, 김안로를 인물을 진퇴시키는 이조판서에
임명해서는 안 된다."고 주장하였다. 이에 중종은 12월 26
일 김안로를 이조판서에서 체직시켰다. 그러나 김안로는
보복으로 송인수를 모함하여 귀양가게 하였다.

　이즈음 중종 28년(1533) 2월 22일에는 이러한 김안로 세
력의 만행을 이장(李璋)이 노래로 풍자하다가 벌을 받기도
하였다.

　　헌부가 아뢰기를, "이장이 유생이었을 때 이행(李荇)의
　집에 출입하여 자식과 같은 대우를 받으며 의식(衣食)을
　이행에게 의지하였었는데, 이행이 죄를 얻게 되자 잘 대
　우받던 사사로운 은혜를 깊이 연모하여 항상 분노를 품
　었습니다. 이제 온 조정의 재상과 대부의 이름을 일일이
　들어 음(音)이 같은 다른 글자로 긴 노래를 만들었는데,
　겉으로 보면 우스갯소리로 조롱하는 것이지만 속으로는
　비방하고 헐뜯어 동요시키는 것입니다.
　　말하자면 '정광필(鄭光弼)은 세필(細筆)이요, 이홍간(李弘
　簡)은 절간(折簡)이라.'고 한 것은 곧 절간을 좋아한 것을
　비방한 것입니다. 또 '장순손(張順孫)은 어떤 손[客]이며,
　한효원(韓效元)은 무슨 원(員)인가?' 한 것은 모두 조롱하
　면서 배척하는 말입니다. 그 노래에 재상의 이름을 가리
　킨 것이 매우 많다 하는데 신들은 아직 미처 보고 듣지
　못했습니다.
　　또는 '유관(柳灌)은 도관(道觀8))이요, 최세절(崔世節)은 무

절(無節)이며, 김안로(金安老)는 나몰라라[吾毛乙奴] 하네. 정만종(鄭萬種)은 구종(丘從)이며, 채무택(蔡無擇)은 사특(邪慝)이니, 이임(李任)은 어찌 하님[何任]이 아니리요. 허자(許磁)는 막자(莫子: 송이버섯처럼 생겼는데 가루약을 가는 물건임)그려' 하였으며, 또 심언광(沈彦光)을 발광(發狂)이라 하고, 권예(權輗를 증여(憎汝)라 하였습니다.

이렇게 일일이 비방하고 크게 외쳐대어 꺼리는 것이 없으니 이는 조정을 희롱하며 일세를 능멸하는 것입니다. 전에는 사습(士習)이 맑지 못하여 권간(權奸)에게 아첨하여 노예같이 섬기더니, 권간이 무너지자 저도 자기의 아비의 일인 듯이 원망을 품고 분해하였습니다. 그리하여 틈을 엿보아 못할 짓이 없이하여 종이에 써서 방을 붙이고 입을 놀려 긴 노래를 만들기까지 합니다. 심사순(沈思順)이 죄를 받은 후에도 금지할 줄 모르고 거리마다 방문이 계속 나붙어 풍속이 이때보다 더 흉한 때가 없었습니다. 그러므로 감히 아룁니다." 하니, 전교하였다. "이장의 일을 어제 패악하다고 아뢰었지만 내가 무슨 일로 그러는지 몰랐는데 지금 아뢴 것을 보니 그 죄가 크다. 아뢴 대로 하도록 하라."

이장(李璋)의 일을 조사하여 중종 28년 3월 5일에 의금부가 이장이 생원 이준인(李遵仁)의 집에서 한림 이원손(李元孫), 생원 이추(李樞)·이성의(李成義)·이의제(李依堤)·최침(崔沈), 유학(幼學) 한유(韓瑠)와 술을 마시면서 부른 장가를 적어서 아뢰었는데, 그 노래는 다음과 같다.

---

8) 원문은 도관(道觀)으로 되어 있으나 이장(李璋)이 풍자한 장가(長歌)에는 陶罐으로 되어 있음. 도관(陶罐): 술잔처럼 생긴 것으로 아교를 끓이는 그릇을 말함)

鄭光弼 細筆奴   정광필(鄭光弼)의 세필(細筆)로
李弘幹 折簡爲也   이홍간(李弘幹)이 절간(折簡)을 썼네
張順孫 何孫爲爾   장순손(張順孫)은 누구의 손자며
韓效元 何官員爲了   한효원(韓效元)은 무슨 관원이냐
鄭萬鍾 丘從爲古   정만종(鄭萬鍾)은 구종(丘從)이 되고
李任〔漢任爲也〕   이임(李任)은 하님〔漢任〕되어
趙元紀 豪氣如   조원기(趙元紀)는 호기(豪氣)요
柳灌 陶罐如   유관(柳灌)은 도관(陶罐)이요
許磁 莫子如   허자(許磁)는 막자(莫子)로다
崔世節 無節屎   최세절(崔世節)은 무절이고
金鐸 大鐸加齊   김탁(金鐸)은 큰 방울일세
黃琦 有氣屎爲尼   황기(黃琦)는 기세 있고
權輗 刀憎汝羅古   권예(權輗)도 증여(憎汝)라고
蔡無擇 刀邪慝多爲件亇隱   채무택(蔡無擇)도 사특함이 많건마는
任樞 大醉爲也   임추(任樞)가 대취하매
沈彦光 發狂爲尼   심언광(沈彦光)이 발광하니
金安老 羅毛老奴   김안로(金安老)는 나몰라라

■ 가작인두(假作人頭) 사건과 경빈 박씨의 죽음

　김안로는 중종 22년 동궁 작서의 변을 기화로 정계에 복귀하면서, 경빈 박씨를 비호하는 세력을 하나하나 제거하여 나갔다. 그리고 이 과정에서 익명서 사건으로 경빈 박씨 세력의 핵심이 되는 심정마저 죽이면서, 동궁을 끼고 조정을 좌우하는 권신으로 자리를 확고하게 잡아나갔다. 이에 마지막으로 남은 일이 유배가 있는 경빈 박씨와 그 아들 복성군을 죽이는 일이었다. 이를 성사시키기에 좋은 구실이 되는 사건이 바로 익명서 사건에 이어지는 가작인두 사건이었다.

중종 28년(1533) 5월 17일 동궁 빈청에 동궁을 저주하는 글이 새겨진 가작인두(假作人頭: 사람의 머리 모양으로 만든 물건)를 걸어놓는 사건이 일어났다. 이는 지평 신거관(愼居寬)의 집에 던져 넣은 글과 궁궐 서문에 쏜 화살에도 동궁을 저주하는 글이 거의 비슷하게 적혀있고, 또 똑같이 병조 서리 한충보(韓忠輔)가 썼다고 쓰여 있어 한충보를 의심하게 하였던 사건이다.

이날 시강원 필선 조인규(趙仁奎), 겸필선 송인수(宋麟壽), 문학 채세영(蔡世英), 겸문학 채무택(蔡無擇), 사서 서고(徐固), 설서 임호신(任虎臣), 겸설서 홍섬(洪暹) 등이 동궁 빈청 남쪽 바자(把子)에 걸려있던 가작인두와 목패를 가지고 왔다.

조인규 등이 가작인두와 함께 가지고 온 목패에는 세자를 능지하고, 왕비를 참해야 한다는 등의 글이 적혀 있었다. 목패의 1면(面)에 석 줄로 나누어 쓴 글에,

> 이와 같이 세자(世子)의 몸을 능지(凌遲)할 것
> 猶世子身凌遲爲乎事
> 이와 같이 세자 부주(父主)의 몸을 교살(絞殺)할 것
> 猶世子父主身乙絞爲乎事
> 이와 같이 중궁(中宮)을 참(斬)할 것
> 猶中宮身乙斬爲乎事
> 이라 했고, 또 1면에 쓴 글에는,
> 5월 16일 병조의 서리 한충보 등 15인이 행한 일임
> 五月十六日 兵曹書吏韓忠輔等 十五人爲白乎事

중종은 목패에 쓰인 필적(筆迹)을 조사하기 위해 목패를

봉해서 들여오게 하고, 의정부 전원과 의금부 당상을 명패
(命牌)9)라고 하였다.

이에 대해 대간들은 동궁을 저주하는 일을 저지르는 사
람은 동궁이 잘못되면 동궁이 될 수 있는 사람이고 이는
경빈 박씨와 그의 아들 복성군일 수 밖에 없다 하여 이들
을 처벌할 것을 주장하였다.

그런데 한충보에게 혐의진 사람을 조사하던 중에 사헌
부 서리인 김형경(金亨卿)의 장모인 말질비(末叱非), 김형경
처남인 서수견(徐守堅), 김형경의 사위 송허룡(宋虛龍)이 의
심되어 김형경의 집을 수색한 결과 목패에 썼던 수통이
발견되어 심문을 해보니 당성위 홍여의 행랑방에 있는 노
비 강손과 공모하여 가작인두를 걸은 것으로 드러났다. 노
비 강손은 경빈 박씨의 딸로 홍여와 결혼한 혜정옹주 보
모의 남편이었다.

그래서 결국 가작인두 사건은 홍여가 지시한 것으로 드
러나게 되었다.

초사(招辭)에 관련된 효덕, 한종손, 이은덕이 잡혀와 형문
받았고, 중종 28년(1533) 5월 21일 보모 효덕이 몇 번 형문
받자, "수견·강손과 같이 모의해서 했습니다. 그렇게 한
것은, 바로 박씨(朴氏)를 위하여 동궁(東宮)을 해치려는 것
이었습니다."고 하였다.

이렇게 가작인두 사건이 경빈 박씨의 사위인 홍여의 지

---

9) 명패(命牌): 임금이 신하를 부를 때 쓰는 둥근 형태의 부신(符信). 한쪽 면
   에는 부르고자 하는 신하의 관직, 예를 들어 영의정을 부르고자 하면 '명
   소영의정(命所領議政)' 이라 쓰고 옆에 연월일을 쓴다. 다른 쪽에는 임금
   이 친히 서명하여, 이것을 둘로 쪼개어 오른편 조각은 부르려는 신하에
   게 보내고 왼쪽 것은 궁중에 둔다.

시로 서수견(徐守堅), 강손(姜孫), 보모 효덕(孝德), 이은석(李銀石) 등이 공모해서 동궁을 음해하려고 벌인 사건으로 드러나니, 5월 23일 중종이 삼공과 추관 등에게 복성군과 박씨를 처리하는 문제에 대해 하문하였다.

이에 위관 등이 같이 의논하여 아뢰기를, "대간(臺諫)인들 처리하기 곤란한 줄 모르고 아뢰었겠습니까? 국가의 대계를 위해서 아뢴 것입니다. 이는 위에서 결단하시기에 달렸습니다." 하자, 복성군을 안치하고 박씨의 사사를 명하였다.

중종 28년(1533) 5월 23일 서수견, 강손, 효덕, 이은석을 능지처참하고, 의녀(醫女) 2인을 상주(尙州)로 보내어 박씨에게 사약을 내렸다. 같은날 경빈 박씨 사위인 홍여는 추문받다가 자복하지 않고 죽었다.

5월 26일에는 복성군 이미를 사사시키고, 박씨의 두 딸인 혜순옹주와 혜정옹주를 폐서인하고, 박씨의 사위 광천위 김인경, 박씨의 아버지 박수림과 박씨의 오라비 박인정·박인형, 박씨의 사위인 홍여의 아버지 홍서주(洪敍疇)를 귀양보내고, 홍여의 할아버지 홍숙(洪淑)은 고신 추탈하고, 이항에게는 사약을 내리고 정광필은 영의정을 체직시켰다.

■ 명종의 탄생과 김안로의 죽음

이렇게 경빈 박씨 소생인 복성군과 인종의 왕위계승 문제를 둘러싼 갈등이 경빈 박씨가 사사되는 것으로 일단락되는가 하였더니 경빈 박씨와 그 아들 복성군 이미가 죽은지 만 1년만에 문정왕후가 아들을 낳으면서 다시 인종과 명종의 갈등이 대윤 소윤의 갈등으로 비화된다.

중종 29년(1534) 5월 22일 문정왕후 윤씨가 경원대군(후에 명종)을 낳았다. 중궁에 책봉된 지 17년 만이었다. 문정왕후로서는 열일곱 살에 시집와서 그동안 세 딸을 낳으며 기다리던 아들을 서른네 살에 낳은 것이었다.

한편 김안로는 이조판서를 거쳐 중종 29년 11월 21일에는 우의정이 되었고, 중종 30년 3월 26일에는 좌의정에 올랐다.

이에 동궁 누님의 시아버지인 김안로와 문정왕후의 동생인 윤원로·윤원형 형제가 등장하여 정계는 척신 사이의 대립으로 발전하였다.

이러한 대립은 우선 중종비 장경왕후의 능인 희릉의 천릉 문제로 대두되었다.

희릉은 처음에는 태종과 태종비 원경왕후의 능인 헌릉(獻陵) 옆 오른쪽 산줄기, 북서에서 남동 방향의 언덕에 장사지냈으나, 중종 32년 4월 23일 정언 이문건(李文楗)이 희릉에 돌이 있었다고 아뢰었다.

김근사가 당시의 도감 제조(都監提調) 및 낭관 중에 살아 있는 자에게 물어보자고 하자, 중종은 확실하지 않은 일이고, 능을 옮기기가 어려우니 물어보아도 소용없다고 하고, 희릉을 옮길 수 없다고 하였다.

이렇듯 희릉의 천릉에 대해 중종이 반대하자, 정언 이문건이 희릉에 돌이 있다고 아뢴지 이틀뒤인 4월 25일 김안로가 풍수지리설을 들어 천릉에 대해 아뢰었다.

이렇게 김안로가 풍수지리설을 원용해 천릉에 대해 논하자, 이날 중종은 천릉하기로 결정하고 능을 옮기는 데 필요한 모든 일을 마련하라고 하였다.

　　사신은 논한다. 김안로가 정광필을 모함하여 죽이려고
날마다 허항을 영의정 한효원의 집에 보내어 의논하였으
나, 한효원이 듣지 않으므로 죽이지 못했었다. 그 뒤로도
계획을 날마다 깊이 하였으나 오랫동안 허물을 잡지 못
하였다. 이때에 이르러 정광필이 일찍이 총호사(摠護使)였
으므로 이 사건을 중시하여 그의 죄로 만들려고, 마땅히
옮겨야 한다고 주창하여 의논하였는데, 사람들이 의견을
달리하지 못했다.

　중종 32년 5월 5일 대신들의 논의에 따라 희릉을 만들
당시의 제조(提調)와 낭청(郎廳)의 생사(生死)에 관계없이 추
고하지 않고 죄를 정하게 하니, 5월 6일 의금부에서 "정광
필·강혼·유청년·남곤·윤세림·구지신·조윤·성담
기·황득정 등은 능지처참하고, 김응기(金應箕)·김전(金詮)
·손중돈(孫仲暾) 등은 장 일백 유 삼천리에 처한다." 고
조율하니 삼공(三公)과 의논하기로 하였다.

　이날 관상감 제조 유보 등이 이장할 곳으로 옹암의 언
덕과 취적동을 추천하였다.

　5월 10일 정광필 등의 죄를 정하고 중외에 효유하는 전
지를 내렸다가, 다시 6월 10일 율명을 고쳤다가, 6월 26일
장경왕후 산릉에 관계된 자를 조율하도록 금부에 전지를
내렸다.

　중종 32년 7월 22일에 오는 9월 6일 새 능을 안치하도록
하였고, 8월 25일에 발인하고, 8월 30일에는 김안로의 의
견대로 대렴·소렴을 다시하기로 하였다. 9월 9일 희릉의
천릉을 축하하여 사면령을 반포하였다.

이렇게 희릉을 천장하면서 이전에 희릉을 총지휘했던 정광필을 책임을 지고 물러나게 하여 정권을 좌우하는 기회로 삼았다.

그리고 이어서 좌의정 김안로가 영의정 김근사와 권예, 대사헌 양연을 내세워, 문정왕후의 오라비인 윤원로가 사림들을 해치려 한다고 모함하여 제거하려 하였다.

중종 32년 10월 21일 대사헌 양연(梁淵, ?~1542), 집의 안사언(安士彦), 사간 채낙(蔡洛), 장령 한숙(韓淑)과 이몽필(李夢弼), 헌납 최보한(崔輔漢), 지평 정대년(鄭大年)과 이원손(李元孫), 정언 정응두(丁應斗)와 이승효(李承孝)가 윤원로·윤원형을 탄핵하였다.

양연은 양성지(梁誠之, 1415~1482)의 손자로 중종 후궁인 숙의 나씨의 큰아버지인 나맹담의 사위이다.

10월 22일에는 대간 전원과 영의정 김근사·좌의정 김안로·우의정 윤은보·육조 당상 등이 윤원로를 처벌할 것을 주장하고 김근사는 네번이나 윤원로의 처벌을 주장하였다.

그리하여 10월 23일에는 윤원로·윤원형을 먼 곳으로 내치었다. 그러면서 중종은 윤원로에게서 김안로의 흉사하고 부도한 죄상을 듣고서 이미 윤안인과 의논하여 윤임·윤안인을 시켜 양연에게 교시하여 김안로를 처벌할 것을 주장하게 하였다.

이때 우연히도 김안로의 심복들인 허항·채무택·허흡 세 사람은 모두 친상을 당하여 여막에 있었다.

이러한 틈을 타서 중종 32년 10월 24일 중종의 밀지를 받은 대사헌 양연(梁淵)은 집의 안사언, 장령 한숙, 이몽필,

헌납 최보한, 지평 정대년, 이원손, 정언 정응두, 이승효 등과 함께 김안로를 간웅의 우두머리로 처벌할 것을 주장하였다.

중종은 '김안로는 유배보내고, 김근사는 파직해야 한다.'고 하였다. 그러자 양연 등이 "김안로는 간웅(奸雄)의 우두머리여서 그 변을 예측하기가 어렵습니다. 잠시라도 늦출 수 없으니 즉시 잡아서 절도(絶島)에 안치시켜 인심을 안정시키소서." 라고 다시 아뢰니 중종은 "속히 당직 낭관(郎官)에게 명하여 성 밖으로 내보낸 후 장소를 정하는 것이 옳다."고 전교하였다. 그리고 이날 김안로와 가까운 친척인 형조판서 오집(吳集)을 제외하고, 우의정 윤은보(尹殷輔), 좌찬성 유보(柳溥), 우찬성 심언경(沈彦慶), 이조판서 소세양(蘇世讓), 한성부판윤 윤임(尹任), 호조판서 윤인경(尹仁鏡), 예조판서 김인손(金麟孫), 공조판서 정백붕(鄭百朋), 병조참판 윤안인(尹安仁) 등 육경을 불러 '김안로가 국모를 폐하려 한다.'는 일에 대해 논하였다.

그리고 중종 32년 10월 25일에는 대간 전원이 김안로의 심복들인 허항·채무택·허흡 등을 처벌할 것을 주장하였다. 그리고 이어서 대간들은 진도로 유배간 김안로를 처형할 것을 주장하여 유배간 지 사흘만인 10월 27일 김안로를 사사할 것을 정원에 전교하였다.

그동안 이조판서를 거쳐 좌의정에 올라 세도가 당당하던 김안로가 10월 23일 탄핵을 받고 10월 24일 유배가고 사흘만에 처형을 당하는 전격적인 조치였다.

김안로와 함께 허항·채무택은 정유삼흉(丁酉三凶)으로 일컬어진다. 허항과 채무택도 중종 32년 10월 29일 사사되

었다. 채무택(蔡無擇, ?~1537)은 김안로에게 처오촌 조카가
된다.

【인천채씨 채무택을 중심으로】　　　【양천허씨 허항을 중심으로】

```
채신보 ┬ 채년 ┬ 채락                허손 ┬ 허종 ── 허확 ── 허항
      │      └ 채준 ── 채무택      최안선녀│한서봉녀 김수조녀
      └ 채수 ┬ 채윤권                    └ 허침
      권이순녀├ 채소권
             └ 녀
             김안로
```

이에 반해 김안로에게 배척되어 유배갔던 홍섬·나세찬
·송세형·이장·조계상·김극성·유여림·김섬·김만균
등은 방면되어 등용되고, 배척되어 외지로 발령받았던 이
명규·최연은 경직으로 서용되었다.

김시 동자견려도(리움 미술관)

김안로의 4남 양송당(養松堂) 김시
(金禔)는 문인화가로 이름높다. 그는
아버지 김안로가 정유삼흉으로 사사되자
독서와 서화로 일생을 보냈다. 김시의
손자 김식(金埴, 1579～16 62) 또
한 소그림으로 유명하다.

■ 사림의 등장과 대윤소윤의 갈등

삼흉인 김안로·허항·채무택 등은 중종계비 문정왕후의 동생 윤원형·윤원로와 대결하여, 동궁[인종]이 대리청정을 하는 중종 32년(1537) 10월 인종의 계모이자 명종의 생모인 문정왕후를 폐출하려 했다 하여 사사되거나 귀양가며, 기묘사화 이후 발호하던 훈척의 세력은 일시 꺾이게 된다.

이에 중종 33년 2월 기묘사화 관련자 등을 서용하고, 중종 35년(1540) 7월 서경덕·성수침·조식 등 40여명을 서용하고, 중종 35년 9월 김안국이 대제학이 되는 등 사림들이 새로 등장하자, 다시 『소학』 등 성리학서를 중시하며 성리학적 이상사회를 추구하여 갔다. 이를 반영하듯 중종 38년 10월 주세붕이 안향을 모신 백운동서원을 세워 사림의 정치기반으로 붕당정치를 열어가는 서원을 최초로 건립한다.

이런 와중에서 왕위계승을 둘러싸고 인종이 왕위를 계승하게 하려는 사림과 인종의 외삼촌인 윤임[대윤]과 인종을 몰아내고 명종을 왕위에 올리려는 명종의 어머니 문정왕후와 명종의 외삼촌인 윤원형[소윤]이 대립하기 시작한다.

이는 문정왕후 소생 경원대군과 동궁의 왕위계승 문제였다. 결국 계모로 들어온 문정왕후가 자기 소생으로 왕위를 계승하게 하려 한다는 생각에서 비롯된 것이었다. 종법대로라면 당연히 인종이 계승하지만 태종때처럼 임금인 중종이 동궁을 폐하고 경원대군을 세자로 삼으면 되는 것이다. 따라서 이를 둘러싸고 생모인 장경왕후가 승하하여, 계모인 문정왕후 밑에서 박대를 받으며 자라는 동궁을 보호하려는 동궁의 외삼촌인 윤임을 비롯한 정통을 중히 여기는 사림세력과 동궁을 세자에서 쫓아내기만 하면 왕위에 오를 수 있는 경원대군 생모인 문정왕후을 비롯하여 경원대군 외삼촌인 윤원로·윤원형으로 대표되는 훈척세력이 첨예하게 대립한 것이다. 명분상으로는 인종을 보호하려는 세력이 우세했으나, 대신 어머니인 문정왕후를 몰아내려는 음모를 꾸민다고 하거나, 경원대군을 죽이려는 음모를 꾸민다고 공격을 당할 수도 있었다.

당시 동궁에게는 아들이 없고, 명종은 어려서 대군이 되었는데, 김안로가 이미 패하자 윤원로 등이 조정에 돌아와 밖으로는 세자를 바꿔 세운다는 소문을 만들어 길거리에 전파시키고, 안으로는 대군(大君: 후일 명종)이 위태롭다는 말로써 왕비를 현혹하였다. 이러한 유언(流言)이 날로 번지니 인종이 심히 불안해 했고 문정왕후도 또한 자기소생인 명종이 위태롭다 하였다. 이 말이 임금에게까지 들어가니, 임금도 또한 터무니없는 뜬 소문을 퍼뜨리는 간특한 꾀인 줄 모르고 대군을 무릎 위에 앉히고 어루만지면서, "네가 공주로 태어났으면 무슨 보존하기 어려운 근심이 있으랴만 네가 대군으로 태어났으니 불행함이 심하도다" 하고 눈물까지 흘렸다 한다.

이러한 와중에 중종 33년(1538) 10월 1일 임금이 갑자기 왕위를 세자에게 전위하라는 명이 내렸다.

이에 10월 2일 세자는 승언색(承言色) 이승호(李承豪)를 시켜 정광필 등에게 "온갖 방법으로 굳이 사양하였으나 윤허받을 수가 없습니다. 스스로 목숨을 끊고자 해도 할 수 없고 마음만 답답하여 어찌할 바를 모르겠습니다. 조정에서 모름지기 힘써 간쟁하여 상의 마음을 반드시 돌려주시기 바랍니다." 하였고, 이에 정광필 등이 글로써 전위의 마음을 바꾸고자 간곡히 청하니 중종은 마지 못하여 청을 따랐다.

■ 동궁처소 화재

이러한 와중에 중종 38년 1월 7일 동궁처소가 불타는 일이 발생했다.

중종 38년 2월 24일 조강에서 임금이 동궁의 화재에 대해 언급하였다.

> … 상이 이르기를, "대체로 궁금(宮禁)의 일은 모름지기 외부 사람들로 하여금 분명히 알게 하는 것이 옳았다. 전에 동궁(東宮)이 불에 탄 일에 대하여 끝까지 추문하려 하였으나 일이 매우 분명하므로 추문하지 않았다. 불이 처음 일어났을 때부터 와서 고하는 자가 모두, 무수비(水賜婢) ― 궁중에서 물과 불을 공궤하는 일을 맡은 자 ― 의 방에서 불이 났다고 하기에, 내가 젊은 환관을 거느리고 친히 가서 보니 과연 그러하였다. 세자가 불을 피하여 나와서 앉아 있기에 데리고 대내(大內)로 왔는데, 그 불은 당초 밖에서 난 것이 아니었다.
> 그 뒤에 환관들에게 자세하게 들어보니 한 방안에 네 사람의 잡물(雜物)을 함께 두고는 출입하였는데, 한 여종 ― 이름은 덕지(德只)이다 ― 이 팔아야 할 제 집의 목면(木綿)을 그 방에 보관해 두고는 밤에 가 살펴보다가 저도 모르게 등불을 떨어뜨렸다고 한다. 문은 잠겼는데 불이

타올라 불길이 크게 솟자 그 여종은 어찌할 바를 모르고 열쇠를 쥐고 미친듯이 이리저리 뛰어다녔으나 문을 열 줄을 몰랐었다. 문을 바로 열지 못했으므로 불을 즉시 끄지 못하여 불길이 매우 치열해졌다고 한다. 따라서 그 불은 처음 잠긴 방에서부터 일어난 것이 매우 분명하다.

일개 여종이 잘못한 일 때문에 죄없는 사람들까지 연관시켜 많은 내인(內人)을 형옥(刑獄)에 연루시킬 수는 없다. 당시 대신에게 의논할 적에 매우 자세하게 말하였기 때문에 다 말하지 않았었다. 궁금(宮禁)의 일은 반드시 외부 사람들로 하여금 환히 알게 해서 의심이 없게 해야 된다. 그래서 지금 이르는 것이다." 하였다. …

『명종실록』 권2 명종 즉위년 9월 7일 이덕응의 공초 내용중에서도 동궁의 화재를 윤원로의 소행이라 의심하였다.

동궁에 화재가 나자 유관이 '이번 화재가 일어난 것은 윤원로가 의심스럽다.'고 이임(李霖)에게 눈물을 흘리며 말하였습니다. 그러므로 그때 윤원로가 윤임의 집에 와서 말하기를, '이임이 상소하기를 「활활 타오르는 불꽃이 이미 치솟은 뒤에 보고하였다.」고 하였으니, 이는 유관이 이임을 사주하여 내가 한 짓으로 지적하도록 한 것이다. 어찌 이러한 일이 있을 수 있겠는가' 하였습니다.

이처럼 동궁 처소 화재를 둘러싸고 동궁의 외삼촌 윤임을 중심으로 한 대윤과 경원대군의 외삼촌 윤원형 윤원로를 중심으로 한 소윤의 대립으로 나타났다.

다행히 동궁은 효성이 지극하고 덕망이 있어 부친인 중종에게나 신하들에게서 비난을 받지 않았다. 따라서 중종의 적자이면서 행동이 왕위를 잇기에 흠이 없는 인종이 왕위를 계승하는 것은 종법이 점차 정착함에 따라 더욱더 원칙으로 굳어졌다. 그리고 이를 어기고 왕위를 노린다든 지 아니면 이를 기화로 권세를 잡으려고 반대파를 모함하 는 세력은 모두 비난을 받았다.

이는 중종 39년 11월 중종이 승하하시고 장경왕후의 소 생인 인종이 즉위하여 개혁을 시행하는 과정에서 훈척과 사림의 갈등으로 점차 심화되어 갔다.

인종 능인 효릉의 문인석

제9장 인종·명종대 정치사

■ 인종 즉위와 개혁

인종은 즉위하면서 많은 개혁을 시도해 나갔다. 그 중에 중요한 것은 다음과 같다.

우선 사관이 가장(家藏)의 사초(史草)를 쓸 적에 자기 이름을 기재하지 않는 옛날의 규정을 회복시킨 것이다.

이는 사간원에서 올린 '지금 사국(史局)을 설치하여 역사를 편수(編修)하는데, 비록 대신을 시켜 감수(監修)하지 않을 수는 없지마는 자기 집에 보관한 사초에는 그 이름을 쓰지 말도록 하여, 사필(史筆)을 잡은 사람에게 그 뜻을 펴도록 해야 한다.'는 장계(狀啓)와, 또 예문관 봉교 민사도(閔思道)가 올린 '근래에는 풍습이 경박하고 기절(氣節)이 없어져서 사필을 잡은 사람은 사실을 직서(直書)하여 권선징악하는 뜻을 나타낸 사람이 희소한 편인데, 뜻있는 선비가 쓴 가사(家史)에도 이름을 쓰도록 하여 그 뜻을 펴지 못하게 하니 이런 일은 더구나 조종(祖宗) 때의 고사(故事)는 아니고 중세(中世)의 대신들에게서 일어나 공론(公論)을 절멸(絶滅)시키고 사화(史禍)를 잇달아 일어나게 한 일이라.'는 차자(箚子)를 받아들여 이러한 조치가 있게 되었다.

3월 2일 영춘추관사(領春秋館事) 윤인경 등이 실록각(實錄閣)을 열고 가사(家史)에 이름을 썼는지 않았는지의 전례를 고증하기를 아뢰자 윤허하였다.

그러나 다음날 3일 민사도 등이 차자를 올려 실록각을 여는 문제를 반대하니 임금이 실록각을 열지 말라고 하고 사초에 이름을 쓰지 않도록 하였다.

■ 현량과 부활과 기묘명현 신원

다음으로 현량과를 복구하고, 중종 14년(1519) 기묘사화에 원사(寃死)한 조광조를 복직시키게 한 일이다.

인종 원년(1545) 3월 13일 성균관 진사 박근(朴謹) 등의 상소를 필두로 대간·시종신(侍從臣)·경연관 등이 기회 있을 때마다 여러번 상소, 극진(極陳)했는데 그 논지의 대개는 도학을 숭상하고 절의를 진작시키는 즉 국가를 유지하고 사회를 정화하는 정책적인 면에서 조광조의 복직이 시급한 문제임을 강조하고, 천거과(薦擧科)를 다시 사용할 일도 곁들여 진술하니 왕은 그때마다 '조광조의 복직 문제에 공론이 한결같이 이처럼 극도에 이르게 된 것을 어찌 생각하지 않겠는가. 다만 우리 부왕(父王: 중종)께서 조광조는 죄가 없다고만 말씀했을 뿐이고 끝내 복직의 은혜를 베풀지 않은 것은 반드시 그 뜻이 있었을 것이니 이런 이유로써 허가하지 않는다'고 하면서, 이 일의 결정을 미루어 오다가 뒷날 병환이 위중한 때를 당하여 대신들에게 유교(遺敎)로써 이 일을 결정지었던 것이다.

인종 효릉 전경

경기도 고양시 덕양구 원당동 서삼릉 내

■ 명종 즉위와 을사사화

그러나 인종이 즉위한지 1년도 못되어 돌아가시고 이복 동생인 명종이 즉위하니, 조광조 신원·현량과 복과 등 개혁이 중단되었다.

인종에 이어 문정왕후 소생의 명종이 왕위에 올랐다. 명종이 나이 어린 관계로 그의 외척 윤원형 일파(소위 소윤이라 함)가 권력을 장악하였다.

명종 즉위년(1545) 8월 16일 문정왕후는 그의 동생인 윤원형을 정3품 예조참의에 임명하여 정국을 주도하게 하였다. 이에 을사오적이라 불리우는 이기(李芑, 1476~1552), 윤원형(尹元衡, ?~1565), 정순붕(鄭順朋, 1484~1548), 임백령(林百齡, ?~1546), 허자(許磁, 1496~1551)가 인종이 죽은지 두 달도 안 된 명종 즉위년(1545) 8월 22일 윤임 등이 역모를 꾀했다고 고변하였다.

이는 『선조수정실록』 선조 3년 4월 1일조에는 다음과 같이 서술되어 있다.

> … 당초 화를 꾸밀 당시 윤원형이 사설(邪說)을 조작해서 문정왕후를 기망하여 밀지(密旨)를 내리도록 하였는데, 그때는 반역이라고 터놓고 말하지는 않았습니다. 이에 정순붕·이기·임백령 등이 양사를 사주하여 윤임·유관·유인숙을 죄주고자 하니, 양사의 장관인 민제인·김광준은 그들의 사주를 따르려고 하였으나 그 밖의 대간들은 정의(正議)를 지켜 흔들리지 않았습니다. 그리하여 흉당들은 서로 돌아보며 어찌할 바를 몰랐는데 이때 임백령이 고변하자는 음모를 처음으로 만들어내었습니다. …

고변한 당일인 8월 22일 윤임(尹任, 1487~1545)의 찬축, 유인숙(柳仁淑, 1485~1545)의 파직, 유관(柳灌, 1484~1545)의 체직을 명하고 죄목을 논하였다.

다음날 정5품 헌납 백인걸(白仁傑, 1497~1579)이 대비(大妃: 문정왕후)가 밀지를 원상에게 내리지 않고 인척인 윤원형에게 내린 것은 부당하다고 말하고, 윤임의 일을 원상과 의논하지 않은 것을 잘못이라고 아뢰었다.

휴암 백인걸은 왕자 사부(師傅) 백익견(白益堅)의 아들로 조광조의 문인이다. 기묘사화에 스승과 동지를 모두 잃고 금강산에 입산하였다. 중종 32년(1537) 문과에 급제하여 벼슬에 나갔으나 을사사화 때 파면되었다. 명종 2년 양재역 벽서사건에 연루되어 안변에 유배되었다가 윤원형이 죽자 복직되었다.

명종 즉위년 8월 24일 문정왕후가 백인걸을 파직시켜 금부에 가두고 엄하게 추문하라는 명을 비망기(備忘記)로 내렸다.

휴암 백인걸 묘표

　명종 즉위년 8월 24일 윤임은 해남에 안치하고, 유관은 서천(舒川)에 부처하고, 유인숙은 무장(茂長)에 부처하고, 윤흥인(尹興仁)은 낙안(樂安)에 유배하였다

　명종 즉위년(1545) 8월 28일 정순붕이 유인숙의 사죄(死罪)를 용서해 달라는 상소를 올렸는데, 사신(史臣)은 이 상

소가 정순붕의 아들 정염(鄭礦, 1506~1549)에 의해 이루어 진 것이라고 하였다. 정염은 유인숙(柳仁淑)의 형 유인걸 (柳仁傑)의 사위로, 의술에 정통하여 인종을 진찰하기도 하 였던 인물이다.

이렇게 윤임 등을 역모로 몰아 시작된 을사사화는 일주 일 후인 9월 1일 경기관찰사 김명윤(金明胤, 1493~?)이 계 림군(桂林君) 이유(李瑠, 1502~1545) 등이 역모를 했다고 고변하는 것으로 확대되었다. 이때 김명윤이 올린 봉서(封 書)에는 김명윤에게 처조카가 되는 중종 서6남 희빈 홍씨 소생 봉성군의 처치도 거론되었다.

【광산김씨 김명윤을 중심으로】

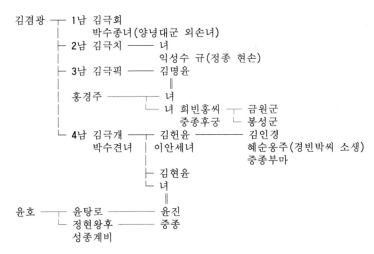

이에 승정원에 전교하여 계림군을 수색하여 잡아들이라 고 하고 대신들을 불렀다.

계림군은 성종의 형 월산대군의 손자이며, 성종의 셋째 아들 계성군(桂城君)의 양자이며, 중종의 첫째계비인 장경왕후의 아버지인 윤여필(尹汝弼)의 외손이다.

어머니인 덕풍군의 아내는 중종비 장경왕후의 동생으로 장경왕후는 계림군의 이모가 되고, 중종은 이모부가 된다. 따라서 인종과는 동서지간이며 어머니쪽으로 보면 이종 사촌간이 된다. 또한 계림군은 윤임의 3촌 조카이자, 정철의 매부이다.

【전주이씨 계림군을 중심으로】

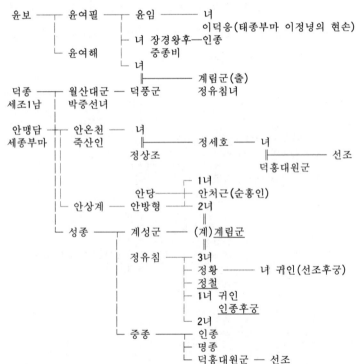

명종 즉위년(1545) 9월 6일 윤임의 첩인 옥매향이 공초한 것에 윤임이 계림군을 추대하려고 하였다는 내용이 있다. 그리고 유배 보낸지 보름도 안 된 명종 즉위년 9월 11일에 윤임·유관·유인숙과 그 아들들에게 참형을 명하였

다. 그리고 계림군·윤임 등과 친인척이 되는 정희등, 정욱, 정자, 나식 등을 유배보냈다.

명종 즉위년 10월 5일 밤에 계림군 이유가 군기시(軍器寺) 앞에서 능지(陵遲)되고, 3일 동안 효수하고서 손발을 사방에 전하여 구경시켰다.

10월 10일 우의정 이기가 현량과(賢良科: 천거과)의 혁파를 청하여 현량과를 혁파하였다. 그리고 정순붕 등 29인을 정난 공신(定難功臣)에 책봉하는 을사사화를 일으켰다.

이후 계속하여 김명윤(金明胤, 14293~1572)의 고변으로 봉성군(鳳城君) 완(岏, ?~1547)을 귀양보내고, 안세우가 윤임의 여종 모린을 잡아다 놓고 고변하여 사화를 확대시켜 갔다. 이러한 과정에서 명종 1년(1546) 2월 윤원형·윤원로 형제 사이에 권력투쟁이 일어나 2월 30일 윤춘년(尹春年, 1514~1567)의 탄핵으로 3월 16일 윤원로가 유배가서 명종 2년(1547) 12월에 사사된다.

■ 양재역 벽서 사건

　명종 2년(1547) 9월에 양재역에서 「여자 임금이 위에서 정권을 잡고, 간신 이기 등은 아래에서 권력을 농락하고 있으니, 나라가 망할 것을 서서 기다리는 격이다. 어찌 한심하지 않으리오…」라는 벽서를 부제학 정언각(鄭彦慤, 1498~1556)이 떼어다 고변한 양재역 벽서(良才驛壁書) 사건이 일어났다.

　봉성군 완·송인수(宋麟壽, 1499~1547), 이약해(李若海, 1498~1546), 임형수(林亨秀) 등이 사사되었고, 이언적(李彦迪, 1491~1553), 정자(鄭滋: 정철 형, 계림군 처남), 노수신(盧守愼, 1515~1590), 권벌, 백인걸 등이 귀양갔다.

　명종 2년 9월 19일 전 참판 송인수를 청주에서 죽였다.

【은진송씨 송인수를 중심으로】

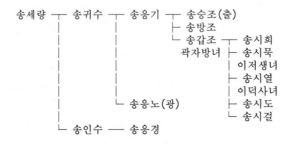

　명종 2년 윤9월 16일 영의정 윤인경과 육조에서 강원도 울진에 귀양가 있던 19세의 봉성군 이완의 사사를 청하자, 명종은 '위리 안치시켜 자처하게 한다.'고 하였다.

■ 안명세 사초 사건

명종 3년(1548) 2월에 홍문박사 안명세(安名世, 1518~1548)가 사초(史草)에 유관·유인숙·윤임 등을 옹호하였다고 이기가 고변하여, 안명세 사초 사건이 일어나 안명세 등이 사사되고, 조박(趙璞)·손홍적(孫弘績, 1510~1549) 등이 귀양갔다.

명종 3년 1월 28일 찬집청(撰集廳)이 『무정보감 武定寶鑑』을 편찬하기 위해서, 『시정기 時政記』를 춘추관에서 꺼내어 보다가, 을사 병오년 시정기에서 을사사화를 비난한 부분을 추출하여 연산군 때 무오사화처럼 문제를 삼았다. 문제가 된 사관(史官) 안명세(安名世, 1518~1548)의 『시정기』에는 인종의 장례식 전에 윤임 등 3대신을 죽인 것은 국가적인 불행이라는 지적과, 이기 등이 무고한 많은 선비들을 처형한 사실, 그리고 이를 찬반하던 선비들의 명단 등이 담겨 있었다.

명종 3년 2월 14일 안명세를 당현(唐峴)에서 참(斬)하고, 그의 처자(妻子)는 종으로 만들고, 재산은 관(官)에서 몰수하였다.

한지원(韓智源)은 안명세와 동시의 사관(史官)이었는데, 안명세가 직필을 했을 경우에는 그때마다 한지원이 반드시 겉으로 칭탄(稱嘆)하는 표정을 내보이곤 하였으므로, 안명세는 그를 믿을 만하다고 여겨 조금도 꺼리낌없이 직서(直書)하였다. 이때에 한지원은 이 사실을 모두 이기에게 통하였는데도 안명세는 그것을 알아차리지 못하였다. 그래서 화가 일어날 때를 당하여 안명세가 한지원의

집에 가서 자신을 영구(營救)해 주기를 부탁하였다. 그러
자 한지원이 남에게 이르기를 '안명세는 참으로 모자란
사람이라 하겠다. 그의 사록(史錄)에 관한 일을 내가 바로
퍼뜨렸는데, 도리어 나더러 시재(時宰)의 집에 가서 자신
을 영구해달라고 하는 것은 또한 잘못된 일이 아닌가.' 하
였다.

【순흥안씨 안명세를 중심으로】

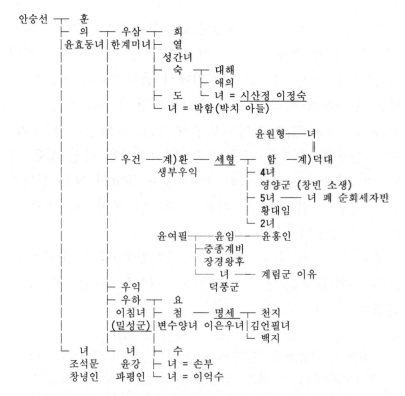

안명세는 안숭선(安崇善)의 현손으로 세종 13남 밀성군
이침의 딸의 손자이다.

명종 3년 2월 13일 『시정기』에 명종이 사슴을 좋아했다
고 써서 명종이 인종 상(喪)중에 고기를 먹는 허물을 드러

내 썼다고 하여 손홍적(孫弘績)을 정주(定州)에 유배시켰다가 3월 18일 위원(渭原)으로 옮기고, 백인걸을 좋게 여겨 고의로 사실을 날조하였다고 썼다고 하여 조박(趙璞)은 경원(慶源)으로 유배갔다.

명종 3년 6월 24일 문정왕후의 둘째사위 능원위(綾原尉) 구사안(具思顔)과 진복창이, 윤결(尹潔)이 을사사화의 시말을 『시정기 時政記』에 기록하였다가 처형당한 사관 안명세(安名世)와 내통하였다고 밀계하였다. 6월 26일 윤결에게 장 1백 유 3천리, 고신의 추탈 등으로 조율하였고, 7월 10일 윤결이 옥중에서 죽었다.

결국 윤결은 『시정기』 필화 사건으로 참형된 안명세의 정당함을 술자리에서 발설한 것이 빌미가 되어, 문정왕후의 수렴청정과 윤원형의 세력확장을 비판하였다고 하여 국문을 받던 중 옥사하였다. 윤결의 동생 윤준(尹浚)도 윤원로의 죽음이 윤원형 형제의 싸움 때문이라고 말하여 죽음을 당하였다.

토정(土亭) 이지함(李之菡, 1517~1578)은 안명세 필화사건을 보고 홍성에 낙향하여 살았다.

이지함은 안명세와 매우 친했는데, 안명세가 죽음을 당하던 날 서로 손을 잡고 영결을 하고는 옷을 찢어 발을 싸매고 달아났다. 이기가 장차 이황까지 얽어넣고자 하여 동료들이 모인 가운데서 팔을 걷어 붙이고 떠들어대어 일이 위태할 뻔하였으나, 그 조카 이원록이 울면서 말렸으므로 관작만 삭탈당하였다. 『국역연려실기술』 권10 명종조고사본말

■ 이홍윤 옥사

명종 4년 4월에는 이약빙(李若氷, 1489～1547)의 아들이며 윤임의 사위인 이홍윤(李洪胤)이 충주에서 역모를 꾀한다고 그 형인 이홍남이 고변하여 이홍윤의 옥이 일어나 사림들이 사화를 당하고, 충주는 현으로 강등되었다.

명종 4년 4월 18일 사인 정유길(鄭惟吉)과 교리 원호변(元虎變)이 함께 승정원에 나아가, 이홍남(李洪男)이 그의 동생 이홍윤이 조정을 비난한 내용의 봉서(封書) 하나를 올리고 고변하였다.

명종 4년 5월 1일 이홍윤 등을 능지처사하였다. 5월 3일 임금으로 추대되었던 모산수(毛山守) 이정랑(李呈琅)은 승복하지 않고 고문을 받다가 죽었다. 5월 18일에 모산수 이정랑, 무송수 이언성, 이유성, 이수성, 김의순, 손수검을 모두 율대로 능지처사하였다.

모산수는 정종 아들 의평군(義平君)의 증손자로 토정 이지함이 사위이다. 토정 이지함은 처가에 이러한 변이 있을 것을 예견하고 처자를 이끌고 피란하였다 한다.

【전주이씨 이정랑을 중심으로】

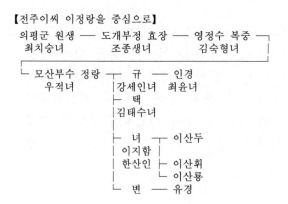

■ 이황의 형 이해의 죽음

명종 5년 8월 10일에 홍청도 관찰사로 있던 이해(李瀣)가 역모 사건을 비호했다는 혐의로 곤장을 맞고 유배가던 도중에 죽었다. 이해는 이황의 형으로 이황은 이러한 옥사를 보고 낙향하여 공부를 하고 제자를 기르는 데 전념하였다.

【진보이씨 이황을 중심으로】

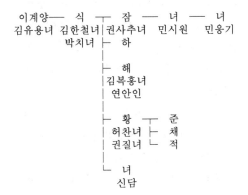

좌승지 김주(金澍)가 위관(委官)의 의견으로 아뢰기를, "이해 등이 끝내 승복하지 않으니 가형(加刑)하게 하소서." 하니, 전교하기를, "이해와 이치(李致)를 감사(減死)로 조율 하라." 하였다. 금부에서 조율하여 입계하였다. 이해는 장일백에 유 삼천리로 갑산(甲山)에 유배되었는데 유배가던 도중 죽었고, 유섭은 도삼년으로 잔수역(潺水驛)에 유배되 었으며, 이치는 곤장을 맞다가 죽었다.

— 이치가 전에 헌납(獻納)으로 있을 때 이기(李芑)가 공을 믿고 권세를 마음대로 부린다고 탄핵했기 때문에 이기가 앙심을 품었었다. 마침 이치가 유신 현감(維新縣監)으로 있었는데, 고을 백성 중에 어떤 사람이 향중(鄕中)의

회문(回文)을 얻어가지고는 그것을 모반(謀叛)이라 생각하여 고변하였다. 이치가 살펴보고 사실이 아니라는 것을 알고 감사 이해에게 첩보(牒報)하고 곤장을 쳐서 죽였다.

이해가 대사헌으로 있을 때 역시 이기의 행실이 개돼지와 같다고 논박하였기 때문에 이기가 또한 분을 품었는데 드러내지는 않고 있었다.

이홍윤의 가산을 적몰할 때에 이홍윤의 형 이홍남이, 어미가 죽어 아직 빈소(殯所)에 있었는데 상복을 입고 관부에 나와 이홍윤의 재물을 하나하나 열거하면서 '어떤 물건은 내 것이니 돌려 달라.'고 하였다. 이해가 이 소리를 듣고 큰 소리로 공청(公廳)에서 '고변으로 가문이 다 멸망했겠지만 어미의 몸이 아직 식기도 전에 상복을 입고 관부에 들어와 자기 동생의 재물을 찾아가는 것은 좋지 못한 일이 아닌가?' 하였다.

이홍남이 그 말을 듣고 마음속에 앙심을 품고 있다가 사실을 날조하여 자기의 처형인 원호변(元虎變)에게 고하고 원호변은 그의 숙부인 원계검(元繼儉)에게 말하였으며, 이기가 대사헌 송세형(宋世珩)에게 부탁하여 같이 발론하게 하였다. 이해는 또 윤원형에게 붙지 않았는데, 윤원형이 당시 금부의 추관으로 있었다. 그러므로 가장 혹독한 화를 받았다.

이와 같이 을사사화를 비난하는 사람들을 역모로 몰아 계속하여 처단하면서 을사오적으로 대표되는 훈척들이 권력을 전횡하였다. 그러나 이러한 전횡이 그들의 운명을 재촉하였는지 이기는 탑전에서 폭사하고, 정언각은 말에서 떨어져 피를 토하고 죽고, 임백령은 중국에 갔다가 죽고, 정순붕도 오래지 않아 죽었다.

■ 사림의 진출

이러한 가운데서도 사림들은 명종 5년 안향(安珦)을 모신 소수서원(紹修書院)에 사액을 받는 것을 필두로 명종 9년에 정몽주(鄭夢周)를 모신 임고서원(臨皐書院)에 사액을 받는 등 서원을 세워가면서 사림들의 기반을 확대하여 갔다.

명종 어필, 소수서원 현판(명종 5년)

이와 함께 명종 7년 5월에 성수침(成守琛, 1493~1564), 조식, 백인걸, 노수신, 유희춘 등 사림들이 정계에 등장하고, 명종 8년 7월에 명종이 친정을 하며 개혁을 시작하여 갔다.

이에 맞추어 재야에서는 이황(李滉, 1501~1570)·기대승(奇大升, 1527~1572)·김인후(金麟厚, 1510~1560) 등이 사단칠정논쟁(四端七情論爭)·인심도심논쟁(人心道心論爭) 등 심성논쟁을 일으키면서 성리철학을 이해하여 갔다. 이러한 과정에서 『경국대전주해經國大典註解』가 이루어지면서 경국대전 이후 변화된 사회에 맞는 법전을 정리하여 갔다.

이에 따라 그동안 미루어졌던 직전법의 혁파 등 개혁이

이루어져 가지만, 문정왕후의 비호를 받는 윤원형 등 훈척의 전횡과 보우(普雨, 1509~1565) 등 불교세력의 만행이 계속되었다.

■ 이량의 등장과 실각

윤원형 일파를 견제하기 위해 왕비의 외숙 이량을 등용하였다. 이량(李樑, 1519~1563)은 효령대군의 5대손으로 명종비 인순왕후 심씨의 외숙이며, 첫째 장인 윤지청은 성종폐비 윤씨의 조카가 된다. 정사룡(鄭士龍)의 문인이다.

명종 7년(1552) 정사룡이 고시관이 되자, 그의 후원에 의하여 성균관 유생으로 곧바로 식년문과에 응시하여 급제하였다. 그리하여 승정원 주서가 되고, 명종 10년 역시 정사룡의 추천으로 독서당에서 사가독서(賜暇讀書)하였다.

【전주이씨 이량을 중심으로】

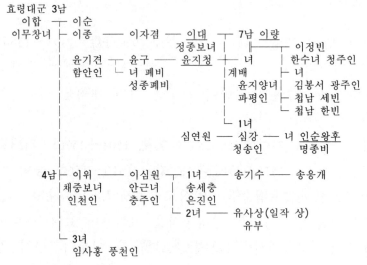

명종 14년 홍문관으로 다시 옮겨 부응교·응교를 지내고, 승정원 동부승지를 거쳐 홍문관 부제학으로 승진하였다. 명종 15년 사간원 대사간이 되고, 이어 병조참지·이조참판·동지성균관사에 올랐다. 과거에 급제한 지 8년 만에 당상관에 올랐다. 그는 명종의 신임을 바탕으로 이감(李戡)·신사헌(愼思獻)·권신(權信)·윤백원(尹百源) 등과 결당하여 세력을 기르고 정치를 농단하였다.

명종 16년 1월 23일 이량이 이준경을 내치고 김명윤을 정승으로 삼고자 하였으므로 이준경이 두려워서 사직하려고 하였다고 사신은 말하고 있다.

당시 사람들은 이량을 윤원형·심통원(沈通源)과 더불어 삼흉(三凶)이라 불렀다. 이에 명종도 이를 무마하기 위해서 명종 16년 4월 12일 평안도 관찰사로 내보냈다.

그러나 명종 17년 다시 공조참판 겸 홍문관 제학에 중용되고, 이조참판에 제수되었다. 그는 더욱 무리를 늘려 그의 세도는 절정에 달하였다. 이어 예조판서·의정부 우참찬·공조판서를 역임하고 이듬해 이조판서가 되었다.

초기에는 정사룡·김홍도(金弘度)·김계휘(金繼輝) 등과 교유하였고, 세도를 펴면서는 정유길(鄭惟吉)·고맹영(高孟英)·이령(李翎)·김백균(金百鈞) 등과 교유하였다.

명종 8년 7월 섭정 9년 만에 명분상으로 명종의 친정이 시작되었다. 이에 명종은 명종비 청송 심씨의 외삼촌인 이량(李樑, 1519~1563) 등을 내세워 윤원형을 견제하며 개혁을 시도해보지만, 이량이 오히려 이감(李戡)·윤백원(尹百源)·권신(權信)·신사헌(愼思獻)·이영(李翎)으로 육간(六奸)을 형성하며 중외(中外)에서 체결하여 고맹영(高孟英)·김

백균(金百鈞)·조덕원(趙德源)·황삼성(黃三省)·강극성(姜克
誠)·이언충(李彦忠)·이중경(李重慶) 등을 끌어올리고, 외
척으로 전횡하며 기대승(奇大升)·윤두수(尹斗壽)·허엽(許
曄, 1517~1580)·이문형(李文馨, 1510~1582)·박소립 등의
사림을 제거하였다.

이에 명종비의 동생 심의겸(沈義謙)에게 부탁하여 이량의
심복 기대항(奇大恒, 1519~1564)을 사주하여 이량을 탄핵
하여 명종 18년(1563) 10월 15일 평안도 강계로 귀양가서
그후 적소에서 죽었다.

> 이량을 강계(江界)로, 이감을 경원(慶源)으로 윤백원을
> 회령(會寧)으로, 권신을 벽동(碧潼)으로, 신사헌을 거제(巨
> 濟)로, 이영을 남해(南海)로 귀양보냈다. — 이량은 초방(椒
> 房)의 친척으로 상이 의지하고 중시하는 바 되어 정령(政
> 令)을 내릴 때나 사람을 쓸 때에는 모두 이량에게 은밀히
> 물어 행하였다. 이량이 이때문에 멋대로 날뛰었고, 몇 해
> 안에 차례를 뛰어넘어 육경에 올랐으며 일국(一國)의 권력
> 이 이량에게로 돌아갔다. 이에 이감·윤백원·권신·이
> 영·신사헌의 무리들이 모두 간사하고 흉악한 자질로 서
> 로 더불어 체결하여 흉악하고 은밀한 계책을 쓰지 않은
> 것이 없었는데, 스스로 공론에 용납되지 못한다는 것을
> 알고서는 자기들과 뜻을 달리하는 자들을 제거하여 그
> 위엄을 세우려고 하였다.

이처럼 이량의 심복이던 기대항이 이량을 제거하는 데
앞장선 것을 임꺽정을 토벌하는 데 임꺽정의 심복인 서림
이 앞장선 것에 비유하여 기대항을 서림이라 하였다.

■ 임꺽정의 난

이처럼 윤원형·이량으로 이어지며 훈척의 전횡이 행해지며 개혁이 저지되니, 명종 14년에는 임꺽정으로 대변되는 의적이 일어나 명종 17년 1월까지 계속된다.

명종 14년(1559) 양주의 백정(白丁) 임꺽정(林巨正, 林巨叱正)이 황해도와 경기도 일대를 횡행하였다.

명종 14년 3월 27일 개성부 도사를 무신으로 뽑아 보내 도적을 잡을 방도를 논의하였다.

명종 15년 11월 24일 포도대장 김순고가 서임을 잡고 황해도 도적의 죄상을 아뢰었다. 12월 28일 도적의 괴수 임꺽정을 잡은 황해도 순경사 이사증의 장계를 내렸다.

명종 16년 1월 3일 서임이 임꺽정과 대질한 후 임꺽정의 형 가도치라고 진술하였다. 이에 1월 7일 가도치를 임꺽정으로 허위 진술하게 한 추관(推官) 강여와 이사증을 치죄하였다.

명종 16년 10월 6일 황해도·강원도 등지에서 약탈한 도적을 잡으라고 전교하였다. 명종 17년 1월 3일 선전관과 금부 낭청 등을 보내 임꺽정을 잡아오도록 전교하였다. 명종 17년 1월 8일 임꺽정을 잡은 남치근·곽순수·윤임 등에게 한 자급씩 더해 줄 것을 전교하였다.

■ 문정왕후의 승하와 보우의 처단

결국 을사사화 이후 문정왕후가 살아있는 20년 동안 을사오적 중심의 정치가 행해지고 개혁은 지연되고 있었다. 그러나 사림들은 성리학 이해를 심화시키며 세력을 확대해가다, 명종 20년 4월 문정왕후가 죽자 사림들은 6월에 그동안 만행을 저지르던 승려 보우를 제주도로 유배보내어 변협(邊協)으로 하여금 처단하게 하였다.

명종 20년 7월 13일까지 왕후의 장례를 치르면서 유생들은 곧바로 보우의 배척과 불교탄압을 주장하는 상소문을 올렸다. 처음에는 잇따른 상소에 명종은 보우의 승직을 박탈하고 서울 근교의 사찰 출입을 금지하였다. 그러나 이러한 미온적인 처사에 만족할 수 없었던 전국의 유생들은 물론 정승들까지 보우를 죽일 것을 건의하자 보우는 한계산 설악사(雪岳寺)에 은거하였다. 한 승려의 고발로 은거처를 다시 떠났으나 이이(李珥)가 논요승보우소論妖僧普雨疏를 올려 그를 귀양보낼 것을 주장함에 따라 명종 20년 6월 25일 보우를 제주도로 귀양보내도록 명하였다.

■ 윤원형과 정난정의 처단

이렇게 보우를 탄핵하는 것과 함께 명종 20년 8월 3일에는 대사헌 이탁·대사간 박순 등이 윤원형을 탄핵하였다. 8월 14일 대사헌 이탁과 대사간 박순 등이 윤원형의 죄악을 26조목으로 적어 봉서(封書)를 올렸다.

문정왕후가 승하하신 지 5개월여 만인 명종 20년 9월 8일 형조에서 아뢴 윤원형의 처 김씨의 독살을 호소하는 윤원형의 장모 강씨가 소장을 올렸다.

> 형조가 아뢰기를, "고(故) 현감 김안수(金安遂)의 처 강씨(姜氏)가 전후로 소장을 올리기를 '사위 윤원형은 젊었을 때 딸 김씨와 결혼하여 여러 해를 함께 살았는데, 정윤겸

(鄭允謙)의 서녀 정난정을 얻은 이후 임금을 속여 김씨를 내쫓고, 김씨의 사환(使喚) 비(婢) 구슬이(仇瑟伊)·가이(加伊)·복한(福漢)·복이(福伊)와 노(奴) 향년(香年)·복년(福年)·허년(許年)·명장(命長) 등을 잡아두고 놓아주지 않았으며, 도리어 종들로 하여금 원 주인을 능멸하고 모욕하게 하였고, 그의 가산(家産)을 모두 빼앗고 마침내 종적을 없애 버릴 계획을 세웠습니다. 김씨가 매우 굶주려서 정난정에게 먹을 것을 구하자 정난정이 음식 속에 독약을 집어넣고 몰래 구슬이를 시켜 김씨에게 올리게 하여 김씨가 먹고 즉시 죽었습니다. 온 집안이 모두 그 원통함을 알고 있었으나 대단한 위세를 두려워하여 감히 소장을 올리지 못하였습니다.' 하였으니, 몹시 놀랍습니다. 본조가 마음대로 처단할 수 없으니 금부로 보내겠습니다." 하니, 아뢴 대로 하라고 전교하였다.

명종 20년 11월 13일 윤원형의 첩 정난정(鄭蘭貞)이 자살했다. 윤원형은 문정왕후가 죽은 후 관직을 삭탈당하고, 명종 20년 11월 18일 강음(江陰)에 안치되어 죽었다.

명종 20년 12월에는 을사사화 이후에 죄인이 된 자를 사면하였다.

■ 선조 추대와 사림의 진출

명종 20년 9월 17일 영평 부원군 윤개 등이 국본에 관하여 중전과 논의하였다.

영평부원군 윤개, 영의정 이준경, 좌의정 심통원, 우의정 이명, 좌찬성 홍섬(洪暹), 좌참찬 송기수(宋麒壽), 우참찬 조언수(趙彦秀), 병조판서 권철(權轍), 이조판서 오겸(吳謙), 공조판서 채세영(蔡世英), 예조판서 박영준(朴英俊), 형조판서 박충원(朴忠元), 대사헌 이탁(李鐸), 부제학 김귀영 (金貴榮), 대사간 박순(朴淳)이 언서로 중전에게 아뢰기를,

"국본(國本)에 대한 일은 지난번 신들이 입대하였을 적에 계청하였는데 상께서 아직 확답이 없으시니 신들이 답답할 뿐만아니라 대중들도 몹시 불안해하고 있으니, 지금 인심을 안정시키지 않을 수 없습니다. 모르겠습니다만 내전께서 마음을 두신 데가 있습니까? 참으로 답답할 뿐입니다." ― 이준경 등이, 후사를 정하는 일은 누설시킬 수 없다 하여 박계현(朴啓賢)을 시켜 이 계사를 쓰게 하고 봉하여 들여갔으므로 사관(史官)이 처음에는 알지 못하였다가 계청한 뒤에 비로소 그 초안을 보았다. ― 하니, 중전이 뒤에 결정하겠다고 답하였다. 조금 있다가 중전이 전교하기를, "일이 몹시 망극하니 후일에 결정하겠다." 하였다. 이준경 등이 아뢰기를,

"이 일은 속히 단안을 내리셔야 하고 의심을 갖고 망설여서는 안 되니 오늘 중으로 결정하소서." 하니, 중전이 친필(親筆)로 써서 내리기를,

"국가의 일이 망극하니 덕흥군(德興君) ― 중종대왕의 서자이다. 이름은 이초인데 죽었다 ― 의 세째 아들 이균 (李鈞)을 입시시켜 시약(侍藥)하도록 하라." 하였다.

【전주이씨 덕흥대원군을 중심으로】

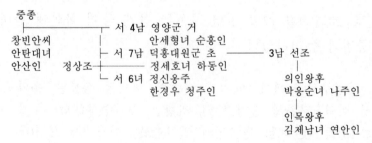

중종
　├──────────────┬ 서 4남 영양군 거
창빈안씨　　　　│　　　　안세형녀 순흥인
안탄대녀　　　　├ 서 7남 덕흥대원군 초 ─── 3남 선조
안산인　정상조┤　　　　정세호녀 하동인　　│
　　　　　　　└ 서 6녀 정신옹주　　　　의인왕후
　　　　　　　　한경우 청주인　　　　　박응순녀 나주인
　　　　　　　　　　　　　　　　　　　　│
　　　　　　　　　　　　　　　　　　인목왕후
　　　　　　　　　　　　　　　　　　김제남녀 연안인

이때부터 대간을 위시한 사림들에 의해 을사사화 이후 가중된 폐단을 개혁하려는 시폐 광구책(時弊匡救策)이 제기되면서 인재 택용(人材擇用)의 기풍이 소생되어 생원·진사 중에서 경명 행수(經明行修)의 인사를 천거·택용하기에 이르렀다.

명종 19년 7월 28일 율곡(栗谷) 이이(李珥, 1536~1584)가 생원에서 장원급제하고, 8월 24일에는 문과에서 연이어 장원하니, 8월 30일에 율곡을 호조좌랑으로 삼았다. 명종 20년 11월 18일에는 특별히 율곡을 사간원 정언으로 임명하였다.

명종 20년 12월 2일에 을사년 이후의 죄인을 방면·신원하도록 하였다.

명종 21년 3월 16일에는 사림의 영수로 추대받던 퇴계 이황(李滉, 1501~1570)을 정2품 홍문관 예문관 대제학으로 임명하였고 또한 이후백(李後白, 1520~1578)을 홍문관 응교로, 송강 정철(鄭澈, 1536~1593)을 사간원 헌납으로 임명하였다.

명종 21년 5월 23일에 남명 조식(曺植, 1501~1572)·이항(李恒, 1499~1576)·성운(成運, 1497~1579)·남언경(南彦經)·한수(韓脩)·김범(金範) 6인이 추천되었다.

명종 22년 2월 3일 화담 서경덕(徐敬德, 1489~1546)에게 호조좌랑을 추증하고 그달 조광조를 영의정으로 추증하였다. 그리고 5월 2일에 고부군수 정복시(鄭復始)가 상소하여, 을사 피죄인의 신원을 주장하였고 6월 25일에는 이황이 처음으로 입성하였다.

그 후로 이들 유일지사(遺逸之士)를 기용(起用)하여 선정을 꾀하려 하였으나, 명종의 병세가 악화되어 오래지 않아 서거함으로써 명종조의 치세는 끝나고 말았다.

　명종은 명종비 인순왕후(仁順王后, 1532∼1575) 심씨 사이에 순회세자(順懷世子, 1551∼1563)를 낳았으나 명종 18년(1563) 13세로 죽고, 인순왕후의 동생인 심의겸을 중심으로 중종의 아홉째 아들 덕흥대원군의 셋째 아들인 하성군 균을 선조로 옹립하여 사림정치의 기반을 만들어갔다.

강릉 康陵 문인석
서울특별시 도봉구 공릉동에 있는 조선 명종과 명종비 인순왕후 심씨(仁順王后沈氏)의 능.
사적 제201호.

10장 선조대 정치사

■ 사림의 진출과 선조 즉위

선조는 중종의 손자로, 덕흥대원군(德興大院君) 이초(李岧, 1530~1559)의 셋째 아들이며, 어머니는 증 영의정(贈領議政) 정세호(鄭世虎, 1486~1563)의 따님인 하동부대부인(河東府大夫人) 하동 정씨(河東鄭氏, 1522~1567)이다. 비(妃)는 박응순(朴應順, 1526~1580)의 따님인 의인왕후(懿仁王后) 반남 박씨(潘南朴氏)이며, 계비는 김제남(金悌男, 1562~1613)의 따님인 인목왕후(仁穆王后) 연안 김씨(延安金氏)이다.

선조는 덕흥대원군의 세째 아들로서 어려서부터 바탕이 아름다웠고 겉모습도 청수(淸秀)하여, 명종이 명종 18년 순회세자를 잃은 뒤 여러 조카들 중에서 골라 마음으로 정해둔 지 이미 오래였다. 명종 20년(1565) 을축년 여름 명종이 병석에 들었을 때, 영의정 이준경(李浚慶, 1499~1572) 등 대신들의 건저(建儲)의 논의에 따라 왕비와 함께 비밀리에 결정한 것으로서, 대신들만은 그 사실을 알고 있었다.

선조의 아버지 덕흥대원군은 명종 14년(1559) 5월 9일 30세로 돌아가셨고, 어머니마저 명종 22년(1567) 6월에 46세로 돌아가셨으니 외척이 발호하지 못하겠기에 선조를 명종의 양자로 하여 임금으로 추대하기에 가장 알맞았다.

비록 명호(名號)를 정하지는 않았지만, 명종 21년(1566) 8월 28일 별도로 한윤명(韓胤明, 1537~1567)·정지연(鄭芝衍, 1527~1583) 등을 사부(師傅)로 선정하여 가르치기도 하고 또 자주 불러들여 학업을 시험해보기도 하였다. 그리고 그가 나와 뵈올 때마다 명종은 감탄하며 '덕흥(德興)은 참 복이 있는 사람이야.' 하곤 하였었다.

명종 22년 6월 28일 명종이 승하하고 할머니 창빈 안씨(昌嬪安氏, 1499~1549)가 궁비로 외척과 연관이 없는 선조가 즉위하면서 정권은 비로소 사림의 손으로 넘어가고 역사상 처음으로 사림정치가 구현되었다.

선조 즉위년 6월 28일 고사(故事)에 따라 원상(院相)을 두었는데 영의정 이준경(李浚慶, 1499~1572), 우찬성 오겸(吳謙, 1496~1582), 예조 판서 홍섬(洪暹, 1504~1585) 3명이 뽑혀 돌아가며 정원에 입직하면서 기무(機務)를 참결(參決)하였다.

이준경의 본관은 광주(廣州), 호는 동고(洞皐) 아버지는 홍문관 수찬 이수정(李守貞)이다. 조부는 이세좌(李世佐, 1445~1504)이다. 이세좌의 동생이 이세걸(李世傑, 1463~1504)이고, 이세걸의 맏사위는 하동인 정세호(鄭世虎)이며 정세호 사위가 선조 아버지 덕흥대원군(1530~1559)이다.

오겸의 본관은 나주. 아버지는 명종 후궁 숙의 신씨 외조부 오세훈(吳世勳, 1459~1514)이다. 장남 오언후(吳彦厚, 1524~1586)의 딸이 이항복(李恒福, 1556~1618)에게 출가하였다.

동생 오원은 정황(丁熿, 1512~1560)의 딸과 혼인하였는데, 정황은 수렴청정하던 문정왕후가 인종의 장사(葬事)를 서둘러 치르려고 하는데 대하여 반대하여 의례대로 장사를 거행하게 하였다. 이로 인해 을사사화에 파직되었으며 또한 양재역 벽서사건에 연루되어 죽었다.

홍섬의 본관은 남양(南陽). 호는 인재(忍齋). 영의정 홍언필(洪彦弼)의 아들이다. 어머니는 영의정 송질(宋軼, 1454~1520)의 따님이다. 사위에 선조 아버지 덕흥대원군의 장남 하원군(河原君, 1545~1597)이 있다.

홍섬은 이조좌랑이 되었을 때 김안로가 국사를 제멋대로 하는데 대해 분개하였는데 그와 같은 무리인 허항(許沆)의 비위를 건드리는 말을 하였기 때문에 무고를 입고 하옥되어 고문으로 거의 죽을 지경에 이르렀다가 흥양현(興陽縣)에 유배되었다. 김안로가 패하자 방환되어 청요직(淸要職)을 두루 지내고 정사룡(鄭士龍)의 후임으로 대제학이 되었다가 마침내 영의정이 되었다.

선조가 즉위하여 제일 먼저 해야할 일은 을사사화를 당한 사람들을 신원하는 일이었다. 이는 당시 사림의 공론이었다.

그래서 우선 선조 즉위년(1567) 10월 15일 을사사화 후 죄를 받은 사람들 중에서 직접 반역죄에 관련되지 않은 안명세(安明世, 1518~1548) 이언적(李彦迪, 1491~1553) 등을 먼저 신원하였다.

전교하였다. "을사년 이후에 죄를 받은 사람들은 뜻밖에 허물이 없는데도 죄에 걸려 대악의 이름에 빠진 자들이 매우 많다. 당시 조정의 선비들 중에 어찌 거개가 반역의 무리들이었겠는가. 모두들 그 당시의 공신인 이기

(李芑)와 윤원형(尹元衡)의 무리들이 오랫동안 분심(憤心)을 품고 있다가 선왕(先王)께서 어리신 것을 틈타 아주 작은 원망이나 터럭만한 혐의만 있어도 반드시 그 기회에 터 뜨린 데 연유했던 것이다. 이에 당대의 단정한 선비로서 조금이라도 지식이 있는 사람에게는 반역자란 이름을 가 하여 없는 죄를 얽어잡아 가두어 사람들의 사기가 저상 되어 머리를 떨구고 감히 입을 열지 못하게 함으로써 사 기가 꺾이고 국세가 시들게 하였으니 이 일을 말하려고 하면 슬퍼서 기가 막힌다. 인심과 천리(天理)의 공정함은 오래될수록 민멸되지 아니하여 지금까지 사대부들 간에 는 울분이 끊일 사이가 없으니, 공론이 격분한 것도 실은 원인이 여기에 있는 것이다." ....

고(故) 급제(及第) 안명세(安名世)는 옛날부터 사관(史官) 이 죄를 받은 적이 없었기 때문에 여론이 지금까지 원통 해하니, 마땅히 너그럽게 용서하여 직첩을 되돌려주고 처 자는 방송하며 적몰한 재물은 되돌려주라.

파주(坡州)에 이배(移配)된 급제 윤강원(尹剛元)과 유신 (維新)에 이배된 급제 이염(李爓)은 아울러 방송하여 직첩 을 되돌려주고 서용하라.

전 사포(司圃) 정유침(鄭惟沈, 정철의 아버지. 사위 계림 군 유)과 봉사(奉事) 윤충원(尹忠元)은 아울러 직첩을 되돌 려주고 서용하라. 고(故) 급제 권벌(權橃)은 덕행이 갖추어 졌고 충성 또한 지극했다.

고 급제 이언적(李彦迪)은 학문이 정심하여 당대 이학 (理學)의 종장(宗長)으로서 유배중에 있으면서도 조정을 잊 지 못하여 7잠(七箴)을 지어 죽은 뒤에 그 자제로 하여금 올리게까지 했으니 충성이 크다고 하겠다.

고 급제 이천계(李天啓)는 재주와 식견이 있으며, 고 급 제 김진종(金振宗)은 학문이 순정(純正)하며 충효의 대절 (大節)이 있고, 고 급제 조박(趙璞)은 성행(性行)이 단정하고 학식이 있다.

고 급제 이해(李瀣, 동생 이황)는 전에 대사헌으로 있을 때 이기(李芑)를 논박했는데 이 때문에 원한을 사서 이기가 사람을 시켜 무고했고, 고 급제 구수담(具壽聃)은 일찍이 이기를 논박했다가 재상에서 파직되기까지 했다.

고 급제 허자(許磁, 손자 허목)는 이조판서로 있을 때 청탁을 듣지 않았다가 이 때문에 혐의가 생긴 것은 나라 사람들이 다 알며, 고 급제 이치증(李致曾)은 헌납(獻納)으로 있을 때 이기를 논박했다.

고 급제 손홍적(孫弘績)은 신진의 인물로 일의 대체를 몰랐으므로 당시에 선왕께서도 그를 죄주는 것을 미안하게 여겼으나 중론의 압박을 받아 곤장을 맞고 유배까지 가게 되어 여론이 지금껏 원통하고 민망하게 여긴다.

고 급제 심영(沈苓)은 언어간에 부실한 사실이 있어 곤장을 맞고 죽기까지 했으니 또한 원통하고, 고 급제 윤결(尹潔)은 언어에 관한 일로 죽을 죄에 이르지 않았는데도 곤장을 맞고 죽기까지 했으니 역시 억울하다. 아울러 직첩을 되돌려주라.

고 급제 성세창(成世昌), 한숙(韓淑), 정황(丁熿), 정자(鄭滋), 권물(權勿), 고 봉성군(鳳城君) 이완(李岏), 고 안경우(安景祐), 안세형(安世亨), 성우(成遇), 양윤온(梁允溫)은 모두 직첩을 되돌려주라는 것으로 이조에 내리라."

이렇게 을사사화 신원을 행하면서 문정왕후(文定王后, 1501~1565)의 전철을 밟지 않기 위해 원상제를 파하고 명종비가 수렴청정을 거두면서 선조가 친정을 하는 일이 급선무였다. 이에 우선 선조 즉위년 11월 4일 원상을 파하였다.

영의정과 좌의정이 예궐하여 원상(院相)을 파하기를 청하니, 상이 그대로 따랐다. 이때 다른 공사(公事)의 처분은 모두 자전(慈殿)께 사양하고 오직 관직을 제수할 때만 상이 친히 낙점(落點)하였다.

그리고 선조 1년(1568) 2월 18일 기대승(奇大升, 1527~1572)의 건의로 휴암 백인걸(白仁傑, 1497~1579)을 사림을 대표하는 인물로 대사간으로 등용하였다.

백인걸은 명종 2년(1547) 안변에 유배되었다가 명종 6년 6월 1일에 사면되어 고향에 돌아왔다. 명종 20년 윤원형이 몰락하자 12월 2일 직첩이 환급되었고, 12월 21일 승문원 교리로 등용되어 명종 21년 2월 28일 사도시첨정(司䆃寺僉正), 4월 11일 선공감부정(繕工監副正)을 지냈다. 명종 22년 1월 9일 양주목사가 되었을 때는 공납의 폐단을 개혁하는 등의 치적을 쌓아 고을사람들이 기념비를 세웠다.

■ 붕당의 발단

명종이 승하하고 외척과 연관이 없는 할머니가 궁비인 선조가 즉위하면서, 정권은 비로소 사림의 손으로 넘어가고 역사상 처음으로 사림정치가 구현되었다. 이에 사림들은 선조 초년에 우선 조광조를 영의정에 증직하고 문정이란 시호를 내리고, 남곤의 죄를 열거하여 관작을 추탈한다. 이어서 을사사화를 일으킨 사람들을 공신으로 책봉한 것은 잘못되었다 하여 정난 공신을 비롯하여 천여명의 원종공신의 훈적을 삭제할 것을 요구하고, 이기, 정언각, 정순붕, 임백령 등의 죄상을 폭로하여 관작을 추탈하였다. 이와 함께 을사·정미사화를 당한 사람들을 신원하고 유관·유인숙 등을 신원 복관시켰다.

그러나 위훈삭제와 윤임, 계림군의 복관은 이준경(李浚
慶, 1499~1572) 등의 구신의 반대로 이루어지지 않았다가
선조 10년 인종비 공의대비의 요청으로 윤임, 계림군 유의
복관이 이루어지고 위훈삭제도 이루어졌다.

이처럼 이상사회 건설을 추구하다가 이를 반대하던 훈
구들에게 기묘·을사사화를 당한 사림들을 신원 복관하는
데 적극적이던 사림들과 소극적이던 사림들이 다시 대립
하기 시작하였다. 이는 사회구성원리인 철학에서도 차이를
나타내었고 이상사회 건설을 위한 사회정책에서도 차이를
보이게 되어, 동인·서인의 붕당으로 발전하게 되었다.

선조 4년 6월 17일 박순(朴淳, 1523~1589)을 이조판서, 7
월 16일 우찬성, 선조 5년 7월 1일 우의정, 6년 2월 25일
좌의정이 되었다. 선조 7년 3월 박순은 좌의정을 사임했다
가 다시 좌의정이 되고, 선조 9년 11월 1일 병을 평계로
사임하였다.

　좌의정 박순(朴淳)이 병을 평계로 직에서 떠났다. 박순
　은 어릴 적에 허엽(許曄)과 함께 서경덕(徐敬德)을 스승으
　로 섬겨 서로의 우정(友情)이 매우 도타웠다. 이때에 허
　엽이 젊은 사류의 종주(宗主)가 되어 논의를 편벽되게 하
　자 박순이 매우 옳지않게 여겼다. 허엽이 어떤 일을 가지
　고 탄핵하여 친분이 드디어 멀어지게 되었는데, 허엽 당
　의 의논이 마구 휩쓸어 위세가 대단히 성하였다. 박순은
　조정의 의논이 틀어져 자신의 힘으로는 진정시키지 못할
　것을 알고 끝내 병으로 사직하였다. 『선조수정실록』 선조
　9년 11월 1일

선조 11년 8월 1일 영의정 권철(權轍, 1503～1578)이 13
년 동안 정승을 하다가 졸하자, 박순이 영의정이 되었다.
선조 18년 1월 1일 박순이 영의정에서 면직되었다.

■ 문묘종사 논의

선조가 사림들에 의해 옹립되면서 본격적인 사림정치의
구현을 서두르는데, 이를 위해 우선 을사오적의 처단을 주
장하며 을사·기묘 사림의 신원을 요구하는 것과 함께 이
황(李滉, 1501～1570), 기대승(奇大升, 1527～1572) 등이 정몽
주-길재-김숙자-김종직-김굉필-조광조로 이어지는 도
통(道統)을 확립하여 가면서 김굉필·정여창·조광조·이
언적의 사현(四賢)에 대한 문묘종사 운동(文廟從祀運動)을
본격적으로 전개했다. 이 문묘종사 운동은 선조 3년(1570)
이황이 졸한 후에는 5현 문묘종사 운동으로 발전되며 조
선전기의 학문 전수보다는 절의론에 입각한 도통론이 의
리 명분과 도학(道學) 전수를 겸비한 조선후기 도통론으로
발전되는 출발점이 되었다.

이처럼 조선전기는 문묘종사 논의에서 중국 주자성리학
자들의 배향과 더불어 권근과 정몽주의 문묘종사가 논의
되어 성리학 이해가 진행됨에 따라 권근 종사 논의는 점
점 사라지고 안향 이후 우리나라 성리학자로서는 처음으
로 정몽주가 추숭되어 문묘에 종사되는 것으로 귀결되었
다. 이후 훈척과 대결하여 절의를 지켜 순절한 성종대의
김굉필·정여창, 중종대의 조광조, 명종대의 이언적과 학
문적인 공적과 의리 명분을 지킨 명종·선조대의 이황이
절의론에 입각한 도통을 확립시켰기 때문에, 율곡이 조선

성리학을 집대성하는 선조대를 지나면서 사림들에 의해 광해군 2년(1610) 문묘에 종사되는 것으로 결정되었다.

선조 1년 4월 4일 사간원이 조광조(趙光祖, 1482~1519) 의 관직을 복구하고 문묘에 종사하기를 청하였다.

선조 3년 4월 23일 관학의 유생들이 김굉필(金宏弼, 145 4~1504) 등 4명을 문묘에 종사할 것을 청하나 윤허하지 않았다. 4월 25일 유생들이 사현 종사를 청하는 상소를 올렸다. 5월 4일 유희춘(柳希春, 1513~1577)이 사현의 행적을 아뢰었다. 5월 9일 백인걸(白仁傑, 1497~1579)의 상소로 삼공이 을사·기묘년 일의 신원과 조광조 등의 문묘 종사를 청하였다.

선조 6년 8월 28일 유생(儒生)들이 상소하여 김굉필·정여창·조광조·이언적과 이황을 문묘에 종사하기를 청하였다. 선조 7년 2월 12일 성균관 유생들이 오현 종사와 유관·유인숙의 신원을 청하였다. 선조 9년 10월 13일 유희춘이 하향하며, 오현 종사를 청하는 상소를 올렸다.

선조 14년 10월 이이가 조광조 이황의 문묘종사를 청하였다. 선조 37년 3월 20일 성균관 생원 조명욱 등이 5현의 문묘 배향을 청하였다. 선조 37년 9월 15일 예조에서 김굉필 등 5인의 문묘배향을 건의하였다.

■ 위훈 삭제

선조 2년 9월 율곡 이이(李珥, 1536~1584)는 동호문답을 올리며, 을사사화를 당한 사람들을 신원 복관시키는 것뿐만아니라 을사사화를 일으키고 공신이 된 사람들을 위훈 삭제해야 한다고 위훈 삭제 문제를 처음으로 제기하였다.

이는 홍문관의 상소로 이어졌다. 선조 3년 4월 홍문관이 상소하여 양사가 주장하는 신설(伸雪) 문제를 따를 것과 아울러 위사(衛社)의 위훈(僞勳)을 삭제할 것을 청하였다.

"... 인종께서 병세가 위급해지자 왕위 수수(授受)에 대하여 태도를 분명히 하셨고, 또 명종은 적통(嫡統)의 맏아우로서 왕위를 이어받는 것은 하늘도 사람도 다 인정하였을 뿐만아니라, 명분이 바르고 말도 순리적이어서 마치 하늘 가운데 떠 있는 태양을 억조창생이 모두 우러러보듯 환한 일이었는데, 누가 감히 그 사이에 이의를 제기하겠습니까. 다만 원형이 이기 등과 함께 사감(私憾)을 품고 독기를 부려 선한 무리들을 모조리 섬멸할 양으로 근거 없는 말을 떠들어 궁액(宮掖)을 흔들어대고 조정을 위협으로 제압했습니다. 윤임은 도마위의 고기가 되었고 유관(柳灌)·유인숙(柳仁淑)은 모두 이기와 혐의가 있었던 까닭으로 대죄(大罪)를 면치못하였습니다. 그때까지는 그래도 반역이라는 이름은 감히 가하지 못했는데, 정순붕(鄭順朋)은 음흉하고도 망칙한 사람으로서 큰 이익을 노리고 거짓으로 상소를 꾸며올려 백주에 감히 군상(君上)을 속임으로써 흉모(兇謀)가 이루어져 대화(大禍)가 일어나게 되었습니다.

윤임은 추하고 비루하고 형편없는 몸으로 함부로 궁금(宮禁)을 모신 죄로 죽음을 당한 것은 애석할 것이 없으나, 그가 반역했다는 것은 전혀 형적이 없는 사실로 그에게 해당되는 죄가 아닙니다. 더구나 유관은 나라일에 마음을 다했고 유인숙은 선을 좋아하고 선비를 사랑한 사람인데, 어찌 털끝만큼인들 다른 생각이 있었겠습니까. 이상 3인이 죽고 없어 다시 추문할 곳이 없게 되자, 임백령(林百齡)은 윤임의 사위 이덕응(李德應)이 원래 경조(輕

躁)하고 겁약(怯弱)하여 위압으로 누르면 될 것을 알고 죽음을 면케 해주겠다는 약속으로 백방으로 달래기도 하고 위협하기도 하였습니다. 저 어리석은 덕응이 자신이 살기 위하여 종잡을 수 없는 말을 마구 하자, 간특한 무리들은 그 말을 토대로 보태고 꾸며내어 조금이라도 부도(不道)에 연관이 있으면 곧 반역의 율을 가하였으니, 이는 한 사람의 난언(亂言)을 토대로 대옥(大獄)을 결정한 것입니다. 대체로 이들 3인의 죄가 참으로 반역이라면 마땅히 추국해서 사실을 캐내어 그에 상응하는 벌을 주었다면 누가 옳지 않다고 하겠습니까. 그러나 당시엔 그렇게 하지 않고 처음에는 체직이나 파직을 시켰다가 다음에는 귀양을 보내고 그 다음에는 사사(賜死)하고, 끝에 가서는 효수(梟首)하고 이족(夷族)까지 하면서 실정도 캐묻지 않았고 자복도 받아내지 않았습니다. 예로부터 반역자를 주토(誅討)하는 데 있어 이렇게 우회적이고 불분명하게 한 적은 없었습니다.

계림군 이유(李瑠)가 형신받은 일만 하더라도 너무 참독(慘毒)하리만큼 혹독한 음형(陰刑)을 가하는 바람에 유는 그 고통을 이기지 못하여 무복(誣服)이라도 하여 빨리 죽고 싶은 심정이었으나, 무슨 말을 해야 할 지 모르다가 추관(推官)이 가르쳐준 대로 말하여 비로소 공초가 성립되었습니다. 봉성군(鳳城君)의 죽음도 김명윤(金明胤)의 참소로 말미암았으며, 벽서(壁書) 사건도 그 화가 정언각(鄭彦慤)의 독수(毒手)에서 나온 것이고, 충주 옥사도 처음에 동기간의 집안 싸움에서 시작되어 원흉들의 조작으로 이루어졌습니다. 이렇게 고변하는 자들이 수도 없이 많았는데, 이는 모두 임금을 속이고 충현을 모함한 것입니다. ....

지금 공의(公議)는 막혀있고 인심은 흉흉하게 들끓어 그칠 줄을 모르고 있습니다. 오늘의 형세를 볼 때, 만약 죄없는 사람을 신설해주지 않고 위훈을 모조리 삭제해버리

지 않는다면 끝내 사람들의 감정을 진위(鎭慰)하고 조정
기강을 숙청할 길이 없으니, 시비(是非)가 정해지지 않고
화복(禍福) 또한 일정하지 않아 나라의 존망을 알 수가 없
습니다. 아, 간흉들이 사람을 위협하여 걸핏하면 화를 만
들어낸 것이 이미 오래되었는데도 삭훈(削勳) 두 자를 사
람들이 감히 입 밖에 내지 못하고 있으니, 어찌 그들의
위압에 겁이나고 심담(心膽)이 땅에 떨어져서 그런 것이
아니겠습니까. ..... " 하였다.

홍문관이 삭훈(削勳)하자는 논의를 제기하자 양사는 피
혐(避嫌)하였다가 다시 직에 나와 아울러 위훈 삭제를 청
하여 이때부터 조정 전체가 함께 청하게 되었다. 상은 정
미년과 기유년의 죄인들에 대하여 모두 신설할 것을 명
하였으나 이홍윤(李弘胤)만은 사면하지 않았고, 이기·정언
각의 관작을 삭탈하도록 명하였다. 이때 대간은 날마다
복합(伏閤)하였고, 홍문관은 하루에 두 번씩 상차하였으며,
종친·유생·충의위 할 것 없이 모두 다투어 상소하여 합동
으로 청하였기 때문에 비로소 이와 같은 명이 있게 되었
다.

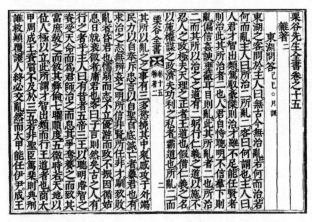

동호문답 (고전번역원)

이에 대해 이준경은 위훈 삭제를 반대하며 위훈 삭제를 추진하는 사람들을 붕당을 이루는 것으로 견제하였다. 그리고 이준경은 선조 5년 7월 7일 졸하며 올린 유소에 붕당을 이루는 것을 조심해야 한다고 하였다.

영의정 이준경(李浚慶)이 죽었다. 자는 원길(原吉)이며 광주(廣州) 사람으로 고려 판전교시사(判典校寺事) 둔촌(遁村) 이집(李集)의 후손이다. 어려서부터 학업에 독실하였고 근래의 영상 중에서 업적이 가장 많았으며, 향년 74세였다. 뒤에 충정(忠正)으로 증시(贈諡)하고 선조 묘정(廟庭)에 배향하였다. 임종할 때에 유차(遺箚)가 있었는데, 그 차자는 다음과 같다.

"지하로 가는 신 이준경은 삼가 네 가지의 조목으로 죽은 뒤에 들어주실 것을 청하오니 전하께서는 살펴주소서. .... 넷째 붕당(朋黨)의 사론(私論)을 없애야 합니다. 【이때에 심의겸이 외척으로 뭇 소인들과 체결하여 조정을 어지럽힐 조짐이 있었기 때문에 이를 지적한 것이다.】지금의 사람들은 잘못한 과실이 없고 또 법에 어긋난 일이 없더라도 자기와 한마디만 서로 맞지 않으면 배척하여 용납하지 않습니다. 그리고 자신의 행동을 검속(檢束)한다든가 독서하는 데에 힘쓰지 않으면서 고담대언(高談大言)으로 친구나 사귀는 자를 훌륭하게 여김으로써 마침내 허위(虛僞)의 풍조가 생겨났습니다. .... 『선조실록 권6 선조 5년 7월 7일

이에 사림들은 기묘사화 같은 사화가 일어날까봐 걱정하게 되었다.

선조 10년(1577) 6월 26일 인종비 공의대비(1514~1577,

인성왕후)의 요청으로 11월 윤임(尹任, 1487~1545)과 계림 군 이유(桂林君李瑠, 1502~1545)의 복관이 이루어지고 위 훈 삭제도 이루어졌다.

이처럼 이상사회 건설을 추구하다가 이를 반대하던 훈 구들에게 기묘사화 을사사화를 당한 사림들을 신원 복관 하는데 적극적이던 사림들과 소극적이던 사림들이 다시 대립하기 시작하였다. 이는 사회구성원리인 철학에서도 차 이를 나타내었고 이상사회 건설을 위한 사회정책에서도 차이를 보이게 되어, 동인·서인의 붕당으로 발전하게 되 었다.

■ 동·서 분당

동·서 분당은 선조 8년(1575)에 이조전랑 자리를 둘러 싼 심의겸(1535~1587)과 김효원(1542~1590)의 대립에서 비롯되었다. 이조의 전랑은 정5품의 벼슬에 불과하였으나 관리의 인사권을 장악하는 청요직이었다. 더구나 이 전랑 직을 거치면 대개는 재상으로 쉽게 올라갈 수 있다는 요 직이었다. 이러한 중요성 때문에 그 직에의 임명은 이조판 서라도 간여하지 못하고 이임자가 추천하도록 되어 있었 다.

처음 김효원이 문명이 높아 전랑에 천거를 받았는데 이 조참의로 있던 심의겸은 그를 을사오적의 한 사람인 윤원 형에 아부했던 자라 하여 반대하였다. 김효원은 마침내 전 랑이 되었지만 그가 이임할 때는 심의겸의 동생이 천망에 오르게 되었다. 이번에는 김효원이 이를 거절하였다. 심의 겸은 명종비의 동생으로 윤원형 집권 당시에 사류를 많이

옹호하여 선배들 사이에 명망이 있던 사람이고, 김효원은
신진의 한 사람으로 후배들 사이에 명망이 있었다.

처음에는 율곡의 조정이 효과를 거두어 김효원·심의겸
양인을 각각 삼척과 전주, 외관으로 좌천도 시켰으나 근본
적인 해결은 보지 못하였다. 결국 인사권을 쟁취하려는 이
두 사람의 싸움은 당시 관료와 유생을 두 파로 갈라지게
하였으며, 김효원의 지지세력을 동인이라 부르고 심의겸의
지지세력을 서인이라 불러 동·서 분당이 시작되었다.

동인의 영수 허엽(許曄, 1517~1580)과 서인의 영수 박순
(朴淳, 1523~1589)은 똑같이 서경덕(徐敬德, 1489~1546)의
문하에서 나왔는데, 이를 계승한 동인에는 이황(1501~
1570)과 조식(1501~1572)의 문인이 많고, 서인에는 이이
(1536~1584)와 성혼(成渾, 1535~1598)의 계통이 많아서 당
쟁은 학파의 대립과 밀접한 관계가 있었다.

따라서 동·서의 붕당은 심·김 두 사람의 문제를 떠나
서 정권 쟁탈로 변질하여 율곡의 조정에도 불구하고 싸움
은 갈수록 심해졌다. 이러한 가운데 율곡 자신도 서인 가
운데 친구가 많고 그 제자는 서인이 주류를 이루게 되니,
동인들에 의해 서인이라 지목을 받았으며, 동인인 계미삼
찬의 모함을 받기에 이르렀다. 그러나 이 당시 명망이 있
는 토정 이지함(李之菡, 1517~1578)·우계 성혼 등이 율곡
을 적극 지지하고 있었으므로 율곡이 관계에 있을 때는
서인이 우세한 편이었다.

■ 계미삼찬

선조 16년(1583) 여진족이 침입하자 율곡이 병조판서로

이들을 막아내기 위하여 십만양병설을 주장하여 선조의 내락을 받아냈으나, 유성룡(柳成龍, 1542~1607) 등이 반대하여 십만양병은 일단 저지된다.

> ... 이이가 일찍이 경연에서 '미리 10만의 군사를 양성하여 앞으로 뜻하지 않은 변란에 대비해야 한다.'고 말하자, 유성룡은 '군사를 양성하는 것은 화단을 키우는 것이다.'라고 하며 매우 강력히 변론하였다. 이이는 늘 탄식하기를 '유성룡은 재주와 기개가 참으로 특출하지만 우리와 더불어 일을 함께 하려고 하지 않으니 우리들이 죽은 뒤에야 반드시 그의 재주를 펼 수 있을 것이다.'하였다. 임진년 변란이 일어나자 유성룡이 국사를 담당하여 군무(軍務)를 요리하게 되었는데, 그는 늘 '이이는 선견지명이 있고 충근(忠勤)스런 절의가 있었으니 그가 죽지 않았다면 반드시 오늘날에 도움이 있었을 것이다.'고 하였다 한다. 『선조수정실록』 선조 15년 9월 1일

이처럼 율곡이 국난에 처하여 개혁을 하려는 것을 유성룡 등의 보수세력이 저지하는 가운데, 율곡은 선조 16년 (1583) 6월 11일 여진족 침입을 막아내느라 온갖 노력을 하다가 과로하여, 임금의 부름을 받고 오다가 어지럼증으로 쓰러져 임금을 알현하지 못하고 병조에서 조리하게 되었다.

> 그 해 여름에 북쪽 오랑캐가 두 번째 침입하여 나라안이 떠들썩해서 사수(射手)를 뽑아들이는데, 관가에는 전마 (戰馬)가 없어서 이를 갑자기 마련할 수 없었다. 선생은 을묘년에 전사(戰士)들이 서로 말을 빼앗던 일을 경계하고, 이로 말미암아 혼란이 야기되지 않을까 몹시 근심하여, 군대를 뽑은 다음, 3등(等) 이하에게는 말을 바치도록

하고 대신 군역을 면제해주며, 그 말은 1·2등에 뽑힌 사람에게 주었다. 처음에는 임금에게 아뢰고 이 일을 시행하려 하였으나 이에 응하는 자가 적을까 염려되어 먼저 명령을 내려 모집해 보았더니, 말을 바치는 사람이 구름처럼 모여들었는데, 전사(戰士)의 출정 시기가 임박하여 시기를 늦출 수 없으므로 마침내 말을 나누어주고 나서 아뢰었다. 임금이 허락하니, 싸우러 나가는 사람은 말을 얻어 다행으로 생각하고 나가지 않는 사람은 군역을 면제받아 좋아하여 공(公)·사(私) 간에 모두 편리하게 되었다.

또 군자감(軍資監)에 있는 면포를 군인의 옷감으로 내어주고, 온 관리들이 녹봉을 삭감하여 군대로 나간 사람의 처자에게 나누어줄 것을 청하니, 군인들이 모두 기뻐하여 수자리하는 괴로움을 몰랐으며, 응모하여 군용으로 바치는 곡식으로 또한 군량을 넉넉히 조달하게 되었다.

하루는 변방에서 급한 보고가 있어서 임금이 명령하여 선생을 부르니, 선생은 한창 어지럼증(현훈증:眩暈症)이 심하였으나 병을 참고 부르는 명령에 나오다가 승정원에 도착하지도 못하고 병이 더하여, 할 수 없이 내병조(內兵曹)에 들어가 누웠다. 이를 가지고 삼사(三司)에서는 '권세를 제멋대로 휘두르고 교만하여 임금을 업신여긴다.'고 논핵하였으니, 권세를 제멋대로 휘두른다는 것은 말을 바치고 군대를 면제하게 해줄 때에 먼저 계청(啓請)하지 않은 것을 지적한 것이요, 임금을 업신여긴다는 것은 부름을 받고도 승정원에 나오지 않은 것을 지적한 것이다. (김장생 찬 율곡 행장)

이를 기회로 동인인 허봉(許篈, 1551~1588)·송응개(宋應漑, 1536~1588)·박근원(朴謹元, 1525~1585) 등 계미삼찬이 왕명무시라는 죄명으로 모함하고, 허봉의 사주를 받은 삼사(三司)가 율곡을 탄핵하였다.

선조 16년(1583) 6월 19일 사헌부 사간원 양사에서 율곡 이이를 전천(專擅)·만군(慢君)의 죄로 탄핵하였다.

양사(兩司)가 아뢰기를, "병조판서 이이는 갑자기 숭반(崇班)에 올라 나라의 중한 책임을 맡았으니 더욱더 외신(畏愼)하여 직임수행에 마음을 다해야 하는데도 군정(軍政)의 중요한 일을 먼저 시행하고 나서 아뢰는가 하면, 내조(內曹)에까지 들어와서도 끝내 명을 받들지 않았습니다. 그의 이러한 행적으로 보아 현저하게 전천(專擅)·만군(慢君)의 죄가 있는 것이니, 대간(臺諫)이 그 사실을 들어 논핵(論劾)한 것은 어쩔 수 없는 일이었습니다. 그렇다면 이이는 자신을 반성하여 허물을 살피기에 겨를이 없어야 할 것인데도 오히려 자기가 먼저 의기(疑忌)하고 분노(忿怒)를 깊이 품어 여러날 올린 소(疏)의 사기(辭氣)가 평온하지 않고 대간이 논핵한 것을 꼭 허구날조한 것으로 돌리려 하고 있습니다. 심지어 대신들이 대간을 물리치지 않은 것을 그르게 여기고 또 좌우와 여러 대신에게 물어 경중(輕重)을 헤아려 주기 바라는 것이 마치 무슨 승부(勝負)를 결정하려는 것 같았는데, 이것은 결국 말을 한 자를 몰아내고 자기의 뜻을 마음대로 하려는 것에 불과한 짓입니다.

대간이란 말을 하는 것이 직책이므로 귀에 거슬리는 말을 하면 임금이라도 그대로 들어주어야 하는 것인데, 더구나 신하의 반열에 있는 자가 자기의 허물을 듣기를 싫어하여 자기가 옳다는 강변(强辨)으로 말을 한 자를 협제(脅制)하여 입을 열지 못하게 하려 하니 이는 매우 대간을 멸시하고 공론을 가볍게 여긴 것입니다. 파직(罷職)하도록 명하소서." 하니, 윤허하지 않는다고 답하였다. 『선조실록』선조 16년 6월 19일

이에 6월 21일 율곡은 해주로 물러갔다. 7월 15일 성혼 등이 율곡의 억울함을 호소하고 율곡을 모함한 허봉, 송응 개, 박근원 등을 탄핵하였다.

선조는 8월 28일 박근원·송응개·허봉 등을 유배보내 고 삼사를 교체하고 율곡을 다시 등용하였다.

허봉은 본관은 양천(陽川). 호는 하곡(荷谷)이다. 아버지는 동인의 영수인 동지중추부사 허엽(許曄)이며, 동생으로 허 난설헌(許蘭雪軒) 허균(許筠)이 있다. 허균은 김효원(金孝元) 의 사위이다. 매부에 우성전(禹性傳, 1542~1593)이 있다. 형 허성(許筬, 1548~1612)은 선조 서8남 인빈 김씨 소생 의창군(義昌君) 이광(李珖, 1589~1645)의 장인이었다. 동인 의 핵심 집안이다.

송응개는 본관은 은진(恩津). 아버지는 우참찬 송기수(宋 麒壽)이다. 선조 20년 9월 중봉 조헌의 상소중에 "신은 듣 건대 송인수(宋麟壽)의 어짊은 동국(東國)의 보배라 합니다. 그가 죽던 날 그를 알건 모르건 탄상(歎傷)하지 않은 사람 이 없었는데 송기수는 홀로 출사를 그만두지 않고 정원에 사진(仕進)하였다고 합니다. 동료들이 괴이하게 여겨 물으 니, 답하기를 '이미 국적(國賊)이 되었으면 마땅히 속적(屬 籍)에서 끊어야 하니, 무슨 복(服)이 있겠는가.' 하였습니 다. 뒤에 송인수를 위해 묘지(墓誌)를 지을 적에는 찬양을 극도로 하여 공론에 죄를 얻지 않으려 하였으니, 이른바 '평생의 간위(姦僞)는 그가 죽은 뒤에야 진성(眞性)을 알 수 있다.' 한 것이 이것입니다."

이에 앞서 송응개는 을사년의 간당(奸黨)에 발을 들여놓

왔었다. 송응개도 위훈(僞勳)의 원종공신의 반열에 끼어
한 자급이 더해졌었는데 그뒤 위훈이 삭제되면서 자급도
당연히 깎여 당상의 명관(名官)으로 품계가 떨어진 뒤 외
직에 보임되니 사론(士論)이 비루하게 여겼다. 그러나 송
응개는 도리어 시론(時論)에 아부하여 다시 아장(亞長)이
되고는 예전처럼 자급이 올라가는 등 행위가 올바르지
못하면서도 태연스럽게 자거(刺擧)의 행위를 하였으므로
이이가 더욱 싫어하여 여러 번 친우들에게 말을 했었다.
그런데 그 말을 전하는 자가 '이이는 송응개를 가리켜
「대대로 악을 조성한다.」고 했다.' 하니, 송응개가 크게
원한을 품었다. 『선조수정실록』 선조 16년 7월 1일

박근원은 본관은 밀양(密陽). 호는 망일재(望日齋)이다. 아
버지는 박빈(朴蘋)이다. 광해군의 폐세자의 장인인 박승종
은 박근원의 사촌형 박충원의 증손자이다.

그러나 율곡은 이때 모함당한 억울함 때문인지 아니면
정권욕에 눈이 어두운 보수세력 때문에 국난에 제대로 대
처하지 못한 심려 때문인지 이듬해 선조 17년(1584) 1월
16일 한창 일할 나이인 49세 장년의 나이로 임진왜란을
앞에 두고 숨을 거두게 된다.

> 이조판서 이이(李珥)가 졸하였다. 이이는 병조판서로 있
> 을 때부터 과로로 인하여 병이 생겼는데, 이때에 이르러
> 병세가 악화되었으므로 상이 의원을 보내 치료하게 하였
> 다. 이때 서익(徐益)이 순무 어사(巡撫御史)로 관북(關北)에
> 가게 되었는데, 상이 이이에게 찾아가 변방에 관한 일을
> 묻게 하였다. 자제들은 병이 현재 조금 차도가 있으나 몸
> 을 수고롭게 해서는 안 되니 접응하지 말도록 청하였다.
> 그러나 이이는 말하기를, "나의 이 몸은 다만 나라를 위

할 뿐이다. 만약 이 일로 인하여 병이 더 심해져도 이 역
시 운명이다."하고, 억지로 일어나 맞이하여 입으로 육
조(六條)의 방략(方略)을 불러주었는데, 이를 다 받아 쓰자
호흡이 끊어졌다가 다시 소생하더니 하루를 넘기고 졸하
였다. 향년 49세였다.『선조수정실록』선조 17년 1월 1일

■ 동인의 득세와 서인의 몰락

선조 16년(1583) 10월 30일 이산해(李山海, 1539~1609)를
이조판서로 삼았다. 선조 17년 2월 이산해를 이조판서 겸
예문관대제학으로 삼았다.【이이가 겸대(兼帶)하였던 직책
을 모두 대신하였다.】

이후 선조가 서인을 싫어하여 동인인 이산해를 이조판
서에 10년이나 두니, 서인은 실세하고 동인이 정권을 장악
하였다.

이산해의 사위에 안응형(安應亨, 1578~?)이 있다. 안응형
아버지는 안황(安滉)이고 어머니는 선조 아버지 덕흥대원
군의 딸이다.

선조 18년 4월 김우옹(金宇顒, 1540~1603)이 죽은 율곡
이이를 비난하자, 승지로 있던 이산보(李山甫, 1539~1594)
가 김우옹의 말을 반박하였다가 이후 탄핵을 받아 경상감
사로 나갔다.

김우옹이 경연에서 이이가 한 일에 대하여 소급하여 비
방하자 이산보가 승지로서 입시하여 이이의 행실이 고매
한 것을 대단하게 칭송하니, 상이 무릎을 치면서 경탄하
였다. 김우옹이 아뢸 적마다 상이 곧장 산보에게 '이 말
이 어떠한가?' 하고 물으면 산보가 낱낱이 변론하니 김우

옹이 이로 인하여 사직하였다. 이산보가 특별히 대사헌의 직책을 받고 나서 또 백유양(白惟讓)과 함께 입시하여 박순·이이·정철의 득실에 대하여 서로 논쟁하였다. 이 때문에 많은 사람들이 분노하였으며 대관(臺官)이 이산보가 탑전에서 한 말을 뽑아내어 어전에서 기만하였다고 하였으므로 드디어 외지로 내보냈다. 『선조수정실록』 선조 18년 4월 1일

■ 정여립 모반사건

선조 17년 1월 율곡 이이가 졸하자, 이발(李潑, 1544~1589), 이산해(李山海), 노수신(盧守愼, 1515~1590) 등 동인이 박순(朴淳) 이산보(李山甫) 등 서인을 몰아내며 정계를 주도해 나갔다. 이에 율곡을 따르던 정여립(鄭汝立, 1546~1589)은 이발에게 붙어서 율곡을 비난하며 황해도 전라도에서 자기 세력을 확장하며 만행을 저지르고 있었다. 정여립이 율곡을 배반한 것을 보고 이발 노수신 등이 정여립을 추천해도 선조는 등용을 거부하고 있었다.

선조 22년(1589) 10월에 황해감사 한준(韓準, 1542~1601)이 정여립이 지함두·길삼봉 등과 황해 전라도의 군사를 모아 역모를 꾀한다고 고변한 사건이다.

정여립은 원래 율곡과 우계 문하에 드나들면서 율곡을 성인(聖人)으로 받들다가 율곡이 죽고 서인이 실세하자 동인에 붙어 이이를 비난하니 동인의 영수인 이발이 받아들인 자이다. 이를 잘 알고 있는 선조는 정여립을 등용하지 않았다.

이러한 연유로 이산해·정언신(鄭彦信, 1527~1591) 등은 한준(韓準)의 고변에도 불구하고 정여립이 모반을 할리가

없다고 옹호하면서 이는 서인의 모함이라고 하였다. 정여
립은 진안군 죽도 별장에 도망하였다가 자살하고 그 도당
인 변승복도 그 옆에서 자결하여 정여립 모반사건은 의문
을 남기게 되었지만 정여립의 아들 정옥남이 잡혀와 자복
하여 길삼봉·박연령 등 소위 정여립 도당이 처벌을 받게
되었다.

선조 22년 10월 20일 정옥남과 도주했다가 체포된 박연
령(朴延齡)이 정여립과 반역을 공모한 사실을 승복하므로,
군기시 앞에서 책형(磔刑)을 하였다.

선조 22년 10월 정여립의 시체를 군기시(軍器寺) 앞에서
추형(追刑)하였는데 백관을 차례대로 서게 하였다.

그러나 정여립 모반사건은 11월에 생원 양천회, 예조정
랑 백유함(白惟咸, 1546~1618) 등이 상소를 하여 정여립과
관련된 조정 대신을 처벌할 것을 주장하였다.

선조 22년 12월 선홍복(宣弘福)이 복주(伏誅)되고, 이발·
이길(李洁, 1547~1589)·백유양(白惟讓, 1530~1589)·유덕
수(柳德粹) 등은 하옥되어 고문받다가 죽었다.

이발의 아버지는 이중호(李仲虎)이고, 동생은 이길이다.
아버지 이중호의 부인은 윤선도(尹善道, 1587~1671)의 증
조부 윤구(尹衢, 1495~?)의 딸이다.

백유양은 백인걸의 형 백인호의 아들로 그의 아들 백수
민(白壽民)이 정여립의 형 정여흥(鄭汝興)의 사위가 되었다.

선조 22년 12월 전 안동부사 김우옹을 북변으로 찬배하
도록 명하였다. 선조 23년 2월 영중추부사 노수신을 파직
하라고 하였다. 6월 전 군수 유몽정(柳夢鼎)과 참봉 윤기신

(尹起莘)이 옥사에 연루되어 체포되었다.

우의정 정언신, 이발 형제를 비롯하여 김우옹(金宇顒, 1540~1603)·정경세(鄭經世, 1563~1633)·정인홍(鄭仁弘, 1535~1623)·정개청(鄭介淸, 1529~1590)·유몽정(柳夢鼎, 1527~1593)·최영경(崔永慶, 1529~1590) 등 동인 중 북인 세력으로 확대되어 정여립을 옹호하던 동인은 큰 수난을 당하였다.

정철(1536~1593)·조헌(趙憲, 1544~1592) 등으로 이루어 지는 서인이 집권하였다.

■ 건저문제

선조 24년(1591) 유성룡이 정승이 되자, 정철에게 선조에 게 적자가 없으니 서자 중에서 세자를 세울 것을 건의하기로 하고, 이산해와 함께 모여 건의하기로 하였다. 그러나 이산해는 선조가 총애하는 김빈의 오라비 김공량(金公諒)과 모의하여, 정철이 세자를 세우고 김빈과 그 아들 신성군(信城君, 1578~1592)을 죽이려 한다고 김빈을 통하여 선조에게 은밀히 모함하였다. 이러한 모함을 모르고 정철은 유성룡·이산해가 함께 모인 경연자리에서 세자세우는 의논을 선조에게 아뢰었다. 이에 선조가 노하자 이산해·유성룡은 아무 말도 안하고 부제학 이성중(李誠中, 1539~1593), 대사간 이해수(李海壽, 1536~1598)만이 같이 의논한 일이라 하였다.

이에 정철은 선조에게 크게 미움을 사게 되었는데 이를 틈타 유생 안덕인·이원장·윤홍·이진·이성경 등이 정철이 국정을 그르친다고 탄핵하여 물러나고, 뒤이어 이산해(李山海)와 홍여순(1547~1609)의 공격을 받아 정철은 진주로, 백유함은 경흥, 유공신(柳拱辰, 1547~1604)은 경원, 이춘영(李春英, 1563~1606)은 삼수로 유배되었다.

이어 선조 24년 6월 25~26일 양사에서 정철에게 붙은 우찬성 윤근수 (尹根壽, 1537~1616), 판중추 홍성민(洪聖民, 1536~1594), 목사 이해수(李海壽, 1536~1598), 부사 장운익(張雲翼, 1561~1599) 등을 탄핵하여 삭탈관직시켰다.

윤근수는 본관은 해평. 호는 월정(月汀). 아버지는 군자감정(軍資監正) 윤변(尹忭, 1493~1549)이며, 형은 영의정 윤두수(尹斗壽, 1533~1601)이다. 윤두수의 손자 윤신지(尹新之, 1582~1657)는 선조 부마이다.

장운익(張雲翼, 1561~1599)은 본관은 덕수(德水). 호는 서촌(西村). 아버지는 장일(張逸)이며, 아들은 우의정 장유(張維, 1587~1638)이다. 장유의 딸은 효종비 인선왕후(仁宣王后)이다. 장유는 김상용(金尙容, 1561~1637)의 사위이므로 김상용과는 사돈간이다. 사위가 황혁(黃赫, 1551~1612)의 손자 황상(黃裳, 1591~1612)이다.

선조 24년 7월 2일 양사가 정철에게 붙었다고 하여, 병조판서 황정욱(黃廷彧, 1532~1607), 승지 황혁(黃赫), 호조판서 윤두수(尹斗壽), 좌승지 유근(柳根, 1549~1627), 황해감사 이산보(李山甫), 사성 이흡(李洽, 1549~1608) 등을 탄핵하여 서인을 몰아내기 시작한다.

선조 24년 8월 13일 최영경(崔永慶, 1529~1590)을 무고하여 죽게 하였다 하여 양천경(梁千頃)·양천회(梁千會)·강견(姜涀)·김극관(金克寬)·김극인(金克寅) 등을 국문하여 무고죄로 유배보냈다.

이때 동인 중에는 서인에 대한 강경파와 온건파로 갈리어 남인과 북인의 대립이 생기었다. 이 남인과 북인의 분열도 학파로 보면 이황의 문인과 조식의 문인 간의 대립이었다.

송강 정철 신도비
송시열이 글을 짓고, 김수증이 썼다.

■ 임진왜란

선조 23년(1590) 3월 6일 첨지(僉知) 황윤길(黃允吉)을 통신사(通信使)로, 사성(司成) 김성일(金誠一, 1538~1593)을 부사로, 전적(典籍) 허성(許筬, 1548~1612)을 종사관으로 하여 일본에 사신으로 보내어 일본이 쳐들어올 것인지 아닌지를 염탐하게 하였다. 선조 24년 3월 통신사 황윤길, 김성일이 돌아와 선조가 인견하는 자리에서, 서인의 황윤길은 쳐들어올 것이라 하였고, 동인의 김성일은 쳐들어오지 않을 것이라고 하였다.

이러한 논란이 일어나고 있는 가운데, 선조 24년 2월 세자 책봉 문제인 건저의 사건이 터져, 정철(鄭澈) 윤근수(尹根壽) 등 서인이 쫓겨나, 중봉 조헌(趙憲, 1544~1592)이 왜란을 대비할 것을 상소하지만 동인들에 의해 무시되고, 임진왜란에 대처를 못하고 있는 가운데, 선조 25년(1592) 4월 14일 임진왜란이 발발하였다.

왜적이 군사를 일으켜 부산진을 함락시켜 부산진 첨절제사 정발(鄭撥, 1553~1592)과 동래부사 송상현(宋象賢이 전사하였다.

송상현(宋象賢, 1551~1592)은 본관은 여산(礪山). 뒤에 이조판서·좌찬성에 추증되었고, 부산 충렬사·개성 숭절사(崇節祠)·청주 신항서원(莘巷書院)·고부 정충사(旌忠祠) 등에 배향되었다.

송상현의 동생 송상인(宋象仁, 1569~1631)은 광해군 4년 김직재옥사에 연루되어 광해군 4년 4월 25일 위리안치 된다. 송상현의 어머니가 김결(金潔)의 손녀인 안동 김씨이고, 김결의 증손자가 김직재이다. 김직재와 송상현은 6촌 간이다.

선조 25년(1592) 4월 14일, 부산에 상륙한 왜는 3일만인 4월 17일에 상주에 도착하여 순변사 이일이 이끄는 4000 여명의 군대를 패하게 하고 북상을 계속하였다.

이에 신립(申砬, 1546~1592) 장군이 4월 28일 탄금대에 서 배수진을 치고 싸웠지만 패하고 말았다.

4월 14일 임진왜란이 일어나자 조정에서는 신립 장군을 삼도도순변사(三道都巡邊使)로 임명하고 보검을 하사하였 다. 그는 특청하여 당시 어떤 일로 옥에 갇혀있던 김류(金 鎏, 1571~1648)의 아버지 김여물(金汝岉)을 부장으로 하고 80명의 군관과 시정백도(市井白徒) 수백명을 모병하여 충주 로 떠났다. 이어 부장 몇 사람을 거느리고 조령(鳥嶺)으로 내려가 지형을 살폈다. 이때 군관 60여명과 군졸 4,000여 명을 이끌고 남하하였던 순변사 이일(李鎰)이 경상도 상주 에서 왜군에게 패하여 쫓겨와서 그의 앞에 무릎을 꿇고 죽여줄 것을 청하였다. 그러나 그는 이일의 재주를 아껴 용서하고 오히려 선봉장으로 삼았다. 이일은 왜군의 정세 가 대적할 수 없을 정도로 대군이라고 보고하였다. 이에 김여물 등이 아군의 수가 열세임을 들어 지형이 험한 조 령에서 잠복하여 전투를 벌일 것을 주장하였다. 그러나 그 는 아군의 열세에도 불구하고 넓은 벌판에서 기병의 활용 을 극구 주장하여 군대를 돌려 충주성의 서북 4km 지점에 있는 탄금대(彈琴臺)로 나아가 배수진(背水陣)을 치고 임전 태세에 들어갔다.

4월 28일에 배수의 진을 친 아군을 향하여 고니시[小西

行長]를 선두로 한 왜군이 대대적으로 북상하여 공격해옴
에 따라 중과부적으로 포위되어 참패를 당하고 말았다. 아
군이 섬멸되자 그는 김여물(金汝岉, 1548~1592)·박안민
(朴安民) 등과 함께 남한강물에 투신, 순절하였다. 뒤에 영
의정에 추증되었다.

탄금대에서 신립 장군이 패하여 전사했다는 소식을 듣
자, 4월 30일 선조는 창덕궁을 떠나 5월 1일 저녁에 개성
에 도착하였고, 5월 2일 서울이 함락되어 5월 3일 개성을
떠나 5월 7일 중화에서 평양으로 들어갔다. 그리고 급기야
는 6월 22일 의주로 피난가게 된다.

이때 호종하는 사람이 적었다. 이산해는 4월 28일부터
파천을 주장하여 5월 3일 양사의 탄핵을 받아 파직되고, 5
월 17일 평해에 중도부처되었다.

선조 25년 6월 13일 국경을 넘어 중국 요동으로 가자는
사람이 이산해 사위인 이덕형(李德馨)이었고, 이를 적극 반
대한 사람이 정철과 윤두수였다. 6월 14일 요동으로 건너
갈 계획을 결정하고 선전관을 보내어 중전을 맞아 돌아오
도록 하였다가 6월 20일 윤두수가 대가가 요동으로 가지
않는다는 뜻을 알리라고 청하여 상이 따랐다.

이산보(李山甫)는 건저의 사건에 밀려 선조 24년 7월 2일
파직되어 낙향해 있다가 호종하러 와 있었다. 이때에 선조
를 호종하고 온 신하에는 이항복 이덕형 등이 있고, 건저
의 사건으로 파직되거나 유배되었다가 호종하러 온 신하
에는 정철, 이산보 등이 있었다.

명나라에서는 요동에 이호성 장군 등 군대를 주둔시키
고 동정을 보고 있었다. 이에 이산보, 신흠 등은 이들을

적극 설득하여 국경을 넘어 왜를 몰아내게 하였다.

선조 25년 6월 명나라 원군 1진이 내려와 평양에서 대치하고 12월에 명나라 대군이 내려오면서 일본군이 퇴각하게 된다.

한편 선조 25년 6월에는 각도에서 의병이 일어나 왜군을 물리치고 있었다. 조헌(趙憲, 1544~1592), 김천일(金千鎰, 1537~1593), 고경명(高敬命, 1533~1592), 곽재우(郭再祐, 1552~1617) 등의 의병이 일어나 왜군과 맞서게 되었다.

선조 25년 7월 의병장 고경명이 금산(錦山)의 적을 토벌하다가 패하여 전사하였다. 8월 의병장 조헌이 청주성(淸州城)을 회복하였다. 8월 의병장 조헌과 의승(義僧) 영규가 금산(錦山)의 적을 공격했으나 이기지 못하고 전사하였다.

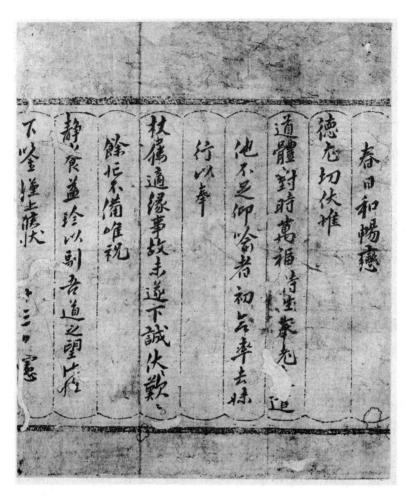

중봉 조헌의 서간書簡(근묵, 성균관대학교)

25년 7월 이순신(李舜臣, 1545~1598) 장군의 한산도대첩, 10월 김시민(金時敏, 1554~1592)의 진주대첩으로 전라도 곡창이 보호되었다.

이런 과정에서 선조 26년 2월 권율(權慄, 1537~1599) 장군이 행주대첩을 이루었다. 사위에 이항복(李恒福, 1556~1618)이 있고, 형 권개(權愷)의 사위에 김상용(金尙容, 1561~1637)이 있다.

선조 26년 6월 24일 철수하던 왜군이 진주성을 함락하려 하자 김천일 장군 등이 진주성을 사수하러 들어가 6월 29일 함락될 때까지의 제2차 진주성 전투가 벌어진다.

이후 일본과 화의가 이루어져 일본이 철수하게 된다.

■ 북인 남인의 분열

이렇게 임진왜란을 거치는 동안, 노비와 토지를 가진 훈척 등 기득권세력은 피난의 와중에서 몰락하게 되고, 의병투쟁을 전개하며 성장한 신진 사림세력은 전쟁 복구를 하며 주도권을 잡아간다.

그러나 정철(鄭澈)·조헌(趙憲)·성혼(成渾) 등 서인의 원로 대신들이 의병투쟁 중에서 또는 전쟁 전후로 죽게 된 서인들은 의병투쟁을 주도하였으면서도 정계의 주도권을 잡아가지 못하였다.

대신에 의주로 선조를 모시고 갔던 이항복(李恒福, 1556~1618), 이산해의 사위 이덕형(李德馨, 1561~1613), 남인 유성룡(柳成龍, 1542~1607) 등의 원로 대신들이 선조 25년(1592) 4월 28일 전쟁의 와중에서 북인들에 의해 세자로 추대된 광해군(1608~1623)을 둘러싸고 정계를 주도하게 된다.

정계의 주도권을 놓고 동인은 남인과 북인으로 갈리었다. 이는 유성룡과 이산해의 대립으로 나타났다.

선조 26년 10월 1일 서울로 돌아오자, 10월 27일 유성룡을 의정부 영의정에 제수하여 남인이 먼저 정계를 주도해 나간다.

이에 대한 반격으로 선조 28년 1월 10일 좌찬성 정탁(鄭琢, 1526~1605)이 선조 파천을 주장하다 평해에 유배가 있는 이산해(李山海, 1539~1609)의 석방을 청하여 이산해가 정계에 등장하게 되었다.

선조 28년 2월 1일 정탁을 우의정에 임명하였다. 이에 얼마 안 되어 대간들이, "정탁은 정승자리에 맞지 않는다." 고 논계하여 체직시키니 사람들이 이르기를, "정탁이 이산해를 석방하고자 청하였기 때문에, 대간이 정탁을 탄핵하는 것은 유성룡의 뜻에서 나온 것이다." 하여 남·북간의 원한은 더욱 깊어갔다.

선조 28년 6월 1일 정탁의 후임으로 이원익(李元翼, 1547~1634)이 우의정이 되면서 정계를 남인들이 주도해갔다.

남이공(南以恭, 1565~1640) 김신국(金藎國, 1572~1657) 등이 이산해의 아들 이경전(李慶全, 1567~1644)에게 통청(通請)시켜 주려고 하였으나, 남인 정경세(鄭經世, 1563~1633)가 이조좌랑으로 있으면서 허락하지 아니하였다.

선조 30년 1월 정유재란이 일어나 다시 전쟁이 시작되고 도요토미 히데요시[豊臣秀吉]가 죽으면서 전쟁이 끝났다.

그러나 전쟁이 끝나자 선조 25년(1592) 4월 28일 전쟁의 와중에서 북인들에 의해 세자로 추대된 광해군(1608~

1623)을 둘러싸고 북인 이산해, 이덕형 등이 정계를 주도
하게 된다.

선조 31년 9월 정응태 무고사건이 일어나니 이때에 정응
태(丁應泰)의 참본(參本)에 대해 변무(辨誣)하는 일로 사신을
보내 진주(陳奏)하기로 의논하는데, 선조는 영의정 유성룡
(柳成龍, 1542~1607)에게 뜻을 두었으나 유성룡이 가려 하
지 않아 윤두수(尹斗壽)·이항복(李恒福)·이호민(李好閔) 등
을 주의(注擬)하였다. 선조가 노하여 '우상(右相)이 마땅히
가야 한다'고 하였다. 이때에 우상 이덕형은 접반사로 제
독(提督)의 군중에 있어서 마침내 유성룡을 의차(擬差)하였
다. 유성룡이 그래도 바야흐로 물의(物議)가 있다 하여 가
려 하지 않으니, 군의(群議)가 유성룡이 이미 선조의 뜻을
알고도 가기를 자청하지 않고 또 의차한 후에도 기피하는
뜻을 둔다 하여 비난하는 자가 많았다.

이에 9월 24일 지평 이이첨(李爾瞻, 1560~1623)이 유성룡
을 논박하였다. 이에 대사헌 이헌국(李憲國, 1525~1602)이
이이첨의 전후 말이 모두 헐뜯는 말이라고 반박하고 나왔
다. 그러나 이 일로 선조 31년 9월 영의정 유성룡이 영의
정에서 체차되었다.

그리고 선조 31년 11월 13일에는 정인홍(1535~1623)의
사주를 받아 정언 문홍도가 유성룡을 탄핵하고 나왔다. 이
를 이어 사간(司諫) 김신국(金藎國) 등이 드디어 유성룡을
탄핵하고 나왔다. 이 논의는 대개 이산해 아들 이경전(李
慶全)·남이공(南以恭)의 무리가 몰래 주장하고 문홍도(文弘
道)와 이이첨이 창도한 것이라고 한다.

선조 31년 11월 19일 유성룡이 파직되었고 선조 31년 12

월 6일 삭탈관작되었다. 이로써 남인 세력은 꺾이게 되고 북인이 정국을 주도하게 된다.

■ 대북 소북의 분열

이렇게 남인을 몰아내자 이제는 대북 소북이 주도권을 놓고 경쟁하기 시작하였다.

선조 32년(1599) 3월 18일 남이공(南以恭, 1565~1640)·김신국(金藎國, 1572~1657)이 홍여순(洪汝諄, 1547~1609)을 탄핵하면서 대북 소북으로 갈리자, 남이공·김신국 등의 소북이 이이첨(李爾瞻, 1560~1623)·기자헌(奇自獻, 1567~1624)·정인홍(鄭仁弘, 1535~1623) 등의 대북에게 밀려나게 된다.

선조 32년 3월 18일 홍여순을 사헌부 대사헌에 임명하였다. 이기(李墍)가 홍여순을 대사헌으로 삼으려 하니 정랑 남이공이, "홍여순은 탐욕 많고 방종한 사람이라 대사헌 직에 합당치 않다."고 말하며 붓을 잡고 쓰지 않았다. 이에 삼사(三司)에서 그를 공격하니 홍여순의 당파를 대북이라 이르고 남이공의 당파를 소북이라 일렀다.(『연려실기술』 동서남북론의 분열)

선조 32년 6월 구의강(具義剛, 1559~?)과 홍식(洪湜, 1559~1612)이 홍여순의 사주를 받아 김신국을 탄핵하였다.

이에 지평 박승업(朴承業, 1568~?)은 홍여순과 문홍도(文弘道, 1553~?)를 탄핵하였다.

홍여순과 김신국이 대북과 소북으로 갈리자 사간 송일(宋馹, 1557~1640)은 김신국을 옹호하고 있었다. 송일은

유영경의 6촌 형제 유영성의 사위로 광해 즉위년 유영경
이 몰려날 때 벼슬이 갈리고, 아들 송보는 귀양간다.

　김신국은 윤국형(尹國馨, 1543~1611)의 손녀 사위이다.
선조 부마 윤신지(尹新之, 1582~1657)의 아들 윤구(尹坵,
1606~1637)를 사위로 맞아 윤신지와는 사돈간이다. 김신
국의 고모부는 박승종(朴承宗, 1562~1623)이고 박승종의
아들 박자흥(朴自興, 1581~1623)은 광해군의 세자의 장인
이다.

　선조 32년 6월 11일 사간원이 보덕 김신국과 이조정랑
남이공을 파직시킬 것을 아뢰어 파직되고, 6월 13일 응교
박이장(朴而章)·부교리 박이서(朴彝叙)·이덕형(李德泂)·수
찬 유회분(柳希奮)이 차자를 올려 홍여순·홍식·구의강을
처단할 것을 아뢰었다. 6월 19일 홍여순도 파직되었다.

　선조 32년 11월 10일 유생 채겸길(蔡謙吉, 1559~1623)이
상소를 올려 김신국과 남이공을 배척할 것을 청하였다. 12
월 4일 남이공 김신국은 삭탈관작하여 문외 출송하고 송
일(宋馹, 1557~1640)·박이서(朴彝叙, 1561~1621)·이준경
의 증손자 이필형(李必亨, 1571~?) 등은 삭탈관작되었다.

　이렇게 소북이 밀려나자 선조 32년 12월 27일 정인홍을
형조참의에 홍여순을 우참찬에 임명하고 선조 33년 1월
21일 이산해를 영의정에 임명하여 세자 광해군을 둘러싼
대북정권을 수립하였다.

　그러나 선조 33년 6월 27일 의인왕후 박씨가 승하하고
선조 35년 인목왕후가 계비로 책봉되면서 정계는 다시 대
북과 소북이 각축하게 된다.

　선조 35년(1602) 1월 12일 유영경(柳永慶, 1550~1608)이

이조판서로 등용되어, 선조 37년 6월 호성 공신에 책봉되고, 9월 12일 유영경의 손자 유정량(柳廷亮, 1591~1663)이 선조 서6녀 인빈 김씨 소생 정휘옹주(貞徽翁主, 1593~1653)와 혼인하고, 12월 6일 영의정에 오르면서 정계를 주도하게 된다.

유영경의 형은 유영길(柳永吉, 1538~1601)이다. 유영길의 아들 유항(柳恒)의 부인은 안황(安滉)의 딸이고 안황은 덕흥군의 사위다. 그래서 안황의 부인에게 선조는 외삼촌이 된다.

■ 길운절 역모사건

길운절(吉雲節) 역모사건은 길운절이 선조 34년(1601) 정여립의 기축옥사에 연루되어 제주도에 유배된 소덕유(蘇德兪 : 정여립 첩의 4촌)를 찾아가 모반을 도모한 사건이다.

이러한 사실이 소덕유의 처에게 알려지자 길운절 자신이 먼저 관에 나아가 고변하였다. 이에 제주목사 조경(趙儆)이 소덕유 등을 체포하여 서울로 보내 처형하게 하였다. 이로 인해 병사 안위(安衛)와 전 수사 김억추(金億秋) 등이 연루되어 심문을 받기도 하였고, 조정에서는 제주도의 주민을 선무하기 위해 어사를 파견하기도 하였다.

길운절은 먼저 고변하였으므로 용서를 받았지만, 국가로부터 포상을 받지 못하였음을 원망하다가 체포되어 참형에 처해졌다. 머리에 뿔이 세개 있다고 하여 아명을 삼봉(三峰)이라 하였다고 하는데, 이것으로 인해 선조 22년(1589) 정여립의 모사로서 신병(神兵)을 이끌고 지리산·계룡산에 웅거해 있으면서, 체포되지 않았다고 하는 길삼봉(吉

三峰)으로 추측되기도 하였다.

■ 인목왕후와 영창대군

선조 35년(1602) 7월 13일 인목왕후 김씨(仁穆王后金氏, 1584~1632)가 왕비가 되어 뒤늦게 선조 39년 영창대군(永昌大君) 이의(李㼁, 1606~1614)가 태어나니 왕위계승 문제가 다시 대두된다.

선조 41년(1608) 선조 사위 유정량(柳廷亮, 1591~1663)의 조부인 유영경(柳永慶, 1550~1608)은 영창대군을 지지하고 이산해(李山海, 1539~1609)는 광해군을 지지하였다.

그러나 선조 41년 2월 선조가 승하하고 광해군이 즉위하니 그동안 전개되었던 대북과 소북의 싸움은 대북의 승리로 일단락되고 광해군 즉위년 9월 16일 소북의 유영경은 사사된다.

정명공주(貞明公主) 글씨

제11장 광해군대 정치사

■ 즉위와 임해군 옥사

붕당이란 이상사회를 추구하는 사림들의 집단을 말한다. 이상사회를 추구하려는 의도는 같지만 그 방법론을 달리하고 있기 때문에 그 학파에 따라 크게 네개의 붕당을 형성한 것이다. 임진왜란 당시 주전파였던 북인이 선조의 뒤를 이어 광해군이 왕위에 오르자 정권을 장악하였다.

광해군은 후궁인 공빈 김씨의 둘째아들로서 왜란중에 왕세자에 책봉되었으나 그뒤 정비인 인목대비에게서 왕자(영창대군)가 태어나 신하들이 두 파로 나뉜 가운데 등극하였던 것이다. 광해군을 추종하는 세력을 대북파라 하겠고, 영창대군을 옹립하려는 일파를 소북파라 불렀다.

선조 41년(1608) 2월 1일 정릉동 행궁(지금의 덕수궁)에서 57세로 선조가 승하하시자, 성복(成服)을 한 후에 즉위하는 것이 관례인데 2월 2일 정릉동 행궁의 서청(西廳)에서 즉위하였다. 34세로 즉위한 광해군은 북인 세력을 기반으로 하면서 조선성리학 이념과는 괴리되는 정책을 펴나가며 사림들을 배척해간다.

광해군의 북인정권을 즉위초부터 불안하게 만드는 요소가 있었다. 그것은 임진왜란 때 의병투쟁을 하며 세력을 확대한 순정성리학자들의 비판과, 즉위 직후 정세변화에 따라서 왕위를 위협할 지도 모를 친형 임해군(臨海君, 1574

~1609)과 유일한 적통인 영창대군의 존재였다.

그래서 우선 이산해(李山海, 1539~1609)를 원상으로 숙직하게 하고, 2월 4일 정창연(鄭昌衍, 1552~1636)을 예조판서에 임명하고, 2월 11일 김극빈(金克鑌, ?~1628)의 아버지 김이원(金履元)을 대사헌에 임명하였다가 2월 13일 병조판서에 2월 18일 다시 대사헌에 임명하였다. 김이원은 김효원(金孝元, 1542~1590)의 동생이고, 아들 김극빈은 광해군 3년(1611) 정빈 민씨 소생 정근옹주의 남편이 된다.

2월 12일에는 양녕대군 현손 완산군(完山君) 이축(李軸, 1538~1614)이 영의정 유영경(柳永慶, 1550~1608)이 나라를 위태롭게 하였다고 탄핵하였다. 이어서 사간 송석경(宋錫慶, 1560~1637)이 유영경을 탄핵하고, 2월 14일 이어서 양사가 합계하여 유영경을 탄핵하여 2월 14일 이원익(李元翼, 1547~1634)으로 영의정을 대신하게 하였다. 2월 20일에는 유영경을 삭탈관작하였다.

그리고 2월 14일에는 아버지 선조가 돌아가신지 2주일밖에 안 되어 시신이 빈전에 모셔져 있는 상황에서 친형 임해군을 역모로 몰아간다. 2월 14일 장령 윤양(尹讓), 지평 민덕남(閔德男), 헌납 윤효선(尹孝先), 정언 이사경(李士慶)·임장(任章) 등이 임해군을 역당으로 탄핵하여 절도로 유배보낼 것을 주장하였다. 이에 이날로 임해군은 진도(珍島)에 유배보내는 것으로 결정되었다. 그러나 2월 20일 광해군은 비망기를 내려 임해군을 강화도 교동(喬桐)으로 옮기라고 하였다.

3월 4일에는 좌의정 허욱(許頊, 1548~1618)을 체직하고 대신해서 3월 6일 기자헌(奇自獻, 1562~1624)을 좌의정에 임명하였고, 3월 14일 유영경을 유배보내면서 허욱을 삭탈관작하고 문학 조명욱(曺明勗, 1572~1637) 등을 삭탈관작하였다. 허욱은 기협(奇協, 1572~1627)의 누이동생이 며느리이고 기협은 유영경을 섬겨 정인홍(鄭仁弘, 1535~1623)을 탄핵하여 옥사를 만들려 하였다. 허욱의 부인은 유영경과 6촌간이다.

그리고 선조가 유배보냈던 이경전·정인홍·이이첨 등을 2월 23일~24일 우선 석방하고, 3월 1일 정인홍을 승진시켜 한성부 판윤에 임명하고 3월 4일 이이첨을 병조정랑에, 4월 5일 이경전을 사간원 사간에, 5월 23일 정인홍을 대사헌에 임명하고, 광해군 1년 1월 11일 이이첨을 동부승지에 중용하는 등 대북파(大北派)가 정권을 차지하였다.

광해군 즉위년(1608) 5월 27일 추국청에서 임해군 일당의 역모가 드러났다고 아뢰었다. 그리고 임해군 역모옥사를 국문하였던 인빈 김씨 소생 의창군 장인인 허성(許筬, 1548~1612) 등 48명을 익사 공신에 녹훈하였다.

이때 이호민(李好閔, 1553~1634) 등이 오랫동안 주청을 허락받지 못하고, 6월 15일 명나라에서는 엄일괴·만애민 등 관원을 파견하여, 임해군이 병으로 폐인이 되어 후사(後嗣)가 되기에 적합하지 않은지 대질해서 조사하게 하였다. 6월 16일 차관을 만나게 하려고 임해군을 데려왔고, 또 광해군이 어머니 공빈 김씨의 남동생 김예직(金禮直)을 보내 임해군에게 차관을 만났을 때 답할 말을 잘 타일러 주게 하였으나 임해군은 김예직에게 통곡하며 자신에게 아무 죄가 없다고 말하였다. 6월 20일 임해군이 차관(差官) 요동도사(遼東都司) 엄일괴(嚴一魁) 등을 보고 역적에 대한 사실을 부인하였다. 처음에 대신이 임해군에게 대답할 말을 미리 가르쳐 주었는데, 임해군이 다른 일은 모두 긍정하면서도 역적질한 사항만은 받아들이려고 하지 않았다. 이에 대신이 임해군에게 노예가 자기 몰래 한 일이라고 핑계대라고 가르쳐주자 그 말을 따랐다. 엄일괴 등은 비록 이러한 말을 다 사실로 믿지는 않았지만 타고난 성품이 탐욕스러워 수만 냥의 은을 받고는 평이하게 조사하고 돌아갔다.

6월 20일 임해군은 다시 교동(喬桐)에 유배되었고, 7월 2일 감찰 김담령(金聃齡) 등이 상소하여 임해군을 죽일 것을 청하였다. 이후 임해군을 죽이자는 상소는 계속되었다.

그리고 8월 25일에는 이산해(李山海, 1539~1609), 신경희의 아버지 신잡(申磼, 1541~1609) 등이 유영경을 죽일 것을 주장하였고, 9월 1일 영창대군을 옹립하려던 영의정 유영경을 임해군 옥사에 연루시켜 자진(自盡: 자살)하게 하였다.

그뒤 정인홍·이이첨 등은 임해군을 죽일 것을 주장하고 이항복(李恒福, 1556~1618)·이원익 등은 죽이면 안 된다고 하며 논란하는 가운데, 이이첨이 현감 이직(李稷)을 사주하여 광해군 1년(1609) 4월 29일 임해군을 교동도에서 죽였다. 광해군 1년 6월 2일 그동안 명나라의 지연으로 미루어졌던 국왕 책봉 교서를 받았다.

이후 정인홍의 주장을 따라 이언적·이황의 문묘종사를 중지하고 이를 반대하는 유생들을 성균관에서 축출하였다.

임해군 묘 (경기도 남양주시 진건면 송릉리 산56)

■ 5현 문묘 종사

광해군 2년(1610) 9월 5일 김굉필 정여창 조광조 이언적 이황 오현(五賢) 문묘종사가 이루어졌다.

광해군 3년 3월 26일 정인홍이 이언적과 이황을 비방하고 문묘 종사가 부당함을 극론하였다

광해군 3년 4월 8일 동부승지로 정인홍(鄭仁弘, 1535~1623)이 이언적(李彦迪, 1491~1553)과 이황(李滉, 1501~1570)을 무함하여 헐뜯은 죄를 논척하였다가 임금의 뜻을 거슬러 면직되었다.

■ 김직재 무옥

이이첨 등의 대북세력은 임해군 옥사를 일으키며 유영경을 비롯한 소북세력을 몰아내고 대북세력이 정권을 주도하기 시작하였다. 이에 광해군 3년(1611) 8월 2일 박승종(朴承宗, 1562~1623)의 손녀이자 박자흥(朴自興, 1581~1623)의 딸이 세자빈으로 간택되자 박자흥, 이이첨, 유자신(柳自新, 1541~1612)은 왕실과 인척관계를 맺으면서 대북세력을 결집하여갔다. 또한 이이첨의 아들 이대엽(李大燁)은 신립(申砬, 1546~1592)의 사위로 인조의 큰아버지인 신성군(信城君)과는 동서간이 되면서 왕실의 커다란 세력인 인빈 김씨 세력과도 관계를 가져 갔다.

이러한 과정에서 대북세력은 유영경(柳永慶)의 소

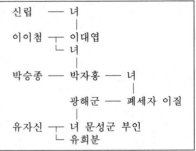

북세력을 제거하고 이와 연관된 서인세력을 제거하기 시작하였다. 이는 광해군 4년(1612) 2월 13일 봉산군수 신율

(申慄, 1572~1613)의 장계로 고변한 김직재(金直哉, 1554~
1612)의 무옥(誣獄)으로 발생했다. 이 결과 소북세력인 이
호민(李好閔, 1553~1634), 김직재 이성 사촌인 송상인(宋象
仁, 1569~1631), 정호선(丁好善, 1571~1632), 윤안성(尹安性,
1542~1615) 등 소북세력과 황혁(黃赫, 1551~1612) 등 서인
세력 1백여 명이 유배가거나 처형당하면서 제거되었다.

황해도 봉산군수 신율(申慄)은 병역을 피하려다 붙잡힌
김경립(金景立)을 체포하여 유팽석(柳彭錫)을 시켜서 무옥을
꾸미게 하였다. 김경립은 이들이 꾸민 각본에 따라 아버지
김직재의 실직(失職)에 불만을 품은 김백함(金百緘)을 모역
의 주모자라고 허위자백하였다. 김직재 무옥을 장계한 신
율은 평산 신씨로 판서 신점(申點)의 손자이다. 신율의 아
버지는 신순일(申純一)인데, 신순일은 이이첨의 중표숙(重
表叔)으로 친하게 지내고 김직재 무옥을 주도하였다.

이로써 김직재·김백함 부자와 김직재의 사위 황보신(皇
甫信) 등이 체포되어, 광해군 4년 2월 21일 모진 고문 끝
에 김백함 자신이 모역의 주모자라고 허위자백하면서, 그
들이 왕으로 추대한 인물은 순화군(順和君, 1580~1607)의
양자 진릉군(晉陵君, 1593~1612)이라고 진술하였다.

김직재는 안동 김씨로 개국공신 김사형(金士衡)의 후손이
다. 김백함은 김직재의 아들이고 황보신은 김직재의 첩부
인 사위이다.

황보신이 이호민을 끌어들였으므로 이호민이 곧 궐문
밖에서 명을 기다리고 있었는데, 전교하기를 "이호민은 옛
공신이요 노성한 사람이다. 어찌 다른 뜻이 있으리오. 신
율이 이호민의 사위인데 역적들이 이 때문에 중상하는 것

이 아닐까 한다. 이호민을 심문하지 말라." 하였다.

광해군 4년 2월 23일 김직재 김백함 황보신이 죄를 자백하였으므로 철물교 앞에서 형을 집행하였다.

광해군 4년 2월 29일 서청에 나가 윤환(尹渙)·이응룡(李應龍)·윤천(尹淺)·전대년(田大年)·전대림(田大霖)·전대방(田大方)·정호관·김태좌(金台佐)·이정여(李正輿)·지개동(池介同) 등을 친국하였다.

　　왕이 서청에 나아가 죄인을 친국하였다. 추관이 상례대로 입시하였다. 윤환(尹渙)·이응룡(李應龍)·윤천(尹淺)·전대년(田大年)·전대림(田大霖)·전대방(田大方)·정호관·김태좌(金台佐)·이정여(李正輿)·지개동(池介同) 등의 공초를 받았다. 정의민(丁義民)·난석(難石)·황보충·정성민(丁性民) 등을 형문하였으나 승복하지 않았다. 박이관(朴以觀)·박이정(朴以鼎) 등에게 낙형(烙刑)을 가했으나 승복하지 않았다. 정호관의 공초는 정호선의 공초와 동일하였다.

　　대체로 김직재 부자와 김제세(金濟世)는 해주(海州)의 여러 고을을 출입하면서 멋대로 음식을 훔쳐 먹어, 사람들에게 대우를 받지 못하였으므로 누구에게나 혐원을 맺어 놓았다. 그 때문에 끌어들인 사람들은 오로지 보복을 하기 위함이었다. 이로 말미암아 국문을 받은 여러 사람들이 혐원이 있다고 공초한 것은 모두 근거가 있었는데 이루 다 기록할 수가 없었다. 명인(名人)이나 현달한 족속들은 주위 사람들이 구원하였고 임금 역시 그러한 부류를 형벌하고 싶지 않았기 때문에 이호민(李好閔)·최유해(崔有海) 등은 모두 풀려날 수 있었으나, 시골의 궁벽한 지방 사람들은 모두 국문하는 중에 형문을 당하여 죽은 자들이 셀 수 없을 정도로 많았다.

신율은 김직재, 김백함을 고문해도 역모가 확대되지 않자, 다시 유팽석을 끌어넣어 순화군의 양자 진릉군과 순화군 장인으로 확대시켜갔다. 그리고 유영경을 연관시켜갔다.

광해군은 당시에 순화군의 장인인 황혁(黃赫, 1551~1612)이 신천(新川)에 적거(謫居)하고 있었기에 진릉군이 역모에 가담된 사실에 의심의 여지가 없다고 보고 역모죄로 다스렸다. 3월 24일 황혁이 투옥되어 4월 13일 옥사하였다.

광해군 4년(1612) 5월 2일 영천(榮川) 사람 이평(李坪)이 유영경의 추형을 상소하였고 5월 7일 양사가 합사하여 유영경에게 소급하여 전형하길 청하여 6월 6일 허락되었다. 6월 25일 유영경 등을 추형한 일로 팔도에 교서를 반포하였다. 이후 6월 27일 유영경 아들 유업을 절도(絕島)에 안치하였고 7월 17일 유영경 조카 유항(柳恒) 유성(柳惺)을 위리안치하였다. 진릉군 이태경은 광해군 4년 9월 3일 제주에 장배(杖配)되었다가, 11월 1일 해남에서 자결하도록 하였다.

황혁은 황희(黃喜, 1363~1452)의 7대손이다. 손자 황상(黃裳, 1591~1612)은 장유(張維, 1587~1638)의 아버지 장운익(張雲翼, 1561~1599)의 사위이므로 장유와는 처남매부 지간이다. 이후원(李厚源, 1598~1660)에게는 외삼촌이 된다.

황혁의 사위인 신희업(辛喜業)은 신경진(辛慶晉)의 아들이고 신경진의 사위가 신율이다. 신응시(辛應時, 1532~1585)의 손자다. 신희업은 광해군 4년 4월 29일 제주에 정배되었다. 신경진은 5월 8일 삭탈관직되었다.

광해군 4년 3월 19일 황혁의 사위 동부승지 홍서봉(洪瑞鳳, 1572~1645)이 소장을 올려 사직하니 체차시키라고 전교하였다.

홍서봉의 본관은 남양(南陽). 할아버지는 황해도관찰사 홍춘경(洪春卿)이며, 아버지는 도승지 홍천민(洪天民)이다. 인조반정 3등공신이다.

■ 계축옥사와 폐모론의 시작

이러한 대북세력의 역모사건 조작은 서인세력을 몰아내는 데도 이용되었다. 광해군 5년(1613) 계축년 4월 25일 영창대군의 죽음과 직결되는 계축옥사(癸丑獄事)가 발생하였다. 계축옥사는 처음에는 서얼들이 영창대군을 옹립하는 사건으로 시작하였는데, 다음에는 김제남이 주도하여 영창대군을 옹립하는 역모로 발달하였고, 다음에는 고명 7신을 끌어들이는 것으로 발전하였다.

광해군 5년 4월 25일 좌변 포도대장 한희길(韓希吉)이 서얼 박응서 일당의 강도사건에 대해 아뢰었다. 4월 25일 죄수 박응서가 영창대군을 옹립하려고 역모를 꾀했다고 역모를 고변하니 의금부로 옮겨 국문하게 하였다.

광해군이 서청(西廳)에 친히 나아가 박응서를 국문하니, 서양갑(徐羊甲)과 박치의(朴致毅)가 주모자로서 정협(鄭浹, 1573~1613) 박종인(朴宗仁) 심우영(沈友英) 허홍인(許弘仁) 유인발(柳仁發) 등과 함께 역모를 하려한 지 4, 5년이 되었다 하였다. 처음 서양갑이 역모를 주장하고 여주에서 같이 지냈는데 자금으로 은이 모자라 은을 도적질하여 뇌물을

써서 정협을 훈련대장으로 다른 사람들을 선전관으로 등
용되게 하여 안에서 내응하도록 하고, 성공하면 서양갑이
영의정이 되고 대비가 수렴청정을 하고 영창대군을 옹립
하려 하였다는 것이다.

7명의 서자(庶子)는 박응서. 서양갑. 심우영. 이경준. 박치
인. 박치의. 김경손이다.

인물	본관	생몰년	비고
박응서(朴應犀)	忠州		父 朴淳의 妾子
서양갑(徐羊甲)	扶餘		父 徐益의 妾子
심우영(沈友英)	靑松		父 沈銓의 妾子 심우승(沈友勝)의 아우
이경준(李耕俊)	全義		父 李濟臣의 妾子 이명준은 이경준(李耕俊)의 적형
박치인(朴致仁)	상주		父 朴忠侃의 妾子
박치의(朴致毅)	상주		父 朴忠侃의 妾子
김경손(金慶孫)	광산		父 金繼輝의 妾子 김장생은 김경손(金慶孫)의 적형(嫡兄)

고변한 박응서는 사암 박순(朴淳, 1523～1589)의 서자이
다. 박순의 둘째 큰아버지가 되는 박상(朴祥, 1474～1530)은
중종 10년(1515) 순창군수 김정(金淨, 1486～1520)과 함께
단경왕후 신씨의 복위를 상소하였던 사람이다. 박순은 선
조 5년(1572) 영의정에 올라 14년이나 재직했던 서인의 영
수이다.

심우영은 공초를 받았는데 심우영은 심전(沈銓, 1546～?
)의 아들이다. 심전은 심달원(沈達原)의 아들로, 명종비 인
순왕후의 아버지 심강(沈鋼)의 사촌동생이고, 심강의 아들
심의겸은 종질이 된다. 심섭(沈燮)은 심우영 아들이다. 심
우영의 8촌형인 심인겸의 손자인 심정세(沈挺世)는 김제남
의 사위이다.

이렇게 칠서지옥에 관련되어 서인세력들이 몰려나게 된다.

광해군 5년 5월 2일 조희일(趙希逸, 1575~1638)과 이경직(李景稷, 1577~1640) 등이 서양갑 등의 부형과 친구여서 파면되었다. 5월 3일 김경손의 적형 김장생(金長生, 1548~1631)과 이경준의 적형 이명준(李命俊, 1572~1630)이 파직되었다.

5월 4일 지평 정호관(丁好寬, 1568~?)이 역적의 입에서 영창대군이 나왔으니 영창대군을 처벌하기를 주장하였다. 5월 5일 홍문관이 차자를 올려 영창대군을 처벌할 것을 청하였다.

5월 6일 서양갑이 박응서와 대면하고 공초하였다. 이때 박응서 고변 후 처음으로 서양갑이 역모를 인정하면서 김제남을 주모자로 끌어들이고, 박응서가 친한 서인들을 끌어들였다. 그리고 고명대신으로 허성(許筬, 1548~1612), 신흠(申欽, 1566~1628), 박동량(朴東亮, 1569~1635), 한준겸(韓浚謙, 1557~1627), 서성(徐渻, 1558~1631)을 끌어들여 옥사를 확대하였다. 이에 5월 6일 김제남을 관작삭탈하였다.

광해군이 세자로서 왕위에 올랐는데 영창대군을 보호하라는 선조의 고명이 있었다는 것은 말도 안 된다 하여 5월 7일에는 고명대신 7사람을 사판(仕版)에서 삭제하였다.

5월 15일 다시 정협을 심문을 하니 압슬을 받고 김제남(金悌男, 1562~1613)이 주모자이고 서인 재상들이 가담했다고 자복하여 유교 7신과 서인들에게까지 역모사건을 더욱 확대시켰다 5월 16일 이러한 과정에서 박동량의 공초

를 받으니 변명을 하려다가 의인왕후를 저주하는 뜬소문
들을 발설하여 저주의 옥사가 벌어졌다.

이러한 과정에서 선조가 영창대군의 보호를 부탁한 고
명 7신(臣)과 이정귀(李廷龜, 1564~1635), 김상용(金尙容,
1561~1637), 황신(黃愼, 1560~1617), 정사호(鄭賜湖, 1553
~?), 김상준(金尙寯, 1561~1635), 서성(徐渻, 1558~1631), 안
창(安昶, 1552~1620), 심광세(沈光世, 1577~1624), 조희일
(趙希逸, 1575~1638), 조위한(趙緯韓, 1558~1649), 최기남(崔
起南), 김광욱(金光煜) 등 김제남 편과 서인세력을 연루시켜
제거하려 하였다.

■ 폐모론의 시작과 반발

광해군 5년(1613) 5월 22일 평소에 정인홍의 제자라고
자칭한 이위경(李偉卿, 1586~1623) 등이 계축옥사와 연관
지어 인목대비의 처벌을 촉구하면서 폐모론(廢母論)이 시
작되었다.

그리고 이이첨은 하수인인 이위경, 정조(鄭造, 1559~
1623), 윤인(尹訒, 1555~1623), 유활(柳活, 1576~?), 박홍도
(朴弘道, 1576~1623) 등으로 폐모론을 주도하게 하였다.

광해군 5년 5월 24일 장령 정조가 모후의 역모 관련설에
침묵한 일로 인혐하면서 폐모론이 일어나자, 5월 25일 장
령 정조, 윤인 등이 폐모론을 제기하였다. 광해군 5년 5월
26일 태종조 방석(芳碩)의 변 때 신덕왕후를 처치했던 절
목을 상고하게 하였다.

5월 30일 영창대군의 관작을 삭탈하여 서인으로 만들었
고, 또한 6월 1일 인목대비의 아버지 김제남이 영창대군을

추대하려 했다는 무고를 받고 사사(賜死)되었다.

광해군 6년(1614) 1월 19일 기자헌(奇自獻, 1562~1624)을 영의정, 정인홍(鄭仁弘, 1535~1623)을 좌의정, 정창연(鄭昌衍, 1552~ 1636)을 우의정에 임명하여 삼정승이 모두 북인이 되는 북인정권을 구축하였다. 이를 기반으로 하여 반대세력을 철저히 제거하기 시작했다.

우선, 앞서 서인(庶人)으로 강등된 영창대군이 광해군 5년(1613) 8월 2일 강화에 위리안치되었다가, 광해군 6년 2월 10일 9세의 어린나이로 강화부사(江華府使) 정항(鄭沆)에 의하여 참혹하게 살해되었다.

광해군 6년 2월 21일 정온(鄭蘊, 1569~1641)은 영창대군 살해를 비난하는 상소를 올리고 정인홍 문하에서 이탈하기도 하였다.

이러한 폐모론에 대해 광해군 7년(1615) 2월 5일 이원익(李元翼, 1547~1634)은 상소하여 인목대비의 폐모론을 비판하였다가 2월 23일 파직되고 3월 21일 관작 삭탈·성밖 출송되었다. 광해군 7년 3월 25일 생원 홍무적(洪茂績, 1577~1656)이 이원익의 무죄를 상소하였고, 3월 25일 진사 정택뢰(鄭澤雷, 1585~1619) 등이 이원익의 무죄를 밝히는 상소를 하였으며, 4월 4일 생원 김효성이 정조 등 세 역적을 벌하고 이원익을 구하려고 상소하였다.

4월 17일 폐모론과 연관하여 남이공(南以恭, 1565~1640)은 관직이 삭탈되어 고향으로 쫓겨갔다. 4월 18일 홍경정이 김효성(金孝誠, 1585~1651)의 극률 적용과 홍무적·정택뢰·남이공 등의 귀양을 청하는 상소를 하였다. 6월 21일 조속(趙涑, 1595~1668)은 상소하여 폐모론을 비판하였다.

6월 23일 이원익을 홍천에 부처하였다. 8월 13일 전 참 찬 남이공을 삭탈관작하고 중도부처하게 하였다. 윤8월 18 일 김효성을 유배시키고 홍무적·정택뢰는 금고시켰고, 9 월 6일 김효성을 진도에, 정택뢰를 남해에, 홍무적을 거제 에 정배하였다.

이렇듯 광해군과 대북정권은 친형 임해군과 이복동생 영창대군 등을 죽이고, 어머니 인목대비를 폐위하자는 폐 모론을 일으키며 인륜에 어긋나는 일을 저지르게 된다.

영창대군 묘소(경기도 안성시 일죽면 고은리)

■ 신경희 옥사

광해군 5년 대북세력은 계축옥사를 일으켜 김제남을 죽이고 영창대군을 죽이면서, 고명 7신 등 서인세력을 제거하는데 성공한다. 이에 대북세력은 정권을 오로지하기 위해, 마지막으로 폐모론을 일으켜 인목대비를 몰아내 죽이려 하였다.

이러한 폐모론은 이미 김제남 옥사에서 정조(鄭造) 윤인(尹訒) 등이 주장하였다가, 이를 반대하는 소북인 유희분(柳希奮, 1564~1623) 박승종(朴承宗, 1562~1623) 등의 비판을 받고 잠시 들어갔다. 이러한 폐모론 반대세력의 뒤에는 인빈 김씨 세력이 기반이 되고 있었다. 그래서 이러한 폐모론을 일으켜 인목대비를 제거하는 데 가장 걸림돌이 되고 있는 인빈 김씨 세력을 제거하려 하였다.

이를 위해 이이첨은 계축옥사처럼 또 다시 역모사건을 일으켰다. 광해군 7년(1615) 윤8월 1일 사형수 문경천을 사주하여 역모를 고변하게 하였다. 이렇게 문경천의 역모 고변을 근거로 김경남을 끌어들여 역모 고변을 확대시켜가려 하였다. 그래서 윤8월 2일 김경남을 형장을 가하여 국문하게 하였는데, 인빈 김씨 세력이 아니라 오히려 이이첨, 김신국(金藎國), 인성군(仁城君, 1588~1628)으로 이어지면서 북인 세력으로 역모가 확대되었다. 이에 이이첨의 심복인 사간 정조(鄭造, 1559~1623)가 이이첨의 아들 이대엽(李大燁, 1587~?)이 연루되는 것을 보고, 김경남과 문경천이 무옥한 사건으로 마무리지어갔다.

그래서 김경남은 윤8월 24일 형이 집행되었고, 윤기는 윤8월 29일에 형이 집행되었으며, 문경천은 옥에 있으면서 자기의 고변이 허사가 된 것을 알아차리고 도망치다가 붙잡혀서 두 차례 형을 받았는데 압슬형을 받고 승복하여 참형을 당하였다.

이렇게 문경천 옥사가 무옥사건으로 실패로 돌아가자 신경희 옥사가 곧 이어 일어나며 인목대비를 옹호하는 인빈 김씨 세력을 제거해 나가기 시작한다.

이러한 와중에서 이이첨은 폐모론을 주도하며 정권을 잡으려고 경쟁하는 신경희(申景禧) 허균(許筠, 1569~1618)을 같이 제거하여 나갔다.

정인홍(鄭仁弘, 1535~1623)의 제자인 신경희가 신경희 옥사로 제일 먼저 제거당하였다. 그러면서 신경희와 함께 인빈 김씨(仁嬪金氏, 1555~1613) 세력을 제거하려 하여 우선 인조의 아우 능창군(綾昌君, 1599~1616)을 제거하였다.

광해군 7년(1615) 윤8월 2일 소명국이 신경희가 능창군 이전(李佺, 1599~1616)을 추대하려는 역모를 하였다고 고변하였다. 윤8월 14일 신경희・양시우(楊時遇)・김정익(金廷益)・소문진(蘇文震)・김이강(金以剛)・오충갑(吳忠甲)・윤길(尹趌)을 잡아가두고 신경희의 종 춘경(春景)을 체포하게 하였다.

광해군 7년 윤8월 19일 양사가 능창군을 국문하기를 청하였고 윤8월 20일 부제학 유숙, 전한 유희발, 교리 이대엽, 부교리 김질간, 수찬 임성지, 수찬 신광업 등이 능창군을 국문하기를 청하였다.

광해군 7년 9월 28일 역모에 연루된 능창군 이전 등을 속히 처리하게 하였다.

'신경희 옥사'가 일어나 인조의 둘째아우인 능창군(綾昌君)이 11월 10일 교동에 안치되었다가, 11월 17일 죽임을 당하는 참변이 벌어졌다. 이때 능양군[인조]의 나이 21세였고, 능창군의 나이는 17세였다.

능창군은 일찍이 할아버지 선조의 총애를 받아 세자 물망에 올랐던 큰아버지 신성군(信城君, 1578~1592)이 일찍 죽자 선조 40년(1607) 6월 10일 그의 양자로 들어갔었는데, 이 당시 능창군이 수안군수 신경희(申景禧, ?~1615) 등의 모반에 추대되었다 하여 유배지로 보내져 죽임을 당했던 것이다.

【능창군을 중심으로】

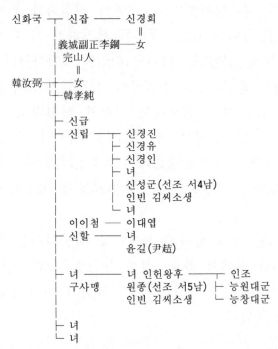

신경희는 신화국(申華國, 1517~1578)의 손자이자 신잡(申礏, 1541~1609)의 아들로, 능창군이 양자로 들어간 신성군과는 4촌 처남매부간이 된다.

광해군은 동생들에 이어 조카마저도 왕위를 위협한다고 하여 또 죽인 것이다.

능창대군묘(綾昌大君墓). 능창군이 후일 능창대군으로 증직되었다..

■ 폐모론

광해군 8년 12월 21일 진사(進士) 윤선도(尹善道, 1587~ 1671)가 이이첨이 김제남 옥사를 만들어 이원익(李元翼) 이덕형(李德馨) 등을 몰아내고 폐모론을 주도하는 것을 탄핵하는 상소를 올렸다. 윤선도는 외딴 섬에 안치되었다.

이렇게 폐모론에 반대하는 세력들을 역모로 제거하거나 하나하나 유배보내면서 폐모론을 주도해 나갔다.

이렇게 또 하나의 위협세력을 제거하면서 광해군 9년 (1617) 3월 9일 연혼관계인 이이첨·박승종·유희분이 '장원서(掌苑署)의 모임'을 가지며, 북인 세력의 결집을 다졌다. 광해군 9년 11월 5일 유학 한보길·박몽준 등이 대비의 폐출문제를 상소하였다. 이어서 11월 7일에는 윤선도의 7촌 아저씨인 윤유겸(尹惟謙)이 인목대비에 대한 대우를 어떻게 할 것인지 구체적으로 조목조목 열거하여 상소하였다.

폐모론을 반대한 정홍익(鄭弘翼, 1571~1626)과 김덕함(金德諴)은 광해군 9년 12월 11일 각기 진도, 남해로 귀양갔고, 영중추부사 이항복(李恒福)과 영의정 기자헌(奇自獻)은 12월 17일 각기 용강, 정평으로 귀양갔다.

결국 광해군 10년 1월 4일 한준겸(韓浚謙)의 숙부인 우의정 한효순(韓孝純, 1543~1621)의 발론(發論)을 계기로, 1월 5일에는 인성군(仁城君) 이공(李珙, 1588~1628) 등이 종친들을 이끌고 폐모할 것을 청하였다. 급기야는 1월 28일 광해군에게는 계모가 되는 35세의 인목대비를 서궁(西宮: 지금의 덕수궁)에 유폐시키기에 이른다. 공봉(供奉)을 감하고,

조알(朝謁)을 중지했다.

　이에 인빈 김씨(仁嬪金氏, 1555~1613) 아들과 사위들을 중심으로 폐모를 반대하고 나오는 종친들이 있었다. 그리고 폐모를 반대하고 나오는 김상용(金尙容, 1561~1637) 등 정치세력이 형성되었다.

　이때 분위기가 너무도 무시무시하여 사람들이 모두 정청(庭請)에 불참하면 꼭 죽을 줄로 알았기 때문에, 평소 명검(名檢)을 약간 지닌 자들마저 휩쓸려 따라가는 꼴을 면치 못하였다. 처음부터 끝까지 불참한 이들은 단지 영돈녕부사 정창연(鄭昌衍), 진원 부원군(晋原府院君) 유근(柳根), 행 판중추부사 이정귀(李廷龜), 해창군(海昌君) 윤방(尹昉), 행 지중추부사 김상용(金尙容), 금양위(錦陽尉) 박미(朴瀰), 행 부호군 이시언(李時彦), 지중추부사 신식(申湜), 진창군(晋昌君) 강인(姜絪), 청풍군(淸風君) 김권(金權), 동양위(東陽尉) 신익성(申翊聖), 진안위(晋安尉) 유적(柳頔), 동지돈녕부사 김현성(金玄成), 복천군(福川君) 오백령(吳百齡), 행 부호군 이시발(李時發), 행 사직 김류(金鎏)·권희(權憘), 행 첨지중추부사 오윤겸(吳允謙), 행 사직 송영구(宋英耉), 행 사과 박동선(朴東善), 행 사정 정효성(鄭孝成), 이경직(李景稷) 뿐이었으며, 당하관으로는 박자응(朴自凝)·강석기(姜碩期) 밖에 없었다. 그런데 이신의(李愼儀)와 권사공(權士恭)의 경우는 의논을 수합할 때 지극히 명백하게 진달했는데도 결국은 그만 며칠동안 따라 참여했으므로 사람들이 모두 애석하게 여겼다. 그리고 김지수(金地粹)는 의논드릴 때 우물쭈물했고 또 정청에 참여했으므로 역시 유배당했는데, 당시에 그를 평가하기를 '이쪽과 저쪽을 모두 편들면서 양쪽 어깨를 다 드러낸 채 걸어다녔다.'고 하였다.】 (『광해군일기』 광해군 10년 1월 4일)

광해군 10년 3월 12일 양사가 합계하여 정창연 김상용 등 정청불참자 38인을 유배보낼 것을 청하였다.

　양사가 합계하기를, "전일 정청(庭請)한 것은 실로 충성심을 떨쳐 역적을 토벌하려는 의리에서 나온 것으로서, 대소 신민들이 꾀하지 않고도 같은 말을 하면서 피 끓는 정성으로 소를 올려 진달한 것이었습니다. 그런데 백관 중에 도깨비 같은 무리들이 감히 다른 마음을 품고서 시종일관 참여하지 않은 자도 있고, 혹은 의논드릴 때 저쪽 편을 든 자도 있는데, 이런 일을 차마 할 수 있을진대 어떤 일인들 차마 하지 못하겠습니까.

　정창연(鄭昌衍)은 왕실과 가까운 친척으로서 대신의 지위에 오른 만큼 국가와 휴척(休戚)을 같이 해야 할 의리가 있다 할 것입니다. 그런데 종묘 사직과 군부(君父)의 위급함이 호흡간에 박두했는 데도 그는 감히 서궁을 남몰래 보호하려는 계책을 행하면서 뒷날 복을 받으려고 도모하였습니다. 당초 유소(儒疏)를 내리셨을 때 예관(禮官)이 가지고 가서 의논하자 병이 중하여 제대로 해석하지 못하겠다는 핑계를 대고 한 글자도 뜯어 보지 않았으며, 정부에서 의논을 거둘 때 낭청이 여러 차례 청하자 문을 닫아 걸고는 성 내어 욕하면서 끝내 써 보내지 않았습니다. 그리고는 사론(邪論)을 주창하고 그 아들과 조카를 미혹시키면서 저쪽 편의 우두머리가 기꺼이 되었는데, 대론(大論)이 이미 정해져 백관이 정청을 하기에 이르자 꼼짝 않고 누워 있으면서 조금도 꺼리는 것이 없었는가 하면, 달을 넘겨 가며 복합 상소(伏閤上疏)를 올렸을 때에도 시종일관 참여하지 않았습니다. 그럼에도 그의 매부 김극효(金克孝)가 죽었을 때는 감히 거만스럽게 교자(轎子)를 타고는 그 집에 가서 조문(弔問)하였습니다. 그가 질병을 칭탁하여 일을 회피하면서 임금을 잊고 역적을 비호한 죄를 어찌 다스리지 않을 수 있겠습니까.

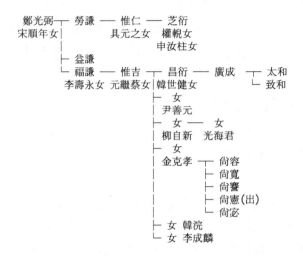

정창연은 광해군 부인의 외삼촌으로 김상용은 이종사촌으로 폐모론을 반대하여 폐모 정청에 참여하지 않았다.

■ 강홍립 투항

광해군 9년 건주의 누루하치가 4월에 요동의 무순에 잠입하여 유격 이영방을 잡으니 드디어 성이 함락되어 총병 장승윤, 부총병 파정상, 유격 어귀가 죽고 전군이 함몰되었다. 7월에 청하 등의 보를 함락시키자 양호가 요동을 경략하였다.

광해 10년 윤4월 23일 강홍립을 도원수로, 김경서를 평안병사로 삼았다. 7월에 명나라 조정에서 우리나라에 군사 1만을 파견하기를 청하였다. 이에 7월 4일 참판 강홍립을 5도 도원수로 평안병사 김경서를 부원수로 삼고, 1만명을 징발한다는 회신을 보냈다. 8월에 대궐을 하직하였다. 행

군하여 9월에 평양에 이르고 10월에 명나라 수비 우승은
이 와서 아군을 독촉하니 도원수가 창성으로 달려나갔다.

광해 11년 1월 오랑캐가 북관을 침범하므로 양호가 1월
25일 차관 부정헌(傅廷獻)을 보내 숙련된 포수를 재촉하였
다. 2월 1일 도원수 강홍립이 경략이 포수 5천 명의 징발
을 독촉한다는 치계를 올렸다.

광해 11년 3월 2일 원수의 군대가 심하(深河) 지방에 주
둔하고 있으면서 치계하였다.

　평안 감사가 치계하기를, "중국 대군(大軍)과 우리 삼
영(三營)의 군대가 4일 삼하(三河)에서 크게 패전하였습니
다. 이때 유격 교일기(喬一琦)가 군사들을 거느리고 선두
에서 행군하였고, 도독이 중간에 있었으며 뒤이어 우리
나라 좌·우영이 전진하였고, 원수는 중영(中營)을 거느리
고 뒤에 있었습니다. 적은 패한 개철(開鐵)·무순(撫順) 두
방면의 군대를 회군하여 동쪽으로 나와 산골짜기에 군사
를 잠복시켜 두고 있었는데, 교 유격이 앞장서 가다가 갑
자기 【부거(富車) 지방에서 노추(奴酋)의 복병을】 만나 전
군이 패하고 혼자만 겨우 살아났습니다.

도독이 선봉 군대가 불리한 것을 보고 군사들을 독촉하
고 전진해 다가갔으나, 적의 대군이 갑자기 이르러 산과
들판을 가득 메우고 철기(鐵騎)가 마구 돌격해 와서 그 기
세를 당해낼 수가 없었습니다. 마구 깔아뭉개고 죽여대는
바람에 전군이 다 죽었고, 도독 이하 장관들은 화약포 위
에 앉아서 불을 질러 자살하였습니다.

우리나라 좌영의 장수 김응하(金應河)가 뒤를 이어 전진
하여 들판에 포진하고 말을 막는 나무를 설치하였으나
군사는 겨우 수천에 불과했습니다. 적이 승세를 타고 육

박해 오자 응하는 화포를 일제히 쏘도록 명했는데, 적의
기병 중에 탄환에 맞아 죽은 자가 매우 많았습니다. 재차
진격하였다가 재차 후퇴하는 순간 갑자기 서북풍이 거세
게 불어닥쳐 먼지와 모래로 천지가 캄캄해졌고, 화약이
날아가고 불이 꺼져서 화포를 쏠 수 없었습니다. 그 틈을
타서 적이 철기로 짓밟아대는 바람에 좌영의 군대가 마
침내 패하여 거의 다 죽고 말았습니다. 응하는 혼자서 큰
나무에 의지하여 큰활 3개를 번갈아 쏘았는데, 시위를 당
기는 족족 명중시켜 죽은 자가 매우 많았습니다. 적은 감
히 다가갈 수가 없자 뒤쪽에서 찔렀는데, 철창이 가슴을
관통했는데도 그는 잡은 활을 놓지 않아 오랑캐조차도
감탄하고 애석해 하면서 '만약 이같은 자가 두어 명만
있었다면 실로 감당하기 어려웠을 것이다.'고 하고는, '
의류 장군(依柳將軍)'이라고 불렀습니다.

우영의 군대는 미처 진을 치기도 전에 모두 섬멸되었
고, 원수는 중영을 거느리고 산으로 올라가 험준한 곳에
의거했으나, 형세가 고립되고 약한데다가 병졸들은 이틀
동안이나 먹지 못한 상태였습니다. 적이 무리를 다 동원
하여 일제히 포위해오자 병졸들은 필시 죽게 되리라는
것을 알고 분개하여 싸우려 하였는데, 적이 우리나라의
오랑캐말 역관인 하서국(河瑞國)을 불러 강화를 하고 무장
을 풀자는 뜻으로 말하였습니다. 그리하여 김경서(金景瑞)
가 먼저 오랑캐 진영으로 가서 약속을 하고 돌아왔는데
또 강홍립(姜弘立)과 함께 와서 맹세하라고 요구했습니다.

중국의 패잔병 수백 명이 언덕에다 진을 치고 있었는
데, 적이 우리 군대에다 대고 '너희 진영에 있는 중국인
을 모두 내보내라.'고 소리치고, 또 '중국 진영에 있는
조선인을 모두 돌려보내라.'고 소리쳤습니다. 이때 교
유격이 아군에게 와서 몸을 숨기려고 하다가 우리나라가
오랑캐와 강화를 맺으려는 것을 보고는 즉시 태도가 달

라져 작은 쪽지에다 글을 써서 자신의 가정(家丁)에게 주면서 요동에 있는 그의 아들에게 전하라고 하고는 즉시 활시위로 목을 매었는데, 우리나라의 장수가 구해내자 낭떠러지로 몸을 던져 죽고 말았습니다. 홍립 등이 중국 군사를 다 찾아내어 오랑캐 진영으로 보내자 적은 그들을 마구 때려서 죽였습니다. 다음날 아침 홍립은 편복(便服) 차림으로, 경서는 투구와 갑옷을 벗어 오랑캐 깃발 아래에 세워 두고 오랑캐 진영으로 갔는데, 적은 홍립과 경서로 하여금 삼군(三軍)을 타일러 갑옷을 벗고 와서 항복하게 하였습니다.

광해 11년 4월 2일 화친을 도모한 호추의 서신을 대신에게 의논하게 하였다.

호차(胡差)가 국경에 와서 노추(奴酋)의 서신을 바쳤는데, 포로로 잡혔던 종사관 정응정(鄭應井)【무관】등이 함께 왔다. 강홍립(姜弘立) 등이 직명을 써서 장계를 올렸는데, 그 대략에 "신이 배동관령(背東關嶺)에 도착하여 먼저 호역(胡譯) 하서국(河瑞國)을 보내어 노(虜)에게 밀통하기를 '비록 명나라에게 재촉을 당하여 여기까지 오기는 하였으나 항상 진지의 후면에 있어서 접전(接戰)하지 않을 계획이다.'고 하였기 때문에 전투에 패한 후에도 서로 잘 지내고 있습니다. 만일 화친이 속히 이루어진다면 신들은 돌아갈 수 있을 것입니다."하였다. 【이에 앞서 왕이 비밀리에 회령부(會寧府)의 시장 장사꾼 호족(胡族)에게 이 일을 통보하게 하였는데, 그 장사꾼 호족이 미처 돌아가기도 전에 하서국(河瑞國)이 먼저 오랑캐의 소굴로 들어갔으므로 노추가 의심하여 감금하였다. 얼마 후 회령의 통보가 이르자 마침내 하서국을 석방하고 강홍립을 불러들이게 하였다. 강홍립의 투항은 대체로 미리 예정된 계획

이였다.】호추(胡酋)의 서신에 명나라에 보고한 것은 잘못
이라고 하고 우리와 좋게 지내기를 바란다고 심하게 썼
는데, 언사가 매우 오만하고 패역스러웠다. 왕이 2품 이상
에게 그것에 대한 답서의 편의를 논의하게 하였다.

광해군 11년 4월 3일 승정원에서 강홍립 등의 가속을 구
금할 것을 청하였고, 4월 8일 양사가 강홍립 등의 죄를 청
했으나 왕이 따르지 않았다.

양사가 합계하기를, "장수란 삼군(三軍)의 사명(司命)으
로서 나라의 존망이 달려 있기 때문에 고금천하의 법 중
에 군율만큼 엄한 것은 없습니다. 그런데 강홍립(姜弘
立)·김경서(金景瑞) 등은 자신이 원수(元帥)가 되어 적지
에 깊숙이 들어가서는 중국 장수와 함께 힘껏 싸워 목숨
을 바치지 않고 도리어 투항을 청하여 적의 뜰에 무릎을
꿇었으니, 신하의 대의가 땅을 쓸듯이 완전히 없어졌습니
다. 심지어는 노적의 후한 향응을 편안히 받으며 노추의
친위병을 많이 거느리고 신하가 되기를 달게 여겼으니
무엇이 이보다 더 심한 국가의 모욕이겠습니까. 김응하
(金應河)는 한낱 무부인데도 전쟁에서 죽음을 아끼지 않을
줄 알았으니 이밖의 장사들은 모두가 김응하의 죄인인
셈입니다. 어찌 통탄스럽지 않습니까. 그런데도 버젓이
장계에 직함까지 쓰고 화친을 맺으라고 청하는 말이 한
마디뿐만이 아니었으니 비록 만 번을 죽인다 하여도 어
찌 그 죄값을 다 치를 수 있겠습니까. 청컨대 강홍립·김
경서의 가족 및 정응정 등을 모조리 잡아서 구금하라고
명하심으로써 군율을 변경할 수 없다는 것을 분명히 보
이소서." 하니, 답하기를, "고상한 말은 국사에 보탬이 되
지 않는다. 강홍립 등의 죄를 논할 때가 어찌 없겠는가.

젊은이들의 부박한 논변은 잠시 멈추는 것이 좋을 것이 다.” 하였다.

광해 11년 5월 6일 김응하의 순국을 치하하는 사당을 세 우도록 명하였다. 6월 21일 김응하(金應河)의 사당에 충렬 (忠烈)이라는 편액을 하사하였다.

■ 명나라의 문책과 대응

광해 11년 10월 3일 명나라에서 강홍립이 투항할 것을 문책하려하니 이를 변명하여 해결하는 사신으로 이정귀를 보내었다. 이정귀는 폐모 정청에 참여하지 않았다고 탄핵 당하고 있었다.

정청(庭請)에 참여하지 않은 것이 비록 죄가 있다고는 하지만 2년 동안 녹봉을 감한 것만으로도 충분히 징계되 었다. 또 임진란이 일어났던 초기에 선왕께서 정철(鄭澈)· 정언지(鄭彦智) 등 유배되었던 사람들에게 체찰사의 직책 까지 제수하기에 이르렀는데, 하물며 단지 논계에 그친 인물의 경우이겠는가. 지금 무함을 변명하는 데에는 국가 최고의 문필을 가진 인물이 필요하고, 이정귀는 선조에서 도 무함에 대한 변명을 잘 하였으니, 그를 상사(上使)로 차임하고 부사로는 윤휘(尹暉)를 차송하라. 윤휘는 지략이 있어 그 일에 적합하다. 서장관은 삼사에 출입한 경력이 있고 지략이 있는 인물을 엄선하여 차임하라. 이들을 이 달 그믐께나 내달 초승에 더 지연시키지 말고 출발시키 도록 하라." 하였다. 【이 때에, 이정귀가 폐모에 대한 정청에 참여하지 않았다가 양사가 먼 지역으로 유배 시키라고 요청하였기 때문에 도성문 밖에서 명을 기

다리고 있었는데, 다시 복귀시켜 사신으로 파견하게
된 것이다. 】

광해 11년 10월 13일 이정귀는 명나라의 질책을 돌리는
방법은 국경 수비를 강화하여 여진과 대결하는 방법 밖에
없다고 비밀로 올린 차자에서 해결책을 제시하였다.

 진주사 이정귀가 비밀로 올린 차자에서, "신이 서광계
의 상소문 한 부분을 보니, 말이 매우 교묘하고 계략 또
한 음흉하고 참혹하여 다 읽기도 전에 심장이 찢어지는
듯하였습니다. 국사가 여러 가지로 불행하여, 항복한 장
수가 아직까지 적의 소굴에 있으면서 살아 돌아올 작정
으로 적에게 서로 우호 관계를 맺는 방법으로 꾀었고 적
또한 항복한 장수를 미끼로 화친하도록 위협하고 있습니
다. 또 그들은 중국이 우리 나라를 봐주는 관계를 끊으려
고 오로지 남침을 계획하고 있는데도 우리 조정에서는
어떤 방책도 내지 못하고 왕복하며 견제하는 정도를 면
하지 못하고 있습니다. 또 요동과 광녕 등지에 유언비어
가 가득 퍼져 있는데, 중국인들은 우리측의 실정을 살피
지 않고 흔적이 흡사한 것을 잡고서 우리를 의심하는 설
을 사실화하고 있으며 이는 서광계 한 사람만이 아닌 듯
합니다.
 통보(通報)와 여러 상소문 등본을 신이 들을 길이 없었
는데, 어제 우연히 어떤 사람을 통하여 운남 어사(雲南御
史) 장지발(張至發)의 계본을 보았습니다. 그 속에서 '노추
(奴酋)가 조선과 화친을 맺자고 위협하자 조선의 군신(君
臣)들이 두려움에 떨며 자국의 안보에 급급하니 겉으로는
바른 체하면서 속으로는 순종하지 않겠습니까. 그들이 순
종한다면 적의 선박이 남쪽으로 내려와 계속 전진하여

등주(登州)와 내주(萊州)를 엿보고 더 깊숙이 들어가 서주(徐州)와 연주(兗州)를 엿보게 될 것입니다.'하였는데, 근거 없는 것을 날조한 참혹함이 서광계의 경우와 다름이 없어 참으로 통분할 노릇입니다.

서광계가 올린 상소에서 여러 가지 계책을 조목조목 진술하여 그 사실을 상당히 알고 있는 듯하였기 때문에 대각(臺閣)의 여러 신하들이 혹은 '그의 의리와 기개를 장하게 여기고 그의 충성과 지략에 감복한다.'하고, 혹은 '병사(兵事)를 훤히 꿰뚫고 있고 지략이 누구보다 뛰어나다.' 하였습니다. 또 성지(聖旨)가 오랫동안 비준을 내리지 않자 육부(六部)가 대궐 앞에 엎드려 계속 상소하면서 비준을 내리기를 재촉하였는데, 병부 상서 황가선(黃嘉善)이 한마디 말로 따르기 어렵다고 하자, 과관(科官)이 나라를 그르치는 처사라고 탄핵하면서 형벌을 적용하도록 요청하였습니다. 서광계가 천하의 신망을 받고 있고 그의 논의가 일시의 존중을 받고 있음을 이러한 사실을 통하여 볼 수 있습니다.

그런데 지금 주문(奏文)에서는 서광계가 올린 상소의 내용만을 가지고 거론하여 해명하고 있는데, 마치 진술하여 해명하는 듯하기도 하고 또 오로지 그의 말을 공박하는 듯하기도 합니다. 그러나 그렇게 되면 서광계가 우리의 적이 되어 서광계를 지원하는 모든 과도관들이 분분하게 일어나서 있는 힘을 다하여 팔을 휘두르며 우리를 공격하게 될 것입니다. 주문이 해과(該科)에 내려져서 먼저 과관의 제동을 받는다면 무함을 해명하지 못할 뿐만 아니라, 도리어 그들의 무함을 더 받게 될까 두려우니, 사신이 비록 머리를 깨뜨리고 가슴을 치면서 해명한다 하더라도 어찌 그 많은 사람들의 노여움을 풀 수 있겠습니까.

주문에서는 장지발(張至發)의 상소에서 언급한 내용까지 포함하여 간곡하게 변론하되, 서광계와 장지발에 대하여

는 모두 직접 이름을 거론하여 비난하지 않는 것이 마땅
할 듯합니다.

삼가 생각건대, 남이 의심하지 않기를 바란다면 마땅히
먼저 믿을 만한 일을 해야 되며, 일에 믿을 만한 것이 없
으면 나서서 의심을 풀려는 것이 더욱 의심을 불러일으
키게 됩니다. 오늘날의 무함을 변론하려면 원조하고 순종
하는 성의를 다하는 것보다 더 좋은 방법이 없으며 원조
하고 순종하는 데에서 실질적인 일은 변방 수비에 진력
하는 것보다 나은 것이 없습니다. 그것은 곧 강가에 많은
군사를 주둔시켜 한편으로는 중국을 도와 양면 공격의
형세를 취하고 한편으로는 적의 침략을 막는 것이 오늘
날의 급선무입니다.

그러나 하늘이 돕지 않아 만고에 찾아볼 수 없는 흉년
을 만났으며, 중외에 온통 물자가 고갈되어 공사(公私) 모
두 도탄에 빠져 허덕이니 수만 명의 군사들에게 무엇으
로 물자조달을 하겠습니까. 각 방면의 물자조달을 맡은
신하들이 구렁텅이에 빠진 백성들의 고혈(膏血)을 긁어 모
아 군량을 호소하는 군사들을 구제한다 하더라도 바다에
풍랑이 심하여 십분지일도 운송되지 못하여 천리길에 만
장(輓章)만 전해지고 쓰러진 시체가 연이어져 몇 달도 되
기 전에 군영의 군사들이 굶어 죽지 않으면 저절로 와해
되고 말테니, 군량이 없는 군사들이 투구를 벗어 던지고
흩어져버리는 변고만 일어나고 말겠습니까.

민간에는 곡식이 이미 고갈되었으니 황금과 비단이 산
처럼 쌓여 있다 하더라도 어느 곳에서 양식을 마련하겠
습니까. 이런 상황에 이르러서는 비록 지혜가 장량(張良)
이나 진평(陳平)과 같고 용맹이 관우(關羽)나 장비(張飛)와
같다 하더라도 군사 작전을 쓸 길이 없을 것입니다. 그러
나 상황이 그렇다 하더라도 중국 조정이 혹시라도 내년
봄에 노추의 소굴로 진격하면서 한 장의 글로 군사를 징

발한다면, 군사가 없고 양식이 없다는 말만 하고 황상의 명령에 불응할 수 있겠습니까. 신이 들으니, 요동과 광녕 지역에 해마다 풍년이 들어 여분의 곡식이 밭고랑에 쌓여 있으나 주민들이 뜻을 굳게 갖지 못하여 곡식은 천하게 여기고 보화(寶貨)를 귀하게 여기고 있다고 합니다.

지금 만약 양호(兩湖)에서 운송해 올 곡식을 가지고 은이나 여타 교환할 만한 물화(物貨)를 사들이거나 교환해 오고 하사받은 1만 냥의 은에서 전사자 가족에게 지급할 약간의 수량을 제외한 나머지를 가지고 모두 의주로 보내 중강(中江)에서 곡식을 사오게 한다면 몇만 섬은 당장에 마련할 수 있을 것입니다. 또 무역으로 생기는 이익도 반드시 3, 4배의 잉여가 생기고 운반 선박이 전복되는 걱정도 없으며 굶주린 백성들이 이거나 지고 다니는 고통을 면할 수 있게 될테니 그 편리함과 이익이 어느 정도라 하겠습니까.

지금 마땅히 웅 경략(熊經略)에게 자문을 보내 금년에 흉년이 든 실상을 자세하게 진술하고 이어서 곡식을 사들여 변경의 군사들에게 먹일 양식으로 쓸 수 있게 하도록 요청한다면 웅 경략도 반드시 물자를 준비하여 중국을 도와 적을 막으려는 실상을 보고 기뻐하여 무역을 하도록 허락할 것입니다. 그가 허락한다면 실로 큰 다행이 될 것이고, 설사 허락하지 않는다 하더라도 그가 우리 나라가 기근이 들어 피폐한 실상이 이 정도에 이른 것을 알게 되어 앞으로 군사를 징발할 때에 혹시라도 이것을 인하여 너그럽게 형편을 이해할 수도 있을 것입니다.

염초(焰硝)와 궁각(弓角)은 적을 방어하는 도구에 유리하게 쓰이는 것입니다. 작년에 주청하자 하사받은 은 3천 냥으로 무역할 것을 허락하였고, 병부(兵部)도 우선 7백 냥의 은으로 먼저 무역하도록 하였습니다. 또 웅 경략은 왜 전부를 가지고 무역하지 않느냐고 물었습니다. 따라서

지금 신의 행차에서 병부나 경략에게 자문을 보내 남은
은 약간을 가지고 더 많은 수량을 무역하여 온다면, 황상
의 은혜에 감사하고 군비의 준비를 중하게 여기는 뜻이
자연스럽게 드러나게 됩니다. 이는 군수물자를 준비하게
되는 것만이 아니라 우리의 실정이 드러나서 유언비어가
저절로 멎게 되어 무함을 해명하는 데에도 상당한 도움
이 있게 됩니다. 묘당이 반복 논의하여 처리하게 하소서.
　신이 살아서 도성문을 들어올 수 있게 되어서 큰 은혜
에 감격하였고, 이제 중국으로 떠날 때를 당하여 나름대
로 지붕을 쳐다보며 우려스러움을 이기지 못합니다. 사신
으로 가는 일로 인하여 저의 어리석은 생각을 모두 아룁
니다." 하니, 답하기를, "모두 비국으로 하여금 의논하여
처리하게 하라." 하였다.

광해 11년 12월 29일 이정귀가 진주사로 가게 되었다.
광해 12년 8월 13일 이정귀가 연경에서 황제가 돌아가셨
다는 부고와 황제의 칙서 한 부를 베껴서 치계하여 아뢰
었다. 11월 21일 진주사(陳奏使) 이정귀(李廷龜) 등이 경사
(京師)에서 돌아오자 왕이 교외에 나아가 칙서를 맞이했다.
　이렇게 해서 강홍립이 여진에 투항한 것에 대한 명나라
의 질책을 겨우 무마하고 있었다.

더구나 광해 14년(1622) 실권을 행사하던 이이첨은 12월
강원감사 백대형(白大珩, 1575~1623)을 시켜 이위경(李偉卿)
등과 함께 굿을 빙자하여 서궁(西宮)에 들어가 대비를 시
해하려 했으나 영의정 박승종(朴承宗, 1562~1623) 등이 급
히 이르러 추방하여 실패한 일도 있었다.

이것은 성리학 이념이 효(孝)에 근본을 두고 있는 까닭에 도저히 용납될 수 없는 천륜에 어그러진 행동이었다.

광해군 정권의 혼란은 더욱 심해져 정사(政事)가 뇌물로 이루어지고, 세금은 끊임없이 거둬들여졌으며, 토목의 일은 해마다 잇따르고 그치지 않아 도감이라 이름하는 것이 열둘이나 되었으며, 민가를 헌 것은 수천 채였다고 한다. 또한 음란하고 포악한 행위가 이루 셀 수 없으며 외척(外戚)이 권세를 구하고 간흉(奸兇)이 권세를 마음대로 부리므로 모든 백성이 물이나 불 속에 있듯이 근심하였다.

대내정책에서는 초기에 시행했던 대동법을 확대 시행하지 않고 유명무실하게 하여 방납의 폐단이 만연하게 하고, 친형인 임해군을 죽이고, 이복동생인 영창대군을 죽이고, 어머니인 인목대비를 폐하여 서궁에 유폐하는 등 성리학 이념에 어긋나는 정책을 취하여 민심을 얻지 못하였다.

이렇게 대내에서 민심을 얻지 못하자 대외정책에서 자주적인 외교를 추구하지 못하고, 쇠망해가는 명나라와 신흥하는 후금 사이에서 정권을 유지하려는 눈치외교를 벌이여, 명의 요구에 따라 강홍립을 후금토벌에 나서게 하였다가 후금에 투항하게 하는 정책을 취하여 대외적으로 신뢰를 상실하였다.

이와 같은 광해군의 정치는 명분을 존중하는 사림들로부터는 큰 반발을 사, 왕실에서는 인빈 김씨 자손들이 주도하고 사림에서는 율곡학파가 주도하고 퇴계학파가 동조하는 인조반정이 일어나 광해군은 폐위되었다.

공빈 묘소

찾아보기

※ 역사문화에서 나온 책

● 사상과 문화 시리즈

한국의 사상사 시리즈는 문화의 발전과정이 그 당시를 대표하는 사상과 철학의 조류 속에서 정치, 경제, 사회의 발전과 의례, 미술, 음악 등의 문화가 형성됨을 알리기 위한 기획 시리즈이다.

조선성리학과 문화
朝鮮性理學과 文化

지두환 저

2009년 5월 20일 초판 발행

값 15,000 원

조선시대 사상사의 재조명
朝鮮時代 思想史의 再照明

지두환 저

1998년 7월 11일 초판 발행

값 12,000 원

※ 제1회 대산문화재단·교보문고 양서발간 지원 사업의 지원대상 도서.

한국사상사
韓國思想史

지두환 저

1999년 9월 13일 초판 발행
2002년 9월 10일 2쇄 발행

값 15,000 원

조선시대 사상과 문화

지두환 저

1998년 3월 4일 초판 발행
2012년 3월 7일 2쇄 발행

값 7,000 원

조선시대 궁궐 운영 연구

장영기 저

2014년 5월 10일 초판 발행

값 20,000 원

한국사상과 복식문화 (신간)

지수현 저

2016년 10월 7일 초판 발행

값 20,000 원

기업 사회공헌, 문화재와의 만남 (신간)

장영기 저

2017년 12월 21일 초판 발행

값 19,000 원

조선시대 책문·대책연구 (신간)

조선시대 策問·對策연구

안소연 저

2019년 2월 18일 초판 발행

값 20,000 원

● 한국의 인물 시리즈

저자가 한국사를 연구하고 강의하면서, 조선의 왕실과 그 친인척들을 정리하였고 다시 각각의 인물에 대한 정리를 좀 더 심도 있게 할 필요를 느껴 기획한 인물 시리즈이다.

고운 최치원 논문선집 (신간)

孤雲 崔致遠 論文選集

이성호 저

2017년 7월 17일 초판 발행

값 25,000 원

장희빈
張嬉嬪

지두환 저

2002년 12월 26일 초판 발행

값 8,000 원

최충과 신유학
崔冲과 新儒學

이성호 저

2014년 5월 50일 초판 발행

값 20,000 원

청음 김상헌 (신간)
淸陰 金尙憲

지두환 저

2016년 10월 5일 초판 발행

값 25,000 원

● 정치사 시리즈

조선의 정치사를 정리하는데 필수적인 요소가 되는 국왕 친인척을 조사하면서 정치사를 정리하기 시작하고, 이렇게 정리한 것을 강의하면서 일반 사람들은 정치사를 배우면서 역사에 흥미를 느끼고 역사가 중요하다고 평가를 하고 있다는 것을 알게 되었다. 왕위계승이나 왕실친인척과 연결하여, 그동안 왕조사관이라 하여 부정적으로 보아만 왔던 국왕 왕실 관계와 연결하여 설명해보려 하였다.

왕실 친인척과 조선정치사

지두환 저

2014년 5월 9일 초판 발행

값 15,000 원

조선전기 정치사
朝鮮前期 政治史

지두환 저

2001년 9월 9일 초판 발행
2003년 9월 9일 개정 발행

값 8,000 원

조선의 왕비 가문

양웅렬 저

2014년 8월 29일 초판 발행

값 20,000 원

역주 아아록

임병수·이순구·권윤수·이성호·김준은·류명환 저

2016년 2월 29일 초판 발행

값 35,000 원

선조 후궁 인빈 김씨와 그의 손자들 (E-Book) (신간)

양웅렬 저

2018년 11월 30일 초판 발행

값 12,000 원

● 지리학 시리즈

여암 신경준과 역주 도로고

류명환 저

2014년 10월 20일 초판 발행

값 25,000 원

역주 가람고

류명환 저

2016년 12월 19일 초판 발행

값 20,000원

- 조선의 왕실 시리즈 (지두환 저)

조선의 왕실 시리즈는 한국학이나 역사를 연구하는데 있어 인물 연구가 중요하면서도 기초적인 것이라는 것을 알면서도 연구의 작업량이 워낙 방대하여 누구나 손쉽게 접근하지 못한 면이 많았다. 이에 역사의 중심이자 핵심인 왕실의 인척 관계를 정리하고, 역사 속에서 커다란 역할을 했던 각 인물에 대한 정리를 하기 위한 기획 시리즈이다.

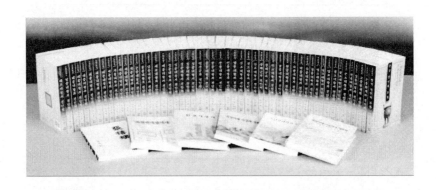

연번	도서명	출간일	가격	비고
1	태조대왕과 친인척	1999년 2월 23일	8,000	
2	정종대왕과 친인척	1999년 9월 21일	10,000	
3	태종대왕과 친인척 1	2008년 8월 14일	15,000	
4	태종대왕과 친인척 2	2008년 8월 14일	15,000	
5	태종대왕과 친인척 3	2008년 8월 14일	15,000	
6	태종대왕과 친인척 4	2008년 8월 14일	18,000	
7	태종대왕과 친인척 5	2008년 8월 14일	15,000	
8	태종대왕과 친인척 6	2008년 8월 14일	15,000	
9	세종대왕과 친인척 1	2008년 8월 8일	15,000	
10	세종대왕과 친인척 2	2008년 8월 8일	15,000	
11	세종대왕과 친인척 3	2008년 8월 8일	15,000	
12	세종대왕과 친인척 4	2008년 8월 8일	15,000	
13	세종대왕과 친인척 5	2008년 8월 8일	15,000	
14	문종대왕과 친인척 1	2008년 8월 8일	15,000	
15	문종대왕과 친인척 2	2008년 8월 8일	15,000	
16	단종대왕과 친인척	2008년 8월 8일	15,000	

17	세조대왕과 친인척	2008년 10월 6일	18,000	
18	예종대왕과 친인척	2008년 11월 7일	15,000	
19	성종대왕과 친인척 1	2007년 5월 23일	15,000	
20	성종대왕과 친인척 2	2007년 5월 11일	14,000	
21	성종대왕과 친인척 3	2007년 2월 26일	15,000	
22	성종대왕과 친인척 4	2007년 2월 26일	14,000	
23	성종대왕과 친인척 5	2007년 2월 26일	13,000	
24	연산군과 친인척	2008년 11월 7일	18,000	
25	중종대왕과 친인척 1	2001년 6월 23일	8,000	
26	중종대왕과 친인척 2	2001년 7월 11일	10,000	
27	중종대왕과 친인척 3	2001년 7월 27일	12,000	
28	인종대왕과 친인척	2008년 11월 7일	15,000	
29	명종대왕과 친인척	2002년 2월 28일	10,000	
30	선조대왕과 친인척 1	2002년 10월 17일	11,000	
31	선조대왕과 친인척 2	2002년 10월 11일	12,000	
32	선조대왕과 친인척 3	2002년 8월 24일	11,000	
33	광해군과 친인척 1	2002년 11월 25일	9,000	
34	광해군과 친인척 2	2002년 11월 25일	9,000	
35	인조대왕과 친인척	2000년 11월 30일	10,000	
36	효종대왕과 친인척	2001년 3월 26일	10,000	
37	현종대왕과 친인척	2009년 1월 24일	18,000	
38	숙종대왕과 친인척 1	2009년 1월 24일	15,000	
39	숙종대왕과 친인척 2	2009년 1월 24일	15,000	
40	숙종대왕과 친인척 3	2009년 1월 24일	13,000	
41	경종대왕과 친인척	2009년 1월 24일	13,000	
42	영조대왕과 친인척 1	2009년 1월 24일	15,000	
43	영조대왕과 친인척 2	2009년 1월 24일	12,000	
44	영조대왕과 친인척 3	2009년 1월 24일	15,000	
45	정조대왕과 친인척 1	2009년 1월 24일	15,000	
46	정조대왕과 친인척 2	2009년 1월 24일	12,000	
47	순조대왕과 친인척	2009년 2월 14일	18,000	
48	헌종대왕과 친인척	2009년 2월 14일	12,000	
49	철종대왕과 친인척	2009년 2월 14일	13,000	
50	고종황제와 친인척	2009년 2월 14일	15,000	
51	순종황제와 친인척	2009년 2월 14일	12,000	
52	부록 - 색인집	2009년 2월 27일	15,000	